마이클 애플의

민주학교

혁신 교육의 방향을 묻는다

마이클 애플의

민주학교

초판 1쇄 발행 2015년 10월 26일
초판 3쇄 발행 2019년 10월 26일

엮은이 마이클 애플·제임스 빈
옮긴이 강희룡

펴낸이 김승희
펴낸곳 도서출판 살림터

기획 정광일
편집 조현주
북디자인 꼬리별

인쇄·제본 (주)현문
종이 월드페이퍼(주)

주소 서울시 양천구 목동동로 293, 22층 2215-1호
전화 02-3141-6553
팩스 02-3141-6555
출판등록 2008년 3월 18일 제313-1990-12호
이메일 gwang80@hanmail.net
블로그 http://blog.naver.com/dkffk1020

ISBN 978-89-94445-98-4 03370

마이클 애플의

민주학교

혁신 교육의 방향을 묻는다

DEMOCRATIC SCHOOLS
Lessons in Powerful Education
second edition

마이클 애플·제임스 빈 엮음
강희룡 옮김

살림터

최근에 미국의 어느 교장선생님과 대화를 나눈 적이 있다. 그는 도움이 간절한 표정으로 나를 바라보았다. 그는 학교에 외부의 엄청난 압력이 가해지고 있는 지금, 그의 학교에서 무슨 일이 벌어지고 있는지를 들려주었다. 교사들이나 학교 행정가들이 하루를 어떻게 보내고 있는지 더없이 적절한 묘사였다. "오늘도 또 화장실 갈 시간이 없었어요." 그리고 이렇게 덧붙였다. "분명 뭔가 더 나은 길이 있을 거예요."

이 학교에 가해지는 엄청난 압력이란 더 많고 더 잦은 시험, 예산을 놓고 벌어지는 끊임없는 전쟁, 가난한 현실, 자신과 학교 직원들이 학교나 수업에 대한 이해가 거의 없는 사람들이 내리는 결정을 얼마나 많이 수행해야만 하는지…… 그 목록은 끝이 없다. 이 모든 것은 그와 학교 직원들이 왜 현재의 정책에 염증을 느끼는지를 잘 설명해준다. 그들은 지금과는 다른 길, 뭔가 제대로 된 길을 원한다. 여러분이 이제 막 읽게 될 『마이클 애플의 민주학교: 혁신 교육의 방향을 묻는다』에서 소개하는 이야기들은 바로 이런 이들을 위한 것이다.

여러 차례 한국을 방문했을 때 나는 학자, 교사, 행정가, 활동가 그리고 지역사회 성원들과 한국 학교들이 직면하고 있는 문제들에 대해 토론할 기회가 있었다. 때때로 그들이 쏟아내는 얘기들은 앞에서 소개한 교장선생님과 교직원들이 제기한 불만과 흡사했다. 내가 만난 한국의 교육자들은 자신들이 직면한 많은 문제들의 성격을 정확히 파악했다. 많은 이들이 보다 민주적인 학교 거버넌스 모델과 더욱 민주적이고 책임 있는 교육과정-교수법-평가의 모델을 원했다. 그런데 그들이 가장 절실하게 원했던 것은 그 방향으로 움직여갈 수 있는 실질적인 방법이었다. 그리고 앞서 말한 교장선생님처럼 그들도 역시 나에게 도움을 바랐다.

비판적인 교육자로서 내가 그들에게 무엇을 줄 수 있을까? 이 점에 대해 나는 솔직하게 말하고 싶다. 비판적 교육학의 가장 큰 문제 중 하나는 교육 현장과 유리되어 있다는 점이다. 많은 나라들에서 좁게는 '비판적 교육' 운동, 좀 더 넓게는 비판적이고 민주적인 교육 일반을 선도하는 리더들이 학교 및 교실의 현실에 충분히 연결되어 있지 못했다. 비판적이고 민주적인 교육은 오직 교육정책 및 실천의 구체적인 문제점들-그리고 교육자, 학생, 지역사회 성원들-과 연결될 때만이 성공할 수 있다.

따라서 비판적 교육 이론과 실제의 문제를 연결시키는, 그래서 그 이론들이 실제 교실에서 살아 움직이게 할 수 있는, 그것도 추상적이지 않은 언어를 사용하는, 그런 접근법에 대한 강력한 요구가 있었다. 나는 미국의 비판적 교육학을 개척한 사람 중 하나이다. 하지만 비판적 교육학이 본연의 정체성을 잃어버리고 교실에서 벌어지는 문제에 천착하는 것을 포기할 때, 혹은 단지 대학의 여러 전공 중 하나로 전락할 때면 나는 비판적 교육학에 대한 자아비판을 담당하는 역할을

마다하지 않았다.Apple, 2006

수많은 책에서 나는 비판적이고 민주적인 교육자들은 실천의 문제를 간과해서는 안 된다고 역설한 바 있다.Apple, 2006; Apple, Au, & Gandin, 2009 다시 말해, 우리는 어려운 환경 속에서, 학교와 교육과정과 교사들에 대한 보수주의자들의 공격으로 훨씬 더 어려워진 환경 속에서, 매일매일 견뎌내야 하는 사람들에게 호소할(그리고 배울) 방법을 찾아야만 한다.

이러한 문제에 대응하는 방법 중 하나는 교사들과 행정가들에게 "월요일엔 뭘 해야 하지?"라는 질문에 비판적인 답변을 제공할 수 있는 책들을 출간하는 일이다. 만약 우리가 학교에서 이루어진 민주적인 혁신을 지속시키고자 한다면 이러한 질문에 비판적인 답변들을 제공하는 것은 매우 중요하다.Beane, 2005 바로 이 지점이 이 책이 성공을 거둔 이유이다.

모든 교사들이 언제나 진보적일 수는 없다. 그렇지만 많은 교사들과 교육자들은 사회적으로, 교육적으로 비판적인 직관을 가지고 있다. 그런데 이들은 이러한 직관을 실천에 옮길 수 있는 방법은 가지지 못했다. 왜냐하면 그들은 많은 경우 일상생활에서 변화를 위해 행동하는 자신들의 모습을 그려낼 수 없었기 때문이다. 이러한 점 때문에 교육과정과 그에 대한 교수법을 두고 벌어지는 실제 학교교육의 정치 현장에서 실천으로 구체화되어야 할 비판 이론, 비판 정치학, 그리고 비판 교육학의 통찰력이 제자리를 찾아가지 못했던 것이다. 따라서 우리는 비판적이고 민주적인 교육의 '이야기들'이 들릴 수 있는 공간을 확장시키고 그 공간을 활용할 필요가 있다. 이를 통해서 비판적 교육학이 이론과 수사의 수준에만 머물지 않도록 해야 한다. 이 책의 출간과 엄청난 판매 부수는 그러한 공간을 활용하고 확장하는 좋은 사례이다. 이 사례는 지역사회와 학교 등과 같은 '평범한' 기관에서 비판적이고 민주적인 교육적 입장을 견지하는 것이 해볼 만한 일임을 보여준다.

『마이클 애플의 민주학교: 혁신 교육의 방향을 묻는다』 제2판이 한국어로 발간되었다는 사실은 매우 중요한 의미를 갖는다. 한국어판 출간은 내가 한국을 방문했을 때 개인적으로 목격했던 많은 것들을 지지한다. 한국에는 교육의 향상과 민주화에 헌신하는 많은 교육자, 지역사회 구성원, 사회운동 진영 등이 있다. 그들은 민주학교와 민주 사회에 대한 신념에 차 있다. 지배집단의 압제에 맞서 국내적으로 또한 국제적으로 투쟁해온 한국의 매우 가치 있고 오랜 역사를 감안할 때, 그들은 보다 민주적인 문화와 민주적인 일련의 제도/기구들을 만드는 데 있어 교육이 하는 역할(내가 『교육은 사회를 바꿀 수 있을까?』에서 좀 더 자세히 다룬Apple, 2013)을 이해하고 있었다. 실제로 매번 내가 한국에 갈 때마다 많은 사람들이 아이들의 삶에 실질적인 변화를 만드는 교육, 그리고 전국의 학교에 근무하는 교사들의 헌신과 능력을 존중해 줄 수 있는 교육을 간절히 원한다는 사실을 더욱 확신하게 된다. 또한 많은 사람들이 다양한 역사적·문화적 전통을 반영하며, 학교에 현재 엄청난 압력으로 작용하고 있는 다양한 경제적·문화적 변혁을 반영하는 교육과정과 교수법의 모델이 필요하다는 사실을 이해하고 있음을 나는 확신하게 된다. 나는 이 책이 더 나은 내일에 대한 신념을 온전히 담아낸 교육정책을 만들어내고 이를 실천하려는 여러분의 노력을 도울 수 있기를 바란다.

나는 한국어판 서문을 이 책의 번역을 위해 수고한 강희룡에 대한 감사로 맺고자 한다. 보다 비판적이고 민주적인 교육에 대한 그의 헌신은 내가 그를 알고 지낸 모든 기간 동안 아주 분명했다.

마이클 애플

Apple, Michael W. 2006. *Educating the "Right" Way: Markets, Standards, God, and Inequality.* 2nd edition. New York: Routledge.

Apple, M. W. Ed. 2010. *Global Crises, Social Justice, and Education.* New York: Routledge.

Apple, M. W., Au, W., & Gandin, L. A. Eds. 2009. *The Routledge International Handbook of Critical Education.* New York: Routledge.

Apple, M. W. 2013. *Can Education Change Society?* New York: Routledge.

Beane, J. A. 2005. *A Reason to Teach: Creating Classrooms of Dignity and Hope.* Portsmouth, NH: Heinemann.

제2판 서문

『마이클 애플의 민주학교: 혁신 교육의 방향을 묻는다』의 초판이 출간된 지 10여 년이 지났다. 그 기간 동안 이 책은 저자들이 희망하던 일을 수행했다. 수십만 권의 책이 현재와 미래의 교사들, 행정가들, 교육정책 담당자들, 지역사회 구성원들 등의 손에 들어갔다. 이러한 일은 미국뿐만 아니라 세계 곳곳에서 일어났다. 이 책은 다양한 언어로 스페인, 포르투갈, 일본, 인도(힌두어와 영어), 브라질, 그리고 라틴아메리카에서 번역 출간되었다. 민주주의에 대한 신념이 강한 교육자, 사회단체, 공무원, 교사노조 등은 이 책을 자신의 나라나 지역사회에서 학교를 혁신하려면 무엇이 필요한지에 대한 모델로서 활용하였다.

이 모든 것은 물론 우리에게 무척이나 고무적인 일이다. 하지만 더욱 중요한 것은 이와 같은 책은 훨씬 더 중요한 문제들에 대해 보다 넓은 영향력을 발휘한다는 점이다. 이 책은 교육을 문제투성이인 표준화 시험에서 점수를 잘 받는 것으로 단순화해버리는 사람들보다는 교육이라는 이름에 값하는 그런 교육을 건설하고 지켜내는 뜻있는 많은 사람들에게 호소하는 책이다. 이 책은 학생들의 삶 그리고 문화와 동떨어진 교육과정을 운영하는 학교에서 근무하는 교육자들 중에서 불만이 커져가는 사람들에게 호소하는 책이다. 이 책은 또한 학교는 공장이 아니고, 우리 모두에게 가장 좋은 것을 반영해야 하며, 민주주의를 수사적 차원만이 아니라 교육 활동 속에 녹여내야 한다는 믿음에 호소하는 책이다.

이 모든 것들이 지그소우 퍼즐 조각처럼 하나로 합쳐질 때, '대안은 없어'라는 생각을 거부하는 사람들이 늘어나는 모습으로 나타나게 될 것이다. 우리가 끊임없이 듣는 말은 많은 것이 걸려 있는 시험, 책무성을 기반으로 한 엄격한 통제, 표준화되고 패키지로 꾸려진 교육과정, 그리고 단계식 교수법에 충실할 때만이 우리의 학교를 혁신할 수 있다는 주장이다. 이러한 요소들은 교사들과 행정가들의 발에 경쟁의 불을 지르는 규제 및 민영화와 결합하게 된다. 우리가 듣는 말은 이렇다. '이 모든 것을 하라. 그러면 우리의 모든 학교들에서 모든 것이 잘 될 것이다.' 글쎄, 그럴 것 같지는 않다.

이러한 논리 전개에는 수많은 문제점들이 있다. 우선 이러한 주장을 뒷받침할 만한 증거들이 빈약하다. 게다가 이러한 주장들이 미국 및 다른 곳에서도 통하지 않는다는 적지 않은 증거들이 있다.^{Apple, 2006;} ^{Valenzuela, 2005} 또한 이 책이 보여주고 있듯이 이 편협한 논리에 대한 대안이 존재한다. 이 대안은 실제로 현실에서 작동하고 있고, 학생들과 교사들에 대한 심각한 수준의 소외를 줄이면서^{Beane, 2005}, 풍부하고 의미 있는 교육 경험을 제공하고 있다. 이러한 대안들은 교육자들에게 의무적으로 부과되는 성취 수준과 시험을 강조하는 엄청난 압력이 작용하는 그런 시기에도 만들어질 수 있고, 실제로 만들어지고 있다.

이번에 새롭게 증보한 『마이클 애플의 민주학교: 혁신 교육의 방향을 묻는다』 제2판은 이러한 대안에 대한 책이고, 그런 대안을 만들어낸 교육자들에 대한 이야기이다. 이 책의 집필자들은 이러한 이야기들을 기록하는 것에 대해 사명감을 가지고 있다. 따라서 이 책은 이러한 사명감의 표현이기도 한 것이다. 우리가 기록한 것들은 살아 있는 과정으로서의 민주주의에 대한 믿음을 실천으로 옮긴 교육자들과 지역사회 구성원들의 이야기이다. 제2판에 증보한 내용들에 덧붙여서 우리는 저자들에게 그들이 진행했던 프로젝트가 현재 어떤 상태인지를 물었다. 초판이 나온 지 10여 년이 흐르는 동안 민주주의를 후퇴시키는 사건들과 정책들이 판을 쳤다. 이러한 현실을 직시하면서 이들은 자신들이 맡았던 프로젝트의 현재에 대해서 솔직히 답했다. 하지만 이들은 민주적인 작업이 여전히 가능하고, 여전히 성공적이며, 여전히 가치 있는 교육이 가야 할 바른 길이라는 사실을 확신했다.

이러한 방식으로 초판 및 제2판 모두는 이 어려운 시대에 우리에게 희망을 준다. 이 책에서 제시하는 이야기들과 그것들이 불어넣어주는 희망은 미국 및 전 세계의 교실과 학교에서 민주주의의 등불이 살아 있게 만드는 더욱 큰 규모 운동의 토대가 된다. 여러분이 이제 보게 될 각 장에는 이 빛이 밝게 빛나고 있다.

마이클 애플

Apple, Michael W. 2006. *Educating the "Right" Way: Markets, Standards, God, and Inequality*, 2d ed. New York: Routledge.

Beane, James A. 2005. A *Reason to Teach: Creating Classrooms of Dignity and Hope*. Portsmouth, NH: Heinemann.

Valenzuela, Angela, ed. 2005. *Leaving Children Behind*. Albany: State University of New York.

차례

제1장
민주학교의 사례들

제임스 빈James Beane
마이클 애플Michael Apple

1937년 캘리포니아 패서디나(Pasadena)

한 무리의 초등학교 3학년 학생들이 몇 주에 걸쳐서 그들의 학교, 가정, 동네, 그리고 공동체가 마주하고 있는 문제들에 대한 연구를 진행하였다. 그들이 이미 알고 있는 문제들 외에도, 그들의 부모님, 선생님, 지역사회의 공무원 등으로부터도 연구 주제를 모으고 있다. 한 달 동안의 연구와 토론을 거친 후에 이들은 자신들이 파악한 문제들에 대한 해결 방안을 한 권의 책으로 모았고, 그 책들을 지역사회에 배포할 예정이다.

1953년 메릴랜드 볼티모어(Baltimore)

한 주일 동안 이 도시의 한 지역은 집집마다 찾아다니며 소수 문화 종족 거주자들의 선거 등록[1]을 독려하는 고등학교 학생들로 가득 찼다. 선거 등록 독려 활동은 이 고교생들이 한 해 동안 수행한 많은 프로젝트들 중 하나이다. 이 프로젝트들은 시민적 방위권에 대한 설문, 공동체

---

1 미국에서는 선거권을 행사하려면 선거 등록을 해야 한다. 그런데 선거 등록 과정에서 소수 인종 문화 집단의 구성원들에 대한 인권 유린 사례가 심심치 않게 일어나 이들은 선거를 꺼리는 경향이 있다.

건강 캠페인, 주택 재배치 문제에 대한 연구 등을 망라한다.

1972년 뉴욕 포트 자비스(Port Jarvis)

춥고 눈 내리는 밤이었지만, 약 125명에 달하는 학생, 교사, 행정가, 학부모, 교육위원, 그리고 다양한 지역사회의 시민단체를 대표하는 사람들이 한자리에 모여서 그들의 학교를 리모델링할 계획을 수립하고 있다. 그들은 영어 이외의 언어로 학교 소식지를 만들어서 배포할 계획을 수립할 것이고, 지역 청소년 센터 건립 계획을 세울 것이며, 학생들이 운영하는 라디오 방송 프로그램을 개시할 것이고, 지역공동체 센터에서 그 지역의 어른들과 함께하는 청소년을 위한 멘토링 프로그램을 조직할 것이고, 학교를 지역사회의 활동에 보다 쉽게 활용할 수 있게 만드는 등의 일을 할 것이다.

1979년 펜실베이니아 율리시스(Ulysses)

매주 금요일 오후면 언제나처럼 한 초등학교의 교사와 학생들은 현재 진행되고 있는 학교의 프로젝트와 문제들을 논의하기 위해서 한자리에 모인다. 이번 주에는 학교 건물 벽에 누군가가 낙서한 일을 다룬다. 약 30여 분의 토론이 끝난 후 세 개의 제안이 도출된다. 이들은 새로운 규칙을 만들기 위해 투표한다. 학교의 기물을 파손하는 사람은 3일 동안 자신이 쉬는 시간에 학교 환경미화원과 함께 일해야 한다.

1990년 일리노이 벨비디어(Belvidere)

교실 창밖의 쓰레기통을 내다보면서, 한 학생이 교사에게 묻는다. "저 쓰레기는 어디로 가는 건가요?" 학생과 마찬가지로 궁금해진 교사는 지역의 쓰레기 매립장으로 가는 현장 학습을 기획한다. 쓰레기 매립장의 규모와 그 속의 내용물에 대해 걱정이 들기 시작한 학생들은 자신들의 학교에서 쓰레기 줄이기와 재활용 캠페인을 벌인다. 몇 달에 걸쳐서 그들의 노력이 효과를 나타내기 시작한다. 비록 1학년이지만, 그들은 학교에서 변화를 이끌어낸다.

1991년 위스콘신 매디슨(Madison)

따스한 9월의 어느 날, 약 60여 명의 중학교 학생들과 그들의 교사들이 한자리에 모였다. 그들은 자신과 세상에 대한 질문들과 관심을 바탕으로 한 교육과정을 스스로 만들기 위해서 함께 일하고 있다. 이들은 결국 제기된 질문들을 '미래의 삶의 모습', '환경의 문제들', '주의-주장들', '갈등' 등의 주제들로 묶어냈다. 첫 번째로 공부할 주제와 관련 활동을 먼저 계획하고 나서, 이들은 나머지 질문들을 한 해 동안에 걸쳐서 다루게 될 것이다. 바로 자신들이 던진 질문들을.

2004년 일리노이 시카고(Chicago)

열악한 학교 환경에 분노한 일단의 5학년 학생들은 시와 교육 당국 관리들이 수년 전에 약속했던 새로운 학교를 지을 수 있도록 압력을 가하기로 했다. 당국의 이러한 해태解怠가 그들이 살고 있는 것과 같은 저소득층 지역에서는 드문 일이 아니었지만, 이 지역은 다른 지역과 달리 학생들이 행동에 나섰다. 일 년 내내 이들은 자신들의 주장을 관철시키기 위해 시위를 조직하고, 신문 등에 기고를 하고, 비디오 다큐멘터리를 만들어 배포하고, 공무원들을 만나는 등의 활동을 했다. 또한 이들은 웹사이트를 만들었으며, 자신들의 주장을 뒷받침하기 위해서 연구,

조사, 인터뷰 등을 진행했다. 새로운 학교를 쟁취하려는 이와 같은 행동은 곧바로 교육과정의 중심으로 자리 잡았는데, 이는 학생들이 자신들의 행동에 다양한 범위의 기술들을 익히고 바로 적용했기 때문에 가능해진 일이었다.

우리는 지금까지 언급한 이야기들을 들은 적이 있다. 그리고 이것이 흔한 경우들은 아니라는 것 또한 알고 있다. 위의 모든 사례들은 공교육 현장에서 일어난 일이고, 겉으로 보기에는 다른 수많은 경우들과 다름이 없는 학생들, 교사들, 지역사회의 이야기이다. 하지만 여기에는, 딱 꼬집어 말할 수는 없지만, 가치 있는 교육이란 무엇인가라는 질문에 울림을 주는 뭔가가 있다. 이 이야기 속에 있는 이들은 누구인가? 그들이 한 일은 무엇인가? 그들을 추동하는 힘은 무엇인가? 그들은 어떻게 스스로를 조직했는가? 누가 이들의 노력을 통해 이익을 얻는가? 만약 이러한 질문들에 답하기 위해 얼마간의 시간을 낼 수 있다면, 이제는 많은 사람들의 기억에서 잊혔지만 한때 우리의 공교육을 지도하던 사상들을 다시금 기억할 수 있을 것이다. 그 사상은 과거에도 그리고 지금도 민주주의이다.

미국 전역에는 민주주의를 실현하고자 하는 교사, 행정가, 학부모, 지역사회 활동가, 그리고 학생들의 노력이 결실을 거두고 있는 수많은 공립학교들이 있다. 이 학교들은 때로는 어렵고 힘든 상황에 처하기도 하지만, 그런 상황 속에서도 열정으로 살아 숨 쉰다. 이 학교들에서는 교사들과 학생들이 모두 풍부하고 생동감 있는 경험으로 귀결될 수 있는 중요한 일들에 참여하고 있다.

그럼에도 불구하고 민주학교라는 아이디어는 큰 안목에서 봤을 때 어려운 시기로 접어들고 있다. 그 징후들은 사방에서 감지된다. 공립 학교들은 모든 아이들을 교육시키는 사명을 가지고 있다. 그러나 이와 동시에 학교들은 학생들이 성공할 수 있는 기회를 제한함으로써 사회-경제적 불평등을 만들어내는 주범으로 비난받기도 한다. 정치적인 수사에서는 현장의 결정을 한껏 고양하지만, 실제로는 연방정부의 정책이 국가 수준의 성취 기준과 표준화되고 상세화된 교육과정, 그리고 국가 수준 일제고사의 방향으로 학교들을 몰아세운다. 이러한 정책들은 부작용이 심할 것이라는 뚜렷한 증거가 있음에도 불구하고 감행된다.Apple, 2006; Meier, 2004; Valenzuela, 2005 비판적인 사고에 대한 사회적 요구는 커지고 있지만, 정작 학교에서 사용되는 교재와 프로그램에 대한 사전 검열은 증가하였다. 인구센서스 자료에 따르면 미국의 인구 구성은 날이 갈수록 다양해지고 있지만, 교육과정은 서구 문화 전통을 고수해야 한다는 압력이 여전히 거세게 작용한다. 경제계의 요구가 갑자기 우리 교육계의 중요한 목표가 되었다. 도덕과 윤리 교육은 처세술litany of behavior traits로 축소되었다. 상류층은 바우처나 세금 혜택 등의 통로를 통해 다양하고 통합적인 공립학교를 벗어나, '선택' 가능한 학교[2]나 배제를 그 특징으로 하는 '영재' 교육을 추구한다. 그리고 우리는 성공적인 학교는 오직 바우처 제도나 에디슨 프로젝트Edison Project[3], 교육대안 주식회사Education Alternatives Inc와 같은 영리for-profit 공립학교Molnar, 2005 등의 시장 원리를 통해서만 가능하다는 설교를 반

---

2 주로 사립학교를 지칭한다.
3 채널원Channel One의 설립자인 크리스 위틀Chris Wittle이 1992년에 설립한 영리 목적의 교육 회사. 개별 학교나 학교구(교육청), 또는 주 전체의 교육을 위탁 경영하는데, 영리를 목적으로 하기 때문에 교육의 내실보다는 시험 성적 향상에 중점을 둔다. 또한 이윤 창출을 위해 교사를 대량 해고하거나, 학교의 교과서나 기자재 등의 재산을 무리하게 처분해서 사회적 물의를 빚기도 한다.

복해서 듣게 된다.

　하지만 교육 분야에서 민주적인 목적과 실천을 위해 한 세기를 이어온 투쟁이 전혀 없었던 일처럼 취급될 수 있을까? 우리의 집단적인 기억이 어찌 그리도 빨리 소멸돼버린 것일까? 20세기 초에 발흥했던 진보적인 사회재건주의자들이 주창했던 '학생들의 목소리'나 문제 중심의 '핵심' 접근법에 연원한 주제 중심의 교육과정 등을 우리의 기억에서 지워야만 하는 것일까? 우리가 오늘날에도 수많은 사람들이 지지하는 1960년대 시민인권운동의 투쟁에서 유래한 협력 학습의 전통을 과연 단절시킬 수 있을까? 한 세기 이전에 형성되었던 진보적이고 아동 중심적인 학교들까지 그 연원을 거슬러 올라가는 '발달 단계에 적합한' 교육을 우리가 어떻게 잊을 수 있을까? 오늘날 우리가 협력 학습을 말할 때, 1920년대 이래로 학교와 지역공동체에서 민주운동의 일환으로 수행되었던 협력 그룹의 과정들을 우리가 어떻게 무시할 수 있을까? 지난 60년간의 연구 업적 속에서 그렇게나 많은 사회봉사 교육 프로젝트를 발견할 수 있는데, 어떻게 우리가 학교와 지역공동체를 연결시키는 것을 어색하게 생각할 수 있을까?

　지금은 고인이 된 시민인권운동가 로자 파크스Rosa Parks[i]는 종종 흑인 역사의 달 기간 동안에 단순히 버스에서 자리에 앉고 싶었던 '피곤에 지친 늙은 여자'로 묘사되곤 한다. 하지만 그 버스에서 보여줬던 그녀의 용기 있는 행동은 하이랜더 민중학교Highlander Folk School에서 계속되었던 몇 달 동안의 저항과 시민불복종 운동의 연장선에 있었다. 이와 마찬가지로 학교에 대한 우리의 기대 어린 생각들은 학교를 더욱 민주적으로 만들고자 했던 수많은 용기 있는 행동들에 의해 어렵사리 성취되었다.Rugg, 1939 참조 우리는 이러한 행동들의 수혜자이며, 민주사회 수립에 공헌하는 공립학교라는 꿈을 지속적으로 추구해나가야 하는 의무를 지고 있다.

이 책에서 제기되는 질문들은 절반쯤은 잊힌 그 꿈을 다시금 상기시키는 것을 목적으로 한다. 지난 20여 년간 끊임없이 그 꿈에서 멀어졌던 우리를 다시금 일으켜 세우려는 것이다. 우리의 기억이 비록 흐릿해졌을 수도 있지만, 우리는 여전히 공립학교가 사회의 민주주의에 필수적이라는 사실을 기억한다. 현재 현장에서는 학교에서 잘 작동하는 것은 어떤 것인지, 학교에서는 무엇이 이루어져야 하는지 등에 대해 토론할 때 민주주의적인 삶의 방식 확산에서 공교육이 담당하는 역할에 대한 논의는 전혀 이루어지지 않고 있다. 우리는 이러한 사실에 민감하게 반응해야만 한다. 그렇기 때문에 우리는 공립학교들이 민주주의에 필수적이라는 사실을 다시금 선언해야만 한다.

민주주의의 의미

미국에 살고 있는 사람들은 민주주의가 미국 사회의 사회·정치적 관계의 핵심적인 요소라고 주장한다. 우리가 말하는 민주주의는 우리가 스스로를 다스리는 토대가 된다. 우리는 민주주의라는 개념으로 지혜와 사회정책 및 변화의 가치를 측정한다. 즉, 민주주의는 우리가 탄 정치라고 하는 배가 표류하는 것처럼 보일 때 우리가 찾게 되는 배를 고정시켜줄 윤리적인 닻이다. 또한 이 개념은 우리가 다른 나라들의 정치적 발전 정도를 측정하는 것은 물론 이들이 우리와 진행하는 교역의 수준을 측정하는 데 사용하는 기준이 된다.

이런 점들을 고려한다면 오늘날 민주주의라는 말을 더욱 자주 듣게 되는 것은 놀라운 일이 아니다. 세계의 도처에서 억압받는 사람들은 인권과 시민권을 쟁취하기 위해 투쟁하고 있다. 독재 정권은 물론 대중에 의해 선출된 권력들도 놀라운 속도로 전복되고 있다. 점점 더 많은 미국인들은 정치인들이 더 이상 자신을 선출해준 유권자들을 대변하지 못한다는 견해를 받아들이고 있다. 정치, 종교, 문화적 집단 간에 발생하는 갈등이 여러 가지 논쟁들에 기름을 붓고 있다. 즉 표현의 자유, 프라이버시, 토지 사용권, 생활 방식 그리고 무엇보다도 전체 사회의 이해관계 속에서의 개인의 권리에 대한 논쟁 등이다. 이러한 불협화음 속에서 민주주의라는 사고 체계는 개별 사건들과 사상들에 대한 중요한 판단 기준으로 작용한다.

우리 사고의 핵심을 이루는 개념들과 윤리적인 닻들은 이를 이용해 대중의 지지를 획득하고자 하는 온갖 종류의 사상들에 의해 전용되는 경향이 있다. 따라서 이러한 개념들은 모호함으로 가득 차 있다. 민주주의라는 개념도 예외가 아니다. 미국의 병사들이 '세계의 민주주의를 수호하기 위해서' 싸우고 있다고 주장하며 미국을 1차 세계대전으로 몰아간 우드로 윌슨Woodrow Wilson은 민주주의라는 개념의 이러한 모호성을 잘 이해했었다. 민주주의라는 말을 끌어와서 사람들을 속이는 일은 그때 이후로 미국의 정치적·군사적인 정책에서 광범위하게 일어났다.

우리 시대에도 민주주의라는 개념은 그때와 마찬가지로 모호하다. 그리고 그러한 모호성이 주는 정치적인 수사의 편리함은 어느 때보다 명백하다.Apple, 2000 예를 들어보자. 민주주의에 대한 요구는 시민인권운동, 투표권 확장, 언론의 자유에 대한 요구 등에 유용하게 사용되었다. 하지만 민주주의라는 용어는 자유시장을 심화시키고, 학교 바우처 프로그램을 확대하며, 거대 정당들의 지배력을 방어하는 데도 사용되었다. 우리는 사람들이 일상적으로 거의 모든 일에 대해 자신들의 행동을 정당화하기 위해 민주주의를 들먹이는 걸 수도 없이 목도하고 있다. "이봐, 우리는 지금 민주주의 사회에 살고 있잖아, 안 그래?"

다른 한편에서는, 민주주의가 자신들과 아무 상관도 없다고 말하는 사람들 또한 드물지 않게 볼 수 있다. 오늘날과 같이 점점 더 고도로 복잡해지는 사회에서 민주주의는 너무도 비효율적이거나 위험한 일이라는 것이다. 이러한 사람들에게는 민주주의를 들먹거려서 자신을 정당화하는 것 자체가 귀찮은 일이거나 그것이 자신들이 얻고 싶은 것을 얻어낼 수 있는 효과적인 방법이 되지 못한다. 부와 권력의 양극화가 뚜렷한 미국과 같은 사회에서는 개인적 자유와 민주주의에 대한 모호한 개념 정의가 특정한 사람들에게만 이익이 된다. 민주주의 개념을 정교하게 가다듬고 사회 전체에 민주주의의 개념을 확장하고자 하는 노력은 이 나라의 특권층에게는 자신들의 기득권에 대한 위협으로 비쳐진다. 이 점은 다음의 두 가지의 사회운동을 비교해보면 분명하게 드러난다. 하나는 학업성취도 향상을 위한 운동이고 다른 하나는 모든 학교에게 공평하게 교육 재정을 분배하자는 안에 대한 저항이다.Kozol, 1991: 2005

이러한 복잡한 조건들 속에서 민주학교에 대한 한 권의 책은 실속 없이 위험한 일을 벌이는 것처럼 보일지도 모른다. 만약 사회적으로 민주주의라는 개념이 그렇게도 혼동되어 사용된다면, 어떻게 일상적인 학교생활 속에서 이 개념을 안정적으로 사용할 수 있을 것인가? 우리는 그러한 위험성을 염두에 두는 동시에 몇 가지에 대한 확신을 가지고 이 책을 집필했다. 우리는 민주주의라는 것이 의미하는 바가 분명히 있다고 믿는다. 우리는 또한 많은 사람들이 진지하게 학교의 미래를 고민하고 있는 지금과 같은 시기에 그 의미를 조명하는 것은 분명 의미 있는 일이라는 것을 믿는다. 더욱이 우리는 민주주의가 가져다줄 수 있는 특권에 대해 잘 알고 있는 사람들이 그토록 쉽사리 그 특권을 포기하리라는 것을 상상할 수 없다. 우리는 이들이 그 특권을 자신의 아이들에게, 궁극적으로는 모든 사람들에게 보장해주고 싶어 하지 않을 것이라고는 더더욱 상상할 수 없다. 듀이와 같은 이들이 '민주주의에 대한 신앙'이라고 불렀던 것을 우리가 가지고 있음을 부정하지 않는다. 그 신앙은 민주주의가 정말로 강력한 힘이 있다는 것, 민주주의는 작동할 수 있다는 것, 그리고 우리가 인간의 존엄성, 평등, 자유, 사회정의 등을 유지하려면 민주주의가 반드시 필요하다는 것에 대한 근본적인 믿음이다.

민주주의는 사회에서 다양한 방식으로 작동한다. 미국(혹은 다른 나라)에서 학교를 다닌 사람들 대부분은 민주주의란 통치받는 이들의 동의와 기회의 균등을 기반으로 하는 통치 방식이라고 배운다. 예를 들어, 우리는 학교에서 시민들이 선거에는 직접적으로 그리고 충분히 참여할 수 있지만, 선거 외에는 시민들이 문제 해결에 직접 참여하는 대신 국회나 학교위원회 등에 보낸 사람들을 통해 '대의적'으로 참가해야 한다고 배운다.

그런데 민주주의는 단순히 과정만을 의미하지 않는다. 그것은 '민주적인 생활 방식'의 기초를 이루는 원칙들과 가치들을 포괄한다.^{Beane, 2005} 이와 같은 민주주의의 '내용'과 교육을 통한 그것의 확장이 바로 민주학교가 핵심적으로 다루고자 하는 내용이다. 여기서 말하는 가치와 원칙 몇 가지를 소개하면 다음과 같다.

- 개인 및 소수자들의 권리와 존엄성에 대한 관심.
- 타인과 '공공선'에 대한 관심.
- 당면한 문제들을 해결할 수 있는 가능성을 만들어낼 수 있는 개인 및 집단의 가능성에 대한 믿음.
- 사람들로 하여금 가능한 한 많은 정보를 얻게 할 수 있는 아이디어들의 공개적인 흐름.
- 보수의 아이디어들, 문제들, 정책들에 대해 평가할 수 있도록 비판적인 회고와 분석 활용.
- 민주주의는 우리가 삶으로써 살아내야만 하는 가치 그리고 주권자로서의 우리 삶을 인도하는 일련의 가치체계로 이상화되어 표현되는데, 민주주의라는 것이 반드시 이상적으로만 존재하는 것은 아니라 현실에 구현될 수 있다는 사실에 대한 이해.
- 민주적인 삶의 방식을 고취하고 확장시키는 사회 제도들의 조직체.

만약 사람들이 민주적인 생활 방식을 보장하고 계속 유지하고 싶어 한다면, 그들은 반드시 그러한 삶의 방식이 무엇을 의미하는지, 그리고 그것은 어떻게 쟁취할 수 있는지에 대해서 배울 기회를 가져야만 한다.Dewey, 1916 상식으로만 보자면 듀이의 언급은 옳다. 하지만 교육에서 민주학교라는 개념보다 더 문제투성이인 개념은 존재하지 않는다. 어떤 이들은 민주학교는 형용모순이라고까지 여기기도 한다. 어떻게 이런 일이 가능할까? 단순히 보자면, 많은 사람들은 민주주의라는 것이 연방정부의 형태에 지나지 않는다고 믿는다. 따라서 민주주의가 학교나 다른 사회적 기구·제도에까지 적용되지 않는다고 본다. 또한 많은 사람들이 민주주의는 어른들의 권리이지 학생들의 것은 아니라고 생각한다. 또 다른 이들은 학교에서는 민주주의라는 것이 작동될 수 없다고 생각한다.

하지만 모두가 그렇게 생각하는 것은 아니다. 어떤 이들은 우리에게 민주주의가 무엇인지, 그리고 그것을 어떻게 실현할 수 있는지를 배울 기회가 주어질 때만이 민주적 삶을 살아갈 수 있다고 확신하고 있다. 이들은 미래 사회의 주인공이 될 한 사회의 청소년들이 공통의 경험으로 기억하게 될 학교야말로 민주적인 삶의 방식을 배울 수 있는 기회라고 생각한다. 그런 의미에서 학교는 민주적 생활 방식을 교육과정과 학교 문화에 녹여냄으로써 이 기회를 제공할 도덕적인 의무를 가지고 있다고 믿는다. 이들은 또한 그러한 삶은 체험을 통해 배울 수 있다는 사실을 잘 알고 있다. 그 체험은 다른 모든 것들을 배우고 난 다음에 배울 수 있는 게 아니라 배우는 과정 그 자체를 통해 체험하는 것이다. 더욱이 이들은 학교에서 강력하고도 평등을 강조하는 민주주의가 청소년을 포함한 모든 이들(교직원을 포함한)에게 제공되어야 한다고 믿는다. 마지막으로 이들은 민주주의가 번거롭거나 위험한 것이 아니며, 사회는 물론 학교에서 민주주의가 실행될 수 있다고 믿는다. 맥신 그린Maxine Greene이 언급한 것처럼, "분명히 청소년들이 공적 사회의 일원이 되고, 참여하며, 공적인 공간에서 확실한 역할을 수행할 수 있도록 힘을 실어주는 것은 민주주의 사회에서 교육이 담당해야 할 임무이다.Greene, 1985: 4"

또한 민주적 학교를 만들어야 한다는 신념에 찬 사람들은 민주학교를 만드는 것이 단순히 학생들에 대한 교육으로만 그쳐서는 안 된다는 것을 잘 이해하고 있다. 민주학교는 민주적인 공간을 의미하므로, 학교라는 공간에서 여러 가지 모습으로 일하고 있는 어른들 사이에도 민주주의가 퍼져 있어야만 한다. 여기서 어른들이란 교육가들, 학부모들, 지역사회 활동가들, 그리고 자신과 자신의 아이들을 위한 학교 정책과 프로그램을 만드는 데 필수적인 정보를 제공받을 수 있고, 또한 주체적으로 참여할 수 있는 권리가 있는 시민 일반을 가리킨다.

　민주학교의 지지자들은 민주주의의 실천에는 긴장과 갈등이 따를 수밖에 없다는 것을, 때로는 아주 고통스럽게, 알게 된다. 예를 들어 보자. 교재에 대한 검열, 세금을 사립학교 등록금으로 사용할 수 있는 학교 바우처 프로그램, 인습으로 남아 있는 학교생활 속의 불평등 등을 현 상태대로 유지하자는 주장은 분명 비민주적인 것이다. 그런데 의사결정 과정에서 민주적인 참여를 보장하는 것은 이러한 비민주적인 주장들이 끊임없이 제기될 수 있는 길을 열어놓은 것이기도 하다.Delfattore, 1993; Jensen and Project Censored, 1994 더욱이 사람들이 민주주의에 대한 환상을 가지게 될 가능성은 언제나 있다. 정부 관료들은 이 환상을 이용해서 사람들의 참여를 보장하는 방식으로 미리 짜인 결정에 대한 '동의를 조작'할 수도 있다. 이러한 긴장과 갈등이 존재한다는 사실은 민주주의를 실제 구현하는 것이 언제나 투쟁의 과정임을 웅변해준다. 하지만 그러한 투쟁 너머에는 학생들과 교육자들, 그리고 시민들이 함께 협력하여 공동체 전체와 공공선에 복무할 수 있는 보다 민주적인 학교를 만들 수 있다는 희망이 자리하고 있다.

　이 책은 민주주의에 대해 확신하고, 민주적인 생활 방식의 가치를 소중히 생각하며, 학교는 지금보다 더욱 민주적인 공간이 될 수 있다고 믿으며, 이러한 믿음을 행동으로 옮길 수 있는 용기를 가진 교육자들에 대한 책이며, 그들을 위한 책이다. 이 책은 학교 현장의 교육자들이 어떻게 학교에서 민주주의를 실천에 옮겼는지를 자신들의 목소리로 생생하게 기록하고 있다. 교육계에서 민주학교라는 아이디어를 찾아보기가 힘들다는 점을 고려할 때, 여기에 수록된 사례들은 무척이나 의미심장하다. 이 이야기들은 손쉽게 다른 곳에서 가져다 쓸 수 있는 프로그램이나 구호 등으로 채워져 있지 않다. 학교에 대한 사연들이 대개는 그러하듯이, 자신들이 굳게 믿고 있는 가치를 현장에서 실천하기 위해 모든 수고를 아끼지 않는 현장 교사들의 고뇌와 헌신의 모습을 그려내고 있다.

이 책의 저자들은 지난 십 년간 학교 현장을 강력하게 규정해왔던 더욱 강화된 중앙 통제, 교육 내용의 표준화, 퇴행적인 시험, 권위주의적이고 무미건조한 교수법 등의 보수적인 정책들에 대해 뿌리 깊은 불신을 가지고 있다. 이 글을 쓴 우리 모두는 더 이상 주뼛거리지 말고 "학교 현장에서 실제로 작동할 수 있는 것이 무엇인가?"라는 질문에 대한 해답을 찾기 위해 행동해야만 한다고 믿는다.

민주학교란 무엇인가?

이 책이 담고 있는 현장의 생생한 이야기들을 본격적으로 들어보기 전에 먼저 현장의 맥락을 살펴보자. 민주학교란 무엇인가? 그러한 학교를 방문한다면 여러분은 무엇을 보기를 기대하는가? 이 학교들의 저변에 깔려 있는 원리는 무엇인가? 민주학교라는 개념은 오랜 시간에 걸쳐서 어떻게 형성되었는가? 이 학교들의 존립을 위협하는 요소는 무엇인가? 민주적이라고 여겨지는 사회에서 민주학교들의 이야기가 왜 그렇게도 놀라운 것일까?

민주주의라는 개념 자체가 그런 것처럼 민주학교는 우연히 만들어지지 않았다. 민주학교들은 민주주의를 실천에 옮길 수 있는 여러 가지 기제들과 기회들을 현장에 뿌리내리고자 했던 수많은 교육자들의 노력의 결과물이다.참조 Bastian, Fruchter, Gittel, Greer, and Haskins, 1986; Wood, 1988; 1992; Beane, 2005 이러한 기제들과 기회들은 크게 두 가지로 분류해볼 수 있다. 하나는 학교에서 민주적인 생활 방식이 실현될 수 있도록 하는 민주적인 구조와 과정들을 만들어내는 일이다. 다른 하나는 학생들에게 민주적인 경험을 제공할 수 있는 교육과정을 만들어내는 일이다.

민주적 구조와 과정들

민주주의는 통치받는 사람들의 동의에 의존한다고 말하는 것은 너무도 진부한 표현이다. 하지만 민주학교에서는 글자 그대로 학생들을 포함한 학교와 직접적으로 관련된 모든 이들이 의사결정 과정에 참여할 권리를 가진다. 이러한 이유로 민주학교는 학교의 운영governance과 정책 수립에 있어서 성원들의 광범한 참여를 그 특징으로 한다. 각종 위원회, 자문기구, 그리고 학교 운영과 관련된 다양한 층위에 존재하는 의사결정 단위들에는 교육자들뿐만 아니라 학생들, 학부모들, 그리고 학교 공동체에 속하는 다양한 사람들도 함께 참여한다. 교실에서는 학생들과 교사들이 그들 모두가 공감하는 문제들, 목표들에 대해 의견을 교환하고 함께 의사결정을 해나간다. 학교와 교실 수준에서의 이러한 협력은 이미 짜인 결론에 알리바이를 제공하는 '동의의 공

學engineering of consent'이 아니다. 이제껏 동의의 공학으로 표현되는 접근법은 민주주의에 대한 사회의 잘못된 통념을 양산해온 것이 사실이다. 하지만 민주학교가 제시하는 협력은 자신들의 삶에 영향을 미치는 의사결정에 참여하고자 하는 사람들의 권리를 진정으로 존중하려는 시도이다. 이러한 일련의 원칙들이 학교를 민주적으로 만들고 있음은 미국은 물론 전 세계 많은 나라에서 입증되고 있다. 예를 들어, 브라질에서는 시민학교와 '참여 예산제'가 어떻게 학생들, 교사들, 그리고 지역사회 전체를 바꾸어놓았는지에 대한 훌륭한 모델을 제시한다.Apple, Aasen, Cho, Gandin, Oliver, Sung, Tavares, and Wong, 2003

우리는 전체적인 틀뿐만 아니라 지역적인 의사결정도 역시 민주적 가치들에 의해 이루어져야 한다는 것을 기억해야만 한다. 지역 토호세력이 주도할 수도 있는 지역의 정치는 민주적이지 않은 경우도 많은데, 이는 민주주의가 가진 하나의 모순이다. 지역에 모든 결정을 맡겨놓았을 경우, 미국은 아마도 여전히 인종적으로 분리된 학교 체제, 부자들에게만 접근성이 보장된 학교 체제를 유지하고 있을지도 모른다. 결국 민주학교의 건설은 일정 부분 국가의 선별적인 개입을 필요로 한다. 특히 지역정부가 내린 의사결정이 그 내용과 절차에서 법률적으로 소외되고 문화적으로 억압받는 사람들에게 불리하게 작용하는 경우가 있을 수 있다. 정부의 선별적 개입은 바로 이러한 경우에 중요한 의미를 갖는다. 이것은 기득권층에게는 인기가 없지만, 이러한 선별적 개입이야말로 민주적 가치와 인권의 균등한 분배가 서류상에만 존재하는 것이 아님을 알려주는 강력한 각성제로 기능할 수 있다.

우리가 살아가는 이 시대는 민주주의를 수호해야 하는 국가의 의무와 자신들의 견해를 관철시키려는 이해집단의 민주적 권리들 사이에서 발생하는 긴장으로 가득 차 있다. 예를 들어 민주사회에서 공립학교는 학생들에게 다양한 종류의 사상에 접할 기회를 제공하고, 이러한 사상들을 비판적으로 점검할 수 있는 기회를 제공하게끔 되어 있다. 하지만 다양한 종류의 이해집단, 특히 다수의 종교적 보수주의자들[4]은 자신들의 가치체계에 부합하는 가치들만을 공립학교에서 가르칠 것을 요구한다.Apple, 2006: Apple and Buras, 2006 이와 동시에 정치적 견해 차이와 관계없이 지역사회의 많은 사회단체들은 연방 수준에서 추진되는 시험과 교육과정 표준화에 대해 편치 않은 속내를 드러낸다. 왜냐하면 이러한 교육과정에서 의미 있게 다루어지는 가치들은 그것을 준비하는 연방 수준의 집단들에 의해 규정되기 때문이다. 학교 운영에 있어 광범위한 참여의 보장이 민주학교를 규정하는 특징이라고 단정할 수는 없는 이유가 바로 여기에 있다. 다양하게 표출되는 의견들은 크게는 민주적 공동체의 '공공선'과 특정 집단의 이해라는 대립항으로 수렴된다. 문제는 결국 이 대립항들 사이의 균형을 어떻게 유지할 것인가로 귀결된다.

민주학교에 참여하는 사람들은 자신들을 배움의 공동체의 일원으로 여긴다. 이 공동체는 그 성격상 다양성을 띠는데, 여기서는 다양성이 해결되어야 할 골칫거리가 아니라 그 자체로 이미 좋은 것으로 존중된다. 이러한 공동체는 사람들 사이의 나이, 문화, 종족성, 젠더, 사회경제적 계급, 지향점, 능력 등의 차이를 존중하는 이들로 구성된다. 이러한 차이들은 공동체 자체를 풍부하게 할 뿐만 아니라, 공동체가 고려해야 할 관점들도 더욱 풍성하게 한다. 이러한 차이들을 이유로

---

4 미국적 맥락에서 종교적 보수주의자는 기독교 보수주의를 일컫는다.

어떤 특정한 연령대의 집단을 차별하거나 그 집단에게 꼬리표를 붙이는 것은 개인들의 존엄성과 공동체의 민주적 가능성을 부정하고 사회적 분리와 계층제도를 만들어내는 것이다.

이러한 공동체는 다양성을 존중하는 동시에 다양한 구성원들이 동일한 목표를 공유하고 있다. 민영화를 지상의 과제로 여기고 학교가 경제적 합리성에 따라 움직여야 한다고 믿는 사람들이 무슨 말을 하건, 민주주의는 다른 이의 희생의 대가로 자신의 목적 추구를 허용하는 이기심을 기반으로 하는 이론이 아니다. 그렇다고 해서 창조적인 개인이 무시되어야 한다고 말하는 것은 아니다. 결국 다양성이라는 것은 풍성한 사회를 위한 필수적인 요소이다. 민주주의가 생활화된 사회에서는 사람들이 자신의 이해관계를 다른 사람들과의 관계 속에서 파악할 줄 알아야 한다. 이러한 이유로 민주학교들은 경쟁보다는 협력과 협업을 강조한다. 그리고 학생들에게 다른 이들을 돕는 것이 공동체의 삶의 질을 향상시킬 수 있다는 생각을 고취시킬 수 있도록 하는 제반 여건을 제공한다.

민주학교 구성원들은 민주학교가 제공하는 이러한 제반 여건과 이를 뒷받침하기 위해 이루어지는 정책 결정들 속에서 구조적인 평등을 지속적으로 강조한다. 교육 기회에 대한 최초의 접근성이 민주학교를 구성하는 필수적인 요소로 이해되고 있는 것은 분명하지만, 접근성 하나만으로는 민주학교를 구현하기에 충분치 않은 것이 사실이다. 진정으로 민주적인 사회에서는 모든 학생들이 학교가 제공하는 모든 프로그램에 대한 접근권을 가질 뿐 아니라 학교가 가치 있게 여기는 결과물에 대해서도 향유할 수 있는 권리를 가진다. 이러한 이유로 민주학교에 있는 사람들은 학교 안의 제도들이 학생들에게 조금이라도 걸림돌이 되지 않도록 애쓰게 된다. 즉, 민주학교에서는 성적에 따른 학생 차별, 불공정한 시험, 그리고 인종, 젠더, 사회경제적 계층 등에 따라서 발생하는 다양한 차별 장치들을 제거하려는 온갖 노력을 경주한다.Oakes, 2005

민주주의에 대한 신념을 지닌 교육자들은 학교에서 발견되는 불평등의 원천이 학교를 둘러싼 지역사회에도 존재한다는 사실을 잘 알고 있다. 적어도 이들은 학교에서의 민주적 경험을 통해 형성되는 가능성들이 학교 밖의 삶을 통해 너무도 빨리 소멸해버린다는 사실을 이해하고 있다.Gutmann, 1987; Kozol, 2005 이들은 스스로를 자신이 속한 지역사회의 일부로 여기기 때문에 학생들만이 아니라 모든 사람들을 위해서 학교의 민주주의가 지역사회로도 확산되게 하는 방법을 모색한다. 정리하자면, 이들은 보다 넓은 단위에서의 민주주의를 원한다. 학교는 그들이 민주주의가 이루어지기를 원하는 여러 개의 현장들 가운데 하나인 셈이다. 이 점이 중요하다. 교육 여건은 실패한 학교 혁신의 잔재들로 인해 황폐화되었다. 학교를 둘러싼 사회적인 환경들로 인해 많은 혁신적인 시도가 실패로 돌아갔는데, 환경을 제대로 이해하고 추진된 혁신만이 학생, 교사, 지역사회 성원들의 삶에 지속적인 영향을 미치는 차이를 만들어낼 수 있었다.Anyon, 2005

이것이 바로 민주학교를 여타의 인본주의적이고 학생 중심적인 '진보적' 학교들과 구별 짓는 지점이다. 민주학교들은 많은 부분에서 인본주의적이고 학생 중심적이다. 그런데 민주학교의 지향점은 학교의 분위기를 바꾸거나 학생들의 자존감을 향상시키는 목적을 넘어선다. 민주적 교육자들은 학교에서 발견되는 사회적 불평등의 굴레를 경감시키려는 노력만을 경주하는 것이 아니고, 그러한 불평등을 만들어내는 조건들을 바꾸려 노력한다. 따라서 그들은 학교 안에서 일어나는 비민주적인 일들을 학교를 둘러싼 사회에서 일어나는 일들과 연결 지어서 이해한다. 예를 들어 능력 차이가 나는 학생들을 혼합해서 모둠을 구성하는 방식은 부분적으로는 학력적·사회적 성취를 높이고자 하는 목적으로 수행되지만, 보다 근본적으로는 정의와 기회균등이라는 관점에서 기획되는 것이다.Oakes 2005 다른 많은 진보적인 교육자들처럼 민주주의에 관여하는 사람들은 학생들을 위해줄 줄 안다. 뿐만 아니라 이들은 학생들에게 이러한 관심을 쏟기 위해서는 자신들이 인종차별, 부정의, 중앙화된 권력, 가난, 그리고 그 밖의 또 다른 거대한 불평등에 맞서야 함을 잘 알고 있다. 왜냐하면 이러한 조건들이 너무도 많은 학생들에게서 미래에 대한 희망을 앗아갈 뿐만 아니라 그들의 존엄성을 훼손하기 때문이다.

　민주학교를 구성하는 필수적인 과정과 구조에 대한 분석은 얼핏 보면 어렵지 않게 이루어질 수 있다. 그러나 이러한 학교 상을 정교하게 구성해내는 것은 그리 호락호락한 일이 아니다. 민주학교를 조직하고 그것을 지속시키는 것은 다양한 층위에서의 갈등을 수반하는 지난한 일이다. 우리 사회에서 민주주의에 대한 찬사를 듣는 것은 어려운 일이 아니다. 또한 민주적 삶의 방식은 민주적 경험을 통해 학습된다는 것은 우리 사회의 상식에 속한다. 그럼에도 불구하고 정작 민주주의를 뒷받침해야 할 학교는 역사적으로 민주적이었던 적이 거의 없는 기관이다. 민주주의 사회에서는 사람들 사이의 협력이 반드시 필요하다. 그러나 많은 학교들이 협력 대신 성적, 지위, 자원, 프로그램 등을 놓고 벌이는 경쟁을 강화해왔다. 민주주의의 성패는 공공선의 추구에 전적으로 의존한다. 그런데 너무도 많은 학교들이 거의 전적으로 학생

개인의 이해관계를 기반으로 한 개인성을 강조해왔다. 그리고 그들의 가족들은 협력적인 공동체의 시민이 아니라 학점과 졸업장의 '소비자'가 된다. 민주주의는 다양성을 중요시해야 하는데, 너무도 많은 학교들이 사회에서 가장 힘센 계층의 이해를 대변하고 힘이 없는 사람들은 무시해왔다. 민주주의 사회에서 학교는 모두를 위해서 어떻게 기회균등을 보장할 수 있을지에 대한 모델로서 작용해야 한다. 그러나 많은 학교들이 너무도 많은 학생들(특히 저소득층, 유색인종, 여성들)에게 기회균등 및 결과에 있어서의 평등을 부정하는 트랙 만들기나 능력별 분반 그리고 인종 분리 등으로 신음하고 있다.

민주교육에 헌신한 사람들은 종종 학교교육의 지배적인 전통과 갈등을 빚는 상황에 직면하곤 한다. 거의 모든 경우, 그들의 아이디어와 노력은 학교에서의 불평등으로 인해 이익을 보는 사람들과 밑에서부터 올라오는 학교 혁신의 요구를 받아안는 어렵고 불편한 길보다는 수직적 권력과 효율성에 더욱 관심이 많은 사람들의 저항에 부딪힌다. 민주적 학교를 만들어내려는 것도 지난한 작업이지만, 비민주적인 주류의 주장들과 교육정책 속에서 민주적인 학교를 지켜내려는 노력은 더욱 힘든 일이다. 그렇지만 민주적 교육자들은 민주주의가 '이상적인 상태'를 표현하는 것은 아니라는 걸 잘 알고 있다. 오히려, 이들은 보다 민주적인 경험은 작은 차이들을 만들어가는 그들의 지속적인 노력에 의해 형성되는 것임을 잘 알고 있다. 이러한 일을 실행에 옮기는 것은 쉬운 일이 아니다. 그 작업은 끊임없는 갈등과 모순들로 점철된다. 오래된 격언에 이르기를, "그것은 숲 속으로 10마일 안쪽에 있었다. 그런데 지금은 10마일 밖에 있다."

민주적 커리큘럼

지금껏 논의되어온 구조와 과정들은 일상적인 학교생활을 규정하는데 도움이 된다. 학교에서 오랫동안 이어져온 전통으로서 이러한 구조와 과정들은 학교가 누구를 그리고 무엇을 가치 있게 여기는지에 대해 우리에게 많은 것을 알려준다. 이러한 절차와 구조들은 '잠재적' 교육과정을 구성한다. 그리고 사람들은 이 잠재적 교육과정으로부터 정의, 권력, 존엄성, 그리고 자존감에 대해 중요한 교훈을 학습하게 된다. 이러한 구조와 과정들을 민주화하는 것이 이 책에서 소개하고 있는 학교들이 보여주는 중요한 내용들이다. 하지만 민주학교의 보다 온전한 모습은 잠재적 교육과정에서 민주주의를 실현하는 것을 넘어서서 명시적 교육과정에도 민주주의를 실현하는 것이어야 한다.

민주주의는 시민들이 충분한 정보가 주어진 상태에서 제공하는 동의에 기초하기 때문에, 민주적 교육과정은 폭넓은 수준에서 정보에 대한 접근권이 보장되어야 하며 다양한 집단들의 의견이 표출될 수 있어야 한다. 민주사회에서 교육자들은 학생들이 다양한 사상에 접할 수 있고, 자신들의 목소리를 낼 수 있도록 도울 책임이 있다. 불행히도, 많은 학교들에서 이러한 의무 이행 책임이 여러 가지 이유로 방기되고 있다. 첫째, 이러한 학교들에서는 교육과정을 지배층에 의해 생산되었거나 그들의 지지를 받는 소위 '공식' 지식으로 한정한다.Apple, 2000 둘째, 이러한 학교들은 수십 년에 걸쳐 제기된 변화 요구에도 불구하고, 유색인종, 여성, 그리고 학생들(이 부분이 중요하다)을 포함하는 피지배층의 목소리에 침묵을 강요해왔다.Apple and Buras, 2006 이 같은 사실은 교과서, 도서목록, 그리고 교육과정 지침서들을 조금만 살펴보면 명백히 드러난다.

이러한 공식 지식이 우려스러운 것은 너무도 많은 학교에서 이것을 마치 한 치의 오차도 없는 '진리'인 양 학생들에게 가르치고 있다는 사실이다. 보다 많은 사람들의 참여를 통해 이루어지는 교육과정을 지지하는 사람들은 공식 지식에 대한 이러한 입장을 지지하지 않는다. 그들에게 지식이란 사회적으로 형성되는 것이며, 특정한 가치와 이해관계 그리고 편견을 가지고 있는 '사람들'에 의해 유통되는 것이다. 우리 모두가 예외 없이 문화, 성별, 지리적 조건 등에 의해 현재의 모습을 갖추게 되었다는 사실을 상기해본다면 지식에 대한 이러한 견해는 지극히 당연한 것으로 받아들일 수 있다. 그렇지만 민주적인 교육과정 속에서 교육받는 학생들은 자신들의 조건을 비판적으로 바라볼 수 있는 '비판적 독자'로 성장하게 된다. 이들은 자신이 가지고 있는 것과 다른 특정한 지식이나 관점과 충돌하게 될 때, 다음과 같은 질문들을 던지는 것을 미덕으로 알고 있다. 이것은 누가 한 말이지? 왜 그들은 그렇게 말했지? 이것을 왜 우리가 믿어야 하지? 우리가 이것을 믿고 이렇게 행동한다면 그것으로 누가 이익을 얻는 거지? 여기서 말하는 논점을 명확히 하기 위해서 학교 현장에서 가져온 두 가지 예를 살펴보자.

한 교실에서 학생들과 교사가 '시사 현안'에 대한 토론을 한창 진행 중이다. 이들은 신문에 난 기사들 중 '자연재해'에 초점을 맞추고 있다. 여기서 중요한 것은 "자연재해에 대해 우리는 어떻게 생각해야 하는가?" 그리고 "자연재해라는 것은 누가 정의하는 것인가?" 하는 점이다. 예를 들어, 현재 우리는 (불행히도) 수많은 사람들이 폭풍, 가뭄 등에 목숨을 잃는 사진에 익숙하다. 이 교실에 있는 학생들처럼 우리는 이러한 일들을 '자연' 재해로 믿도록 배웠다. 그런데 이렇게 사태를 중립적인 것인 양 이해하는 게 정말로 중립적인 것인가? 아니면 특정한 가치가 그 속에 숨어 있거나 생략된 것은 아닌가?

이 교실에서 진행되었던 다음에 제시할 논의들은 왜 이러한 질문들이 중요한지를 여실히 보여준다. 학생들은 최근에 남아메리카에서 일어난 대규모의 진흙 산사태를 언급했다. 폭우가 쏟아져 산자락 밑에 있는 그들의 집을 쓸어내리면서 많은 사람들이 죽거나 중상을 입었다. 이 사건을 면밀히 들여다보면 이 사건은 전혀 '자연스럽지' 않다. 남아메리카에서는 매년 많은 비가 내리고, 매년 사람들이 죽어간다. 그해에는 산 전체가 무너져 내렸다. 수천 명이 목숨을 잃었다. 안전하고 비옥한 지역인 계곡의 안쪽에 사는 사람들은 한 사람도 피해를 입지 않았다.

가난한 사람들은 그 위험한 언덕 사면에 살 수밖에 없었다. 그곳만이 근근이 연명해가는 이들이 몸을 누일 수 있는 유일한 장소였기 때문이다. 이들은 가난 때문에, 그리고 무척이나 불평등한 토지 소유권제도의 결과로 그 언덕 사면에 빼곡히 밀려들 수밖에 없었다. 따라서 재앙의 원인은 해마다 반복되는 비(자연적인 요인)가 아니다. 오히려 소수의 사람들이 다수의 삶을 지배할 수 있도록 만들어진 불공평한 경제구조가 바로 재앙의 원흉인 것이다.

이와 같이 주어진 문제에 대한 전향적이고 좀 더 온전한 이해는 교육과정과 교수법에 있어서 다양한 가능성들을 열어놓는다. 학생들이 '시사 현안'을 다양한 시각에서 이해할 수 있도록 도와주는 것은 이러한 해석을 필요로 하는 집단에게 유익이 된다. 뿐만 아니라 궁극적으로는 학생들이 자신들을 둘러싼 사회에 대해 더욱 깊은 그리고 보다 윤리적인 책임감을 갖게 하는 길로 인도할 수 있다.Appple. 2000: 2004

도심에 자리 잡은 한 학교의 수학 수업은 앞서 제시했던 질문들이 어떻게 민주적인 교실에서 활용될 수 있는지를 보여주는 또 다른 사례이다. 이 학급 학생들에게는 정기적으로 이야기 문제가 부과되었는데, 그중에는 버스표 값에 관한 것도 있었다. 버스를 탈 때마다 1회용 버스표를 사는 것이 저렴한지, 월정액권을 사는 것이 저렴한지를 비교하는 문제였다. 이 문제에서는 조건으로 주어진 등교일이라는 변수 때문에 1회용 버스표를 매번 사는 것이 정답이었다. 그러나 이것은 학생들이나 그 부모들의 생활 현실을 전혀 고려하지 않은 문제였다.

학생들은 이 답이 적절하지 않다는 것을 잘 알고 있다. 이들의 부모들은 대부분 가족을 부양하기 위해 두 개의 파트타임 직업을 가지고 있었다. 그들이 일하는 곳은 대개 패스트푸드점인데, 그것이 그 지역에 남겨진 거의 유일한 일자리였다. 이 지역에 있던 공장들은 낮은 임금과 세금 감면 혜택을 찾아서 세계 각지로 떠나버린 지 오래였다. 아이들의 경험 속에서 버스를 이용하는 사람들은, 하나의 일자리에서 다른 일자리로 옮겨 다니기 위해 하루에 적어도 4번 이상 버스표를 사용해야 하는 사람들은, 저임금의 궁핍한 사람들이었다.

이런 현실을 감안한다면 이들에게 제시된 교육과정은 현실에 민감하지 못한 것이며, 적지 않은 편견에 사로잡힌 것이다. 그런데 이 학급의 교사는 이러한 교육과정을 창조적으로 이용한다. 그는 학생들에게 이러한 사례에서 무엇이 잘못되었는지를 성찰하게 하고, 그들에게 자신들과 부모들의 삶을 이해하는 데 수학을 어떻게 사용할 수 있는지 생각해보도록 요구한다. 요약하자면, 이 교사는 학생들에게 우리가 앞서 물었던 것과 비슷한 질문을 한다. 즉, 우리는 누구의 시각에서 이 교육과정을 보고 있는가?^{Ladson-Billings. 1995} 이 교사는 이러한 질문을 수학 과목 한 단원 전체에 유기적으로 제기함으로써 수학 교과를 학생들의 일상생활 속에 유기적으로 결합시킨다. 이러한 과정을 통해 이 교사는 학생들의 미래에 결정적인 영향력을 행사하게 될 중립을 가장한 표준화 시험 및 이와 직접적으로 연결된 중립을 가장한 표준화 교육과정Gutstein, 2006 참조이 줄 수 있었던 영향력보다 훨씬 더 강한 영향을 학생들에게 주게 된다.

적어도 위에서 제시한 두 가지 예는 모두 우리가 접하게 되는 교육과정이 누군가의 전통과 관련되었다는 것을 보여준다. 또한 그것은 꼭 알아야 할 중요한 것이 무엇인지 그리고 그것이 어떻게 사용되어야 하는지에 대한 누군가의 규정과도 긴밀하게 결합되어 있음을 보여준다. 그런데 수학 수업의 경우에서처럼 민주적 교육과정은 지배적 문화에 의해 승인된 '선택적 전통'Williams, 1961; Apple, 2004을 넘어서는 보다 광범위하고 다양한 시각과 목소리의 영역을 추구한다. 민주적인 사회에서는 어떤 개인이나 단체도 독불장군 식으로 지식과 의미에 대한 유일한 담지자를 자처할 수는 없다.

마찬가지로 민주적 교육과정도 어른들이 생각하기에 중요한 것만을 포함해서는 안 된다. 그것은 학생들이 자기 자신과 자신이 속한 세상에 대해 가지고 있는 관심과 질문을 함께 포함해야만 한다.Beane, 2005 민주적 교육과정은 학생들에게 수동적인 지식 소비자의 역할을 거부하고 '의미를 만들어내는' 능동적인 행위자가 될 것을 촉구한다. 민주적 교육과정은 사람들이 지식을 얻게 되는 것은 두 가지 모두를 통해서라는 점을 인정한다. 하나는 외부의 자료들을 공부하는 것이고, 다른 하나는 복잡한 활동에 참여하는 것인데, 이것은 사람들 스스로가 자신만의 지식을 구성하는 것을 요구하는 그런 류의 활동들이다.

앞서 살펴본 것처럼, 민주적인 생활양식은 민주주의의 가치를 확장하고 고양하는 방법을 창조적으로 모색하는 과정과 밀접하게 관련되어 있다. 그런데 이 과정은 기계적 참여만을 보장한 채로 아무 주제나 다루는 대화를 의미하는 것은 아니다. 이것은 우리의 공동체적인 삶 속에서 마주치게 되는 여러 가지 문제들을 지적이고 반성적으로 성찰하는 과정을 의미한다. 민주적 교육과정은 이러한 주제들에 대해 탐구하고 해답을 찾아나가는 충분한 기회를 제공하는 것을 목적으로 한다. 따라서 민주적 교육과정은 학교를 둘러싼 사회에서 목격되는 갈등, 공동체의 미래, 정의, 환경을 둘러싼 논쟁 등을 중심으로 구성된 배움의 경험을 포함하게 된다.

더욱이 여기서 다루어지는 지식들은 학생들이 일방적으로 받아들이고 축적해야만 하는 고급문화를 지칭하지 않는다. 이 지식들은 우리가 삶의 과정에서 마주해야만 하는 갈등 상황을 파악할 수 있게 해주는 정보와 통찰력의 원천이 된다.[Beane, 1997: 2005] 바로 이러한 이유로 통합교육과정을 통해 이루어지는 교육 활동의 의미가 더욱 중요해진다. 통합 단원이나 프로젝트들은 다양한 교과에서 다루어지는 파편화된 지식을 어떻게 연결시킬 것인지에 초점을 두고 있다. 하지만 통합교육과정이 다루어야 하는 내용은 교과로 표현되는 학교 지식들의 단순한 연결이라는 차원을 넘어서서 교과 지식들이 궁극적으로 다루고자 하는 사회적 문제들을 지향해야 한다. 이와 관련해 듀이[1938: 49]는 다음과 같은 통찰력을 제시했다.

"학생들에게 가르쳐야 할 내용을 시시콜콜히 기술한 교육과정이 요구하는 대로 지리와 역사의 정보를 획득하고, 읽고 쓰는 능력을 획득하는 것의 이점은 무엇인가? 만약 그 과정에서 개인이 그의 정신, 즉 사물이 가지고 있는 가치를 감상할 수 있는 능력을 잃게 된다면. 그리고 만약 그가 배운 바를 적용해보고 싶은 의욕을 잃게 된다면. 무엇보다도 그가 겪게 될 미래의 경험에서 의미를 이끌어낼 수 있는 능력을 잃게 된다면."

균등한 기회를 보장하려는 노력들이 많이 있었음에도 불구하고, 아직도 수많은 미국 학생들 앞에는 이러한 기회에 접근하는 것을 가로막는 많은 장애물들-예를 들어 표준화 검사의 남용-이 놓여 있다. 진보적인 교육과정을 시행하는 데 있어서 발견되었던 문제들 중의 하나는 이 교육과정들이 학생들이 사회경제적인 자원에 접근하는 데 필수적인 지식들을 강조하지 않은 것처럼 보인다[5]는 것이다.^{Delpit, 1986, 1988;}
^{Dance, 2002}

앞서 우리는 민주학교는 사회, 혹은 학교 내의 반민주적인 여건들에도 불구하고 눈에 보이는 변화를 추구한다는 점에서 다른 종류의 진보적인 학교들과 일정하게 구분된다고 밝힌 바 있다. 민주학교에서 일하는 교육자들은, 그러한 조건들을 자신들이 변화시키기 전까지는, 이 조건들이 현실을 규정하는 힘임을 정확히 알고 있다. 그런 까닭에 민주적인 교육과정은 학생들이 사회경제적인 자원에 접근하는 데 필수적인 지식을 포함한 다양한 종류의 지식을 갖출 수 있도록 돕는 것을 추구한다. 요컨대 민주적인 교육자들은 한편으로는 학생들에게 보다 의미 있는 교육을 추구해야 한다는 사명과, 다른 한편으로는 교육 권력을 장악하고 있는 비민주적 세력들이 요구하는 지식들을 전달해야만 하는 현실 사이에서 벌어지는 지속적인 긴장을 경험하고 있다. 우

---

5 원문에서 강조.

리는 지배세력의 지식을 무시할 수 없다. 그 지식을 갖추면 적어도 약간의 기회를 가질 수 있다. 그러나 이러한 견해가 잘못 해석되는 것을 우리는 주의해야만 한다. 우리가 여기서 전하고자 하는 메시지는 어려운 환경에 있는 학생들을 통제하고 관리하는 데 주로 사용된 '암기와 반복' 프로그램Lipman, 2004을 옹호하려는 게 아니기 때문이다. 이 학생들도 우리가 가진 최선의 진보적인 아이디어에 접할 권리가 있다. 우리의 임무는 어려운 환경에 있는 학생들의 풍부한 교육 경험을 저해하지 않는 방식으로 지배계급의 지식을 이들에게 전달할 수 있는 방법을 찾아내는 일이다. 오늘날 이 임무는 더욱더 중요한 의미를 지니게 되었는데, 그것은 표준화된 프로그램과 시험으로 인해 교육과정에서 매우 부차적이고 파편화된 지식들만을 강조하는 경향이 갈수록 심화되고 있기 때문이다.

민주적인 교육과정을 만들어내는 데에는 분명히 사회적 갈등이 따를 것이다. 이것은 오랫동안 지배층이 당연한 것으로 규정해온 교육과정에 반대해서 형성될 것이기 때문이다. 다양한 사회 계층의 견해를 들을 수 있는 가능성을 열어둔다는 것은 적지 않은 경우 지배계급이 이룩해놓은 문화에 대한 위협으로 간주될 수 있다. 특히, 이러한 견해 중 어떤 것들은 그동안 학교에서 전통적으로 가르쳐오던 것과는 전혀 다른 해석을 제공하기 때문에 지배계층이 더욱 위협적으로 느낄 수도 있다. 그러나 지배계급에게 이보다 더 우려스러운 상황이 있다. 그것은 학생들에게 사회문제들을 비판적으로 분석해보도록 장려하는 것인데, 이러한 행위는 학생들 스스로 해당 사회문제들에 대한 지배층의 해석(그리고 교육)에 의문을 제기할 수 있는 가능성을 높이는 것이기 때문이다. 주요한 사회적 문제를 중심으로 교육과정을 구성하는 것도 마찬가지다. 이러한 교육과정의 구성도 역시 각 교과별로 철저히 분리된 형태의 '고급문화'로 전달되는 '표백된' 상태의 지식과 갈등을 빚을 수밖에 없다. 결국 이러한 교육과정에서는 학생들이 자신들의 질문을 통해 새로운 교육과정 형성에 공헌할 가능성을 열어두게 되는데, 이는 지배층이 보기에 우리 사회에 만연한 윤리적·정치적 갈등을 드러낼 수 있는 위협을 증대시키는 것이다.

민주학교를 실현에 옮기는 데 헌신한 교육자들은 이를 저지하려는 지배층의 끊임없는 방해에 직면해야 했다. 하지만 이러한 지배층의 방해가 항상 분명한 언어로 표현되기만 한 것은 아니다. 예를 들어 학생들은 아직 사회문제의 복잡성에 대해서 충분히 이해할 준비가 되어 있지 않기 때문에, 혹은 사회문제를 다루는 것이 학생들을 우울증에 빠뜨릴 수 있기 때문에, 학생들이 이런 문제에 관여해서는 안 된다는 주장을 펴는 사람들이 있다. 물론 이것은 학생들이 우리 사회의 현실을 살아가는 실제적인 시민이라는 사실을 완전히 무시하는 것이다. 많은 학생들이 인종주의, 가난, 남녀차별, 홈리스 등이 어떤 결과를 초래하는지를 자신의 직접적인 경험을 통해 아주 잘 알고 있다. 현실이 이렇다면 미성숙을 이유로 학생들을 배제하려는 주장들은 학생들이 자신들의 존엄성을 훼손하게 될 정치적, 윤리적, 사회적 모순들을 깨달아서 그것에 저항하게 될 가능성을 피하기 위한 술책일 뿐이다.Hess, 2004

교사와 민주주의

이 시점에서 한 가지 짚고 넘어갈 것이 있다. 민주학교라는 개념은 학생들만을 위한 개념이 아니다. 전문적인 교육자들을 포함한 어른들도 학교에서 민주적인 생활 방식을 활성화시킬 책임과 권리가 있다. 우리는 앞에서 이미 교육정책 및 학교 운영과 관련된 결정에 이들이 참여한 예를 제시한 바 있다. 어린 학생들이 자신들의 교육과 관련된 제반 여건을 만들 권리를 가지고 있는 것만큼 교직원들도 교실, 학교 그리고 직업 생활에서 부딪히는 문제에 대한 그들의 이해를 바탕으로 학교에서 자신들의 전문성을 향상시킬 수 있는 프로그램을 만들 수 있는 권리를 가지고 있다.

더욱이 교사들은 교육과정을 만드는 것을 통해 자신들의 목소리가, 특히 자신들이 함께하는 학생들에게, 전달되도록 할 수 있는 권리를 가지고 있다. 그러나 교육과정에 대한 결정권, 심지어는 구체적인 교육 내용의 선택권을 수십 년 동안 주정부와 교육청이 행사해왔다. 그동안 교사들의 권리는 심각하게 훼손되었다. 이러한 중앙집중화는 교사의 '전문적 역량의 감소'를 수반하는데, 이는 교사의 역할을 다른 사람의 생각과 계획을 실천에 옮기는 것으로 규정짓는 일이기 때문이다. 따라서 중앙집중화는 우리의 학교들에서 민주주의가 무력화되고 있는 대표적이고 구체적인 사례이다.[1986] 이러한 중앙집중화를 되돌릴 수 있는 방안으로 현장 기반 경영이 인구에 회자되고 있다. 그렇지만 이것도 실제로는 먼 곳에서 결정된 정책과 프로그램을 학교 현장에서 얼마나 잘 수행했는지, 그리고 그 결과로 제한된 자원을 누가 더 많이 확보할 것인지를 놓고 지역 안에서 서로 경쟁을 부추기는 결과를 낳고 있다.

끝으로, 교사들이 자신들의 일을 외부의 간섭이나 지시를 따르는 대신 전문성을 가지고 스스로 관리하는 문제는 교육에 투여되는 자원이나 교육과정의 필수 요소를 둘러싼 문제에만 국한되는 것이 아니다. 이 문제는 수업을 어떻게 실행할 것인가 하는 것에서도 발생한다.

앞에서 민주적인 가치들이 어떻게 학교의 구조와 교육과정을 형성할 수 있는지를 언급했다. 동시에 우리는 그러한 것들이 연구와 기술적인 지식들의 영향을 받는다는 사실을 부정하지 않는다. 민주학교에서는 이러한 지식들이 학교 밖에 위치한 전문 연구자들과 같은 '엘리트'를 통해서만 오는 것이 아니다. 교사들이 자신들이 사용하기 위해서 수행한 실행 연구action research와 동료 및 지역사회와의 토론을 통해 생산해낸 지식은 엘리트들이 생산한 지식보다 훨씬 더 흥미롭다. 그렇다고 해서 교사들 밖에서 공급되는 지식이 가치가 없다든가 쓸모가 없다는 뜻은 아니다. 단지 엘리트를 통해서 나오는 지식만이 교육의 유일한 공급원은 아니라는 뜻이다.

우리는 교사들이 자신들의 직업에 대해 의미 있는 통제권을 행사할 수 있는 민주적 권리를 교사 및 민주사회의 구성원으로서의 다른 어른들의 의무, 즉 민주적 생활 방식을 청소년들에게도 확장시켜야 한다는 의무와 연결 지어 생각해보았다. 이를 통해 우리는 민주적 가치들이 학교에서 우리가 일관된 삶을 살아갈 수 있게 하는 원천이 될 수 있다는 실제적인 가능성을 보고 있다. 즉, 민주주의가 학교 전체의 문화가 될 수 있는 것이다. 그 가능성을 현실로 전화시키려면 우리는 쉽지 않은 질문들을 다시금 꺼내 들어야만 할 것이다. 예를 들어 학부모, 지역사회, 정부는 분명히 그들이 교육을 통해 원하는 목표에 대해서 말할 권리가 있다. 하지만 그들이 교육과정이나 교육 자료 등을 결정하는 데 있어서 전문적인 교육자들과 같은 비중의 목소리를 낼 수 있을까? 우리가 교사들이 실천해주기를 바라는 학교 민주주의에 대한 엄중한 요구가 그들에게 공동체의 통제를 넘어서는 전문가 집단의 자율성을 향유할 수 있는 권한을 부여하는 것일까? 이 책에서 소개할 이야기들은 이러한 질문들에 무어라고 답할 수 있을까?

풍요로운 유산 위에 집 짓기

우리가 지금껏 그려온 그림이 이론적으로는 화려해 보일지도 모른다. 그러나 주어진 현실을 고려할 때 이 그림이 실제로 실현될 수 있을까? 민주적 이상과 학교에서 실제로 벌어지는 일 사이의 간극은 예전과 조금도 달라지지 않았다. 하지만 이 책 속의 이야기들이 밝히고 있듯이 민주학교를 건설하기 위한 노력은 여러 곳에서 살아 숨 쉬고 있다. 앞으로 소개할 노력들은 우리 시대에만 예외적으로 존재하는 특별한 것이 아니다. 오히려 그것은 한 세기 넘게 지속되어온 수많은 노력들의 현재 형태로 이해하는 것이 옳다. 그럼으로써 사람들이 오늘날에도 여전히 묻고 있는 질문, 즉 "학교들이 민주주의의 의미를 어떻게 표현할 수 있고 이것을 확장시킬 수 있는가?"에 대해 다른 측면의 가능성을 엿볼 수 있다.

예를 들어 우리는 학교를 공동체의 삶과 연결시키기 위한 진지한 노력을 소개할 것이다. 이곳에서 소개되는 프로젝트의 배경에는 50여 년 전에 메릴랜드 주의 볼티모어 시, 위스콘신 주의 펄라스키 시, 그리고 캘리포니아 주의 패시디나 시 등에서 전개되었던 운동들이 위치하고 있다. 그때 이 도시들에서는 학생들이 자신들의 공동체가 당면한 어려운 문제들을 해결하기 위한 프로젝트를 진행했었다.Anderson and Young, 1951 참조 오늘날 이루어지고 있는 노력들이 그러한 것처럼, 50여 년 전의 프로젝트들도 잠깐 수행되고 마는 단기적인 것이 아니라 공동체와 의미 있는 연결고리를 형성하기 위해 수행된 지속적인 노력이었다.

우리는 또한 거대한 규모의 사회문제들을 학교교육과정에 포함시키기 위해 전개되었던 노력들을 소개할 것이다. 여기서 우리는 1930년대에 수행된 '8년 연구Aiokin, 1962'[ii]에 참여했던 몇몇의 진보적인 학교들을 돌아볼 것이다. 또한 1940년대와 1950년대에 전개되었던 '핵심core' 운동Faunce and Bossing, 1951 참조에서 연원한 많은 교실의 이야기들을 살펴볼 것이다.

그리고 우리는 초기의 '핵심' 학교들, 러그Rugg와 슈메이커Shumaker, 1928 그리고 『학교와 사회의 인생의 기술들Life Skills in School and Society』Rubin, 1969에 묘사되었던 아동 중심 프로그램에서 각광받던 협력 학습을 살펴볼 것이다. 오늘날의 협력 학습은 학업 성취를 위한 구체적인 전략으로 알려져 있지만, 우리의 이야기가 초점을 두게 될 협력 학습은 20세기 초반의 노력들이 그랬던 것처럼, 민주적인 삶의 방식의 중요한 요소이다.

이 책에서 소개하는 각각의 이야기들은 다양한 방식으로 교육과정과 그 밖의 교육 활동과 관련된 계획에서 학생들의 참여를 집중 조명하고 있다. 이야기를 풀어나가는 저자들은 이러한 참여를 교실에서의 소외와 반항을 줄이려고 도입한 단순한 기술로서가 아니라 학생들의 개인적인 그리고 집단적인 역량을 증진시키려는 사명의 일부로 위치 짓기 위해 자세한 이야기를 꼼꼼히 기술하고 있다.Hopkins, 1941; Giles, McCutchen & Zechiel, 1942; Zapf, 1959 참조

또한 문화적 다양성을 형성하려는 노력과 문화적 차이를 둘러싸고 벌어지는 불공평한 조건들을 줄여나가기 위한 노력들에 대해 언

급한다. 이와 관련해서 우리는 1930~1940년대에 아프리카계 미국인들이 흑백분리가 시행되던 남부의 학교들에서 사용할 교과서를 직접 제작했다는 사실을 잊지 말아야 한다. 아프리카계가 벌였던 이와 같은 노력은 아프리카계 미국인들을 위한 교육의 현 상태와 기대치를 증진시키기 위해 부단히 싸운 듀보이스W. E. B Du Bois, 카터 우드슨Carter Woodson 등과 같은 이들에 빚진 바 크다. 예를 들어 듀보이스는 취업만을 목적으로 하는 기술교육에서 인종에 따른 트랙의 분리 가능성을 지적하면서 이렇게 말했다.

"가르치는 것을 배우든, 쟁기질하는 것을 배우든, 혹은 베 짜는 일을 배우든, 글 쓰는 일을 배우든 우리는 교육의 이상이 저속한 공리주의utilitarianism로 타락하도록 허용해서는 안 된다. 교육은 반드시 직업교육에 앞서서 교육의 이상을 유지해야만 한다. 그리고 우리는 반드시 교육이 돈을 다루는 것이 아니라 영혼을 다루는 것임을 잊지 말아야 한다."Du Bois 1902: 82

우리는 이 책에서 듀보이스가 밝힌 것과 같은 관점을 린지 학교Rindge School가 수행하고 있는 직업교육에서 소개할 것이다.

이 책의 저자들은 학교 밖이 민주적인 방향과는 정반대로 움직이는 상황에서 민주학교를 건설하는 것이 얼마나 어려운 일인지를 보고하고 있다. 그러나 이들이 이러한 상황을 최초로 인식한 것은 아니다. 러그와 그의 동료들[1939]은 산업혁명 기간에 벌어졌던 사회적 효율성 운동의 중심에서 이 주제를 언급했다. 1952 ASCD 연차 보고서인 『불안의 시대에서 성장하기Growing Up in an Anxious Age』Cunningham, 1952의 저자들은 매카시즘이 절정에 달했던 시기에 극보수 세력이 자행한 공격에 대한 섬뜩한 이야기들을 들려주었다.

지금까지 소개한 역사적인 소회는 학교 체제 안에서 찾을 수 있는 민주학교의 유산에 초점을 두었다. 하지만 민주학교의 유산이 학교 밖에서 이루어진 수많은 노력들과 합력해서 이루어진 것이라는 사실을 망각해서는 안 된다. 예를 들어 듀이의 책에는 민주학교에 대한 강력한 요청이 담겨 있는데, 민주학교와 관련한 그의 저서 목록은 명저 『민주주의와 학교』[1916]에만 한정되는 게 아니다. 그 목록은 교육문제를 넘어 사회의 거의 전 분야에서 민주주의 문제를 망라하고 있는 그의 광범위한 에세이와 저서를 포함한다. 학생과 교사의 권익을 위해서 열심히 싸웠던 엘라 플래그 영Ella Flagg Young, 민주적 사회재건운동의 한 분야로서 교육을 옹호했던 조지 카운츠George Counts와 해럴드 러그Harold Rugg 등도 민주학교를 위해서 학교 밖에서 많은 공헌을 한 사람들이다.

또한 넓은 의미에서 시민인권운동을 전개한 정치 활동가들도 학교 교육의 다양한 측면을 민주화하는 데 적지 않은 기여를 했다.Anyon, 2005 이들의 노력이 없었더라면, 미국의 학교는 아마도 아직까지 인종차별과 장애인의 배제로 신음하고 있을지도 모른다. 그 외에도 우리는 엄격한 검열로부터 학생들을 보호했던 미국도서관협회와 같은 단체들의 공헌을 잊어서는 안 된다. 법원에서는 학교가 민주주의를 온전히 구현해야만 하는 곳인지 아니면 민주주의 구현에 있어 일정한 제한을 두어야 하는 것인지에 대한 논의가 진행 중이다. 하지만 민주 활동가들의 부단한 노력이 없었다면 이러한 질문 자체가 법원에까지 도달하지도 못했을 것이다.

사정이 이렇다면 학교에서 민주주의를 수호하고 이를 확장해야 한다는 생각은 분명 우리 시대만이 해낸 게 아니다. 민주학교에 대해 우리가 묘사해온 일반적인 개념과 구체적인 특징들은 모두 한 세기가 넘는 연원을 가지고 있다. 민주학교의 역사에 정통한 연구자들은 항상 두 가지를 마음속에 새겨야 한다. 첫째 학교 밖의 사회에서 민주주의가 여러 가지 의미를 가지는 것처럼 민주학교에 대한 해석도 어느 정도 모호한 면이 존재한다. 둘째 민주주의라는 개념은 역동적인 개념으로 변화하는 시대에 맞게 재해석될 필요가 있다. 그러므로 우리는 민주학교를 만들고자 하는 시도들이 우리가 원했던 만큼 진전되지 못하거나 그것이 성공과 모순이 혼합된 모습으로 나타날 때 낙담에 빠질 가능성에 언제나 노출되어 있다. 중요한 것은 우리가 과거에 이루어졌던 민주주의 실현을 위한 시도들을 오늘날 우리 자신이 경주하는 노력의 밑거름으로 삼는 것이다.

민주학교를 향하여

우리는 민주주의를 학교에서 살아 숨 쉬게 한 다섯 가지의 예화를 소개할 것이다. 뉴욕 시의 센트럴파크 이스트 학교Central Park East Secondary School, CPESS, 보스턴 지역의 린지 학교Rindge School of Technical Arts, 밀워키 시의 프래트니 학교La Escuela Fratney, 그리고 두 개의 프로그램, 즉 위스콘신 주 매디슨 시의 마켓 중학교Marquette Middle School(현재는 Georgia O'Keefe Middle School로 불린다)에 있는 프로그램과 시카고 시의 버드 아카데미Byrd Academy에 있는 프로그램이다. 각 학교와 프로그램은 가난, 부정의, 그리고 쫓겨남과 같은 현실에 대해 교육자들이 창조적으로 벌인 대응을 보여준다. 그리고 이 예들은 모두 그들의 교실을 민주적 실천의 중심으로 만들고, 학교와 사회가 활발하게 소통할 수 있도록 만들겠다는 사람들의 결단력에서 비롯된 풍부한 배움의 경험을 보여준다.

일찍이 우리는 이러한 내용은 반드시 이와 관련된 사람들의 언어로 이야기되어야 한다는 원칙을 정한 바 있다. 이 점이 중요하다. 많은 교사들과 공동체 활동가들이 경험하게 되는 분노, 그리고 때때로 드러나는 냉소의 감정들은 적지 않은 경우 서로의 이야기를 들을 기회가 없어서 생기는 것일 수 있다. 가까스로 이룩한 성취 혹은 느린 성공보다는 실패한 경험들이 사람들에게 더 인기를 끄는 것처럼 보인다. 이 책에 등장하는 이야기들은 낭만적이지 않다. 이 이야기들은 우리가 보다 민주적인 실천들을 실행에 옮기면서 마주하게 되는 가능성과 어려움을 진솔하게 담아내고 있다.

이에 못지않게 우리가 중요하게 여기는 게 있다. 그것은 민주학교를 만들어나갈 때 이 책에 소개한 내용을 그대로 따라 할 필요가 없다는 것이다. 민주주의는 우리가 하고자 하는 일을 지도하는 가치와 원칙이다. 우리가 하고자 하는 일 자체는 학교나 교실의 숫자만큼이나 많은 형태로 진행될 수 있다. 더욱이 '민주교실'과 '민주학교'는 특정한 프로그램과 실천으로 이루어진 체크리스트를 달성함으로써 주어지는 명칭이 아니다. 민주주의는 어디 먼 곳에 떨어져서 누군가 도달해주기를 기다리는 어떤 것이 아니다. 오히려 그것은 우리가 인간의 존엄성, 평등, 정의 그리고 비판적인 실천을 고양시키는 일 자체에서 찾을 수 있는 것이다.

여기서 '우리'가 누구를 지칭하는지 기억할 필요가 있다. 민주학교는 학교를 기반으로 하는 공동체뿐 아니라 학교가 발 딛고 있는 사회를 기반으로 하는 공동체를 만들고자 하는 주체들을 표현하는 광의의 '우리'를 근간으로 해야 한다. 이 책에 소개된 이야기들을 종합해본다면 우리는 민주학교를 위한 혁신의 실상이 무엇인지에 대해 중요한 것을 알 수 있다. 개혁이 성공하려면 학교 내부와 학교들 사이 그리고 학교 밖을 아우르는 연대의 형성이 필수적이었다. 그 어떤 혁신도 '위'로부터 시작된 것은 없었다. 대신 교사, 지역사회 구성원, 사회운동가 등을 포괄하는 아래로부터의 운동이 혁신을 추동하는 힘이 되었다.

  마지막으로 여기에 소개된 혁신은 그 어떤 것도 '어떤 대가를 치르더라도 성취해야만 하는'이라는 기술적인 관점에 의해 수행되지 않았다. 여기에 소개된 모든 학교들은 개별 학교 단위와 풀뿌리 차원에서 성원들의 참여를 강화시켰다. 또한 이 학교들은 지금껏 침묵을 강요당해왔던 그룹들이나 개인들이 참여의 역량을 강화할 수 있는 여건을 조성했고, 학교와 실제 현실의 문제들을 연결시키는 새로운 방법을 창출하고 이를 통해 학교와 현실 경험과의 연결을 꾀해왔다. 이러한 활동들은 민주주의를 구성하는 일련의 가치체계들이 현실로 구체화된 것인데, 이 책의 민주학교들은 이러한 가치체계들을 기반으로 한다.

  학교들이 직면한 모든 문제들을 이 책에 등장하는 사례들이 모두 해결할 수는 없다는 점은 저자들도 솔직히 인정한다. 실제로, 이 사회의 그토록 많은 사람들을 얽어매고 있는 경제적·사회적 위기들을 감안할 때, 이 책 속의 학교들과 교실들은 교육적으로뿐 아니라 경제적으로도 위축되고 있다.see, for example, Kozol, 1991 하지만 공립학교에서 새롭고 보다 민주적인 가능성을 만들어내려고 시도함으로써, 우리가 바꾸어낼 수 있는 것은 무엇인지를 알게 된다. 이 말에 대해서 오해가 없기를 바란다. 제임스 머셀James Mursell[1955: 3]이 40년 전에 지적한 것처럼 이 시도에 따라 많은 것이 좌우될 수 있다.

"만약 민주사회의 학교들이 민주주의를 확장하고 지지하는 방향으로 역할을 하지 않고 그를 위해서 존재하지도 않는다면 그 학교들은 사회적으로 쓸모가 없는 것이거나 사회적으로 위험한 것이다. 이러한 학교들은 기껏해야 민주적 삶의 방식, 구체적으로는 시민으로서의 의무에 무관심한 채 자신들의 길을 가고, 자신들이 먹고사는 문제에만 관심이 있는 사람들을 길러내게 될 것이다. 이러한 학교들은 분명히 민주주의에 적이 될 사람들, 즉 쉽게 선동꾼의 먹이가 될 사람들, 그리고 민주적 삶의 방식에 적대적인 지도자를 옹위하는 사람들을 교육하게 될 것이다. 이러한 학교는 쓸모가 없을 뿐 아니라 해악을 끼친다. 이들은 존재할 가치가 없다."

---

i 로자 파크스는 아프리카계 미국인으로, 1955년 앨라배마 주 몽고메리 시에서 당시 시
  의 흑인차별법에 따라 운영되던 시내버스의 백인 전용 칸에 앉아서 다른 자리로 옮기기
  를 거부한 혐의로 체포되었다. 로자 파크스가 체포된 이 사건은 몽고메리 시내버스 거
  부운동을 촉발했는데, 이 운동은 미국 시민인권운동의 전환점이 되었으며, 로자 파크스
  는 시민인권운동의 전국적인 상징이 되었다. '흑인 역사의 달'은 시민인권운동의 결과물
  중 하나인데, 이는 아프리카계 미국인들의 삶과 업적을 조명하기 위한 목적으로 제정되
  었다. 이 아이디어는 성공적인 것으로 입증되었지만, 사람들 사이에 넓게 퍼져 있는 흑
  인 역사의 달이 한 달짜리 행사라는 통념은 아프리카계 흑인들의 역사와 문화를 미국
  학교의 주류 교육과정에 포함시키는 노력을 방해한 측면이 있다고 평가하는 사람들도
  있다.

ii '8년 연구'는 진보 교육협회의 후원으로 진행된 연구 프로젝트이다. 만약 대학입시에서
  자유로워진다면 고등학교의 교직원들이 어떻게 교육과정을 구성할지를 연구했는데, 30
  개 고등학교를 대상으로 수행되었다. 이 연구는 연구 대상이 된 학교의 졸업생들이 전
  통적인 학교의 졸업생들과 어떻게 다른지를 비교했다(이 연구의 수행 기간 동안 연구에
  참여한 학교의 모든 학생들은 대학 입학이 보장되었다). 궁극적으로는 전통적인 교육과정
  을 파격적으로 바꾸어버린 연구 대상 학교의 졸업생들이 학업을 포함한 거의 모든 부문
  에서 비교 대상인 학생들에 비해 뛰어나다는 결과가 도출되었다. 특기할 만한 점은 가
  장 뛰어난 성과를 보인 졸업생들을 배출한 학교들은 학생들의 요구와 사회적 이슈들의
  결합을 주요 내용으로 하는 '핵심core' 교육과정을 중심으로 그들의 프로그램을 조직했
  는데, 이 프로그램들은 몇몇 영국 학교들에서도 사용된 '통합적인integrated' 교육과정과
  유사하다.다음을 참조할 것. Denis Gleeson and Geoff Whitty(1976), *Developments in Social Studies
  Teaching*, London: Open Books

Aikin, W. 1962. *The Story of the Eight-Year Study.* New York: Harper and Brothers.

Anderson, W. A. and William E. Young, eds. 1951. *Action for Curriculum Improvement.* Washington, DC: ASCD.

Anyon, J. 2005. *Radical Possibilities.* New York.: Routledge and Kegan Paul.

_____. 2000. *Official Knowledge: Democratic Education in a Conservative Age,* 2d ed. New York: Routledge.

_____. 2004. *Ideology and Curriculum.* 3d. ed. New York: Routledge.

_____. 2006. *Educating the "Right" Way: Markets, Standards, God, and Inequality,* 2d ed. New York: Routledge.

Apple, M. W., P. Aasen, M. Cho, A. Oliver, Y. Sung, H. Tavares, and T. H. Wong. 2003. *The State and the Politics of Knowledge.* New York: RoutledgeFalmer.

Apple, M. W. 1986. *Teachers and Texts: A Political Economy of Class and Gender Relations in Schools.* New York and London: Routledge and Kegan Paul.

Bastian, A. N. Fruchter, M. Gittell, C. Greer, and K. Haskins. 1986. *Choosing Equality: The Case for Democratic Schooling.* Philadelphia: Temple University Press.

Beane, J. 1990. *Affect in the Curriculum.* New York: Teachers College Press.

_____. 1997. *Curriculum Integration: Designing the Core of Democratic Education.* New York: Teachers College Press.

_____. 2005. *A Reason to Teach: Creating Classrooms of Dignity and Hope.* Portsmouth, NH: Heinemann.

Cunningham, R. ed. 1952. *Growing Up in an Anxious Age.* Washington, DC: ASCD.

Dance, L. J. 2002. *Tough Fronts: The Impact of Street Culture on Schooling.* New York: RoutledgeFalmer.

Delfattore, J. 1993. *Why Johnny Can't Read.* New Haven: Yale University Press.

Delpit, L. 1986. "Skills and Other Dilemmas of a Progressive Black Educator," *Harvard Educational Review* 56.: 379-85.

_____. 1988. "The Silenced Dialogue: Power and Pedagogy in Educating Other People's Children." *Harvard Educational Review* 58: 280-98.

Dewey, J. 1916. *Democracy and Education.* New York: Macmillan.

_____. 1938. *Experience and Education.* Bloomington, IN: Kappa Delta Pi.

_____. 1946. *Problems of Men.* New York: Philosophical Library.

Du Bois, W. E. B. 1902. *The Negro Artisan.* Atlanta: Atlanta University Press.

Faunce, R., and N. Bossing. 1951. *Developing the Core Curriculum.* New York: Prentice-Hall.

Giles, H. H., S. F. McCutchen, and A. N. Zechiel. 1942. *Exploring the Curriculum.* New York and London: Harper and Brothers.

Graebner, William. 1988. *The Engineering of Consent: Democracy as Social Authority in the Twentieth Century.* Madison: University of Wisconsin Press.

Greene, Maxine. 1985. "The Role of Education in Democracy." *Educational Horizons* 63 (Special Issue): 3-9.

Gutmann, Amy. 1987. *Democratic Education.* Princeton, NJ: Princeton University Press.

Gutstein, E. 2006. *Reading and Writing the World with Mathematics.* New York: Routledge.

Hess, D. 2004. "Is Discussion Worth the Trouble?" *Social Education,* 68(2): 151-55.

Hopkins, L. T. 1941. *Interaction: The Democratic Process.* Boston: D.C. Heath.

Jensen, C., and Project Censored. 1994. *Censored: The News That Didn't Make the News-and Why.* New York: Four Walls Eight Windows.

Kozol, J. 1991. *Savage Inequalities.* New York: Crown.

_____. 2005. *The Shame of a Nation: The Restoration of Apartheid Schooling in America.*

New York: Random House.

Ladson-Billings, G. 1995. "Making Math Meaningful in Cultural Contests." In *New Directions in Equity for Mathematics Instruction*, edited by Walter Secada, Elizabeth Fennema, and Lisa Byrd, 126-45. New York: Cambridge University Press.

Lipman, P. 2004. *High Stakes Education*. New York: RoutledgeFalmer.

Meier, D. 2004. NCLB and Democracy. In *Many Children Left Behind: How the No Child Left Behind Act is Damaging Our Children and Our Schools*, edited by D. Meier and G. Wood, 66-78. Boston: Beacon.

Molnar, A. 2005. *School Commercialism*. New York: Routledge.

Mursell, J. 1955. *Principles of Democratic Education*. New York: Norton.

Oakes, J. 2005. *Keeping Track: How Schools Structure Inequality*, 2d ed. New Haven: Yale University Press.

Ohanian, S. 2002. *What Happened to Recess and Why Are Our Children Struggling in Kindergarten?* New York: McGraw-Hill.

Rubin, L. J., ed. 1969. *Life Skills in School and Society*. Washington, DC: Association for Supervision and Curriculum Development.

Rugg, H., ed. 1939. *Democracy and the Curriculum*. Third Yearbook of the John Dewey Society. New York: D. Appleton-Century.

Rugg, H., and A. Shumaker. 1928. *The Child-Centered School*. New York: World Book.

Valenzuela, A., ed. 2005. *Leaving Children Behind*. Albany: State University of New York Press.

Waskin, Y., and L. Parrish. 1967. *Teacher-Pupil Planning for Better Classroom Learning*. New York: Pitman.

Wesley, C. 1941. "Education for Citizenship in a Democracy." *Journal of Negro Education* 10: 68-78.

West, C. 2004. *Democracy Matters: Winning the War Against Imperialism*, New York: Penguin Books.

Williams, R. 1961. *The Long Revolution*. London: Chatto and Windus.

Wood, G. 1988. "Democracy and the Curriculum." In *The Curriculum Problems, Politics, and Possibilities*, edited by Landon Beyer and Michael W. Apple, 177-98. Albany: State University of New York Press.

_____. 1992. *Schools That Work*. New York: Dutton.

Zapf, R. 1959. *Democratic Practices in the Secondary School*. Englewood Cliffs, NJ: Prentice-Hall.

제2장
프래트니 학교
La Escuela Fratney

밥 피터슨Bob Peterson

| 편집자 서문 |

민주학교의 지지자들은 의미 있고 지속적인 프로젝트들은 대부분 지역 단위에서 교육자, 학부모 그리고 지역사회 인사들의 협력을 통해 '밑에서부터' 만들어졌다는 견해를 오랫동안 견지해왔다. 이 장에서 5학년 교사인 밥 피터슨Bob Peterson은 상부 교육행정기관의 반대와 방해에도 불구하고 진보적인 교사와 학부모가 위스콘신 주 밀워키에서 어떻게 양방향 이중언어교육 프로그램을 이룩해냈는지를 묘사하고 있다. 이 학교는 이중언어교육 프로그램으로 잘 알려져 있지만, 언어를 하나의 온전한 총체로 접근하는 교수법whole language literacy instruction[6], 협력 학습, 그리고 문제 중심의 주제 단원 학습도 잘 활용하고 있다. 피터슨 자신을 포함한 교직원 중 몇몇은 교육 잡지인 『학교 다시 생각하기Rethinking Schools』를 발행하고 유통시킬 뿐 아니라 다른 진보적인 출판물들도 후원하는 '학교 다시 생각하기'라는 교육단체에 깊이 관여하는 것으로도 널리 알려졌다.

---

6 총체적 언어교육whole language approach은 파닉스 접근법phonics approach과 함께 미국 문해literacy 교육의 양대 접근법으로 알려져 있다. 두 접근법 자체에 진보적인 요소가 담겨 있거나 결여되어 있는 것은 아니지만, 일반적으로 진보 진영은 전자를 보수 진영은 후자만을 선호하는 경향을 보인다. whole language approach는 총체적 언어교육, 전체 언어 방법, 통합 언어법 등으로 번역된 바 있다. 이후 본문에서는 '총체적 언어교육'이라는 용어를 사용한다.

학생들이 참여하곤 하던 활동인 집단 토론에 이어 전형적인 학생들의 역할극이 진행될 예정이었다. 가끔씩 그랬던 것처럼, 5학년인 우리 반 학생들은 나를 놀라게 했다. 길베르토Gilberto, 후앙Juan, 카를로스Carlos가 무대를 차지하는 것을 보면서 나는 그때서야 오늘 수업의 주제인 특정한 형식의 차별에 대해 이들이 연극으로 표현하려 한다는 것을 알아차렸다. 길베르토와 후앙은 집주인으로 분한 카를로스 집에 세를 들려는 동성애자 커플의 역할을 수행했는데, 우리 반 모두가 이 공연을 보고 크게 놀랐다.

놀라웠던 것은 그 이전 시간에 했던 차별에 대한 아이디어 회의 중에 누구도 동성애에 대한 언급을 하지 않았다는 점이다. 그리고 학생들이 이미 동성애에 대한 편견을 가지고 있고, 동성애 혐오 표현을 무비판적으로 수용하고 있었다는 점이다. 하지만 길베르토, 후앙, 카를로스는 스스로 이 문제를 제기했으며 우리의 토론을 인종을 기반으로 한 차별에서 성적 취향을 기반으로 한 차별로 옮겨놓았다.

이들의 역할극은 처음에는 웃음과 야유 소리를 불러왔다. 그러나 극이 진행되면서 학생들은 연극을 주의 깊게 보기 시작했다. 극이 끝나고서 나는 학생들에게 어떤 형태의 차별이 역할극을 통해 표현되었는지를 물었다.

"게이주의Gayism요!"

한 학생이 큰 소리로 답했다.

게이주의란 이 학생이 방금 만들어낸 말인데, 이 말은 상황을 잘 포착하고 있었다. 수업은 '게이주의'에 대한 토론으로 이어졌다. 의견을 말한 학생들 대부분은 이것이 차별의 한 가지 형태라는 점을 인정했다. 토론 중에 한 학생이 한 주 전에 워싱턴에서 벌어진 동성애자의 권리 보장을 요구하는 행진에 대해 언급했다(길베르토, 후앙, 카를로스는 이 행진에 대해 모르고 있었다).

게이주의라는 말을 처음 사용한 엘비스Elvis가 다음을 이어갔다.

"내 사촌도 그 레즈…… 레즈…… 인걸요."

"레즈비언."

내가 그의 문장을 완성해주었다.

"그래요, 레즈비언."

엘비스가 말했다. 그는 한껏 고무되어서 말을 이어갔다.

"내 사촌은 자신의 권리를 위해서 워싱턴에 행진하러 갔어요."

"그건 마틴 루터 킹 박사가 워싱턴에서 '나는 꿈이 있습니다'라는 연설을 했던 것과 같은 거예요."

다른 학생이 거들었다.

오래지 않아서 수업은 새로운 역할극으로 옮아갔지만 앞서 했던 역할극의 여파가 머릿속에서 떠나질 않았다. 동성애자에 대한 나의 일반적인 수업은 왜 우리가 서로를 '호모새끼faggot'[7]라고 부르면 안 되는지에 대한 설명이 주를 이룬다. 그런데 이번 수업은 이러한 수업을 넘어선 것이었고, 나는 학생들이 그런 역량을 보여준 것에 뿌듯함을 느꼈다. 보다 근본적으로 나는 이번 일로 인해 사회와 교실의 끊으려야 끊을 수 없는 연결고리에 대해 다시금 생각해보았다. 즉, 하루에 6시간을 학교에서 보내는 아이들에게 사회가 미치는 영향이 얼마나 큰 것인가! 또한 개혁을 위한 사회운동이 얼마나 일상적인 수업에 많은 영향을 미치는가!

어떤 이들은 5학년 학생들이 동성애 차별에 반대하는 역할극을 만들어내는 것이 특별한 경우라고 생각할 수도 있을 것이다. 하지만 프래트니Fratney 학교에서 일어나는 많은 일들은 전통적인 학교 상에 익숙한 사람들을 깜짝 놀라게 할 것이다.

프래트니 학교를 설립하기 위한 투쟁

위스콘신 주 밀워키에 위치한 프래트니 학교는 변화를 거부하는 완고한 교육 당국과의 싸움 속에서 그 기초가 다져졌는데, 이 학교는 교사들과 학부모들에 의해 의사결정이 이루어지는 학교를 만들기 위한 끊임없는 여정의 한 장면을 잘 보여준다. 우리는 이 학교를 현장에 기초한 학교운영위원회에 의해 운영되는 양방향 이중언어 학교, 다문화 학교, 총체적 언어교육 학교라고 부른다. 이 학교에는 현재 만 4세 유치원부터 5학년까지 360명의 학생이 다니고 있는데, 그중에서 남미계가 65퍼센트, 아프리카계 20퍼센트, 백인이 13퍼센트, 그리고 나머지

---

7 동성애자 남성을 경멸조로 일컫는 표현. 적절한 번역어를 찾기 어려워 뉘앙스를 중심으로 번역하였다.

는 아시아계와 미국 원주민으로 구성되어 있다. 전체 학생의 70퍼센트에 육박하는 학생들이 무료 급식 대상이다. 우리는 팀 티칭을 위주로하는 학습 장애아들learning disabilities을 위한 프로그램을 운영하고 있고, 3학년에서 5학년 학생들 중에서 추가적인 도움이 필요한 학생들을위한 프로그램을 별도로 운영하고 있다.

학교를 운영하는 중간중간에 우리는 우리 사회가 입에 발린 수사법과는 별개로 얼마나 비민주적인지를 반영하는 엄청난 문제들에 부닥치곤 했다. 예를 들자면 독단적인 리더십과 짝을 이루는 교육청, 협력적인 수업을 구조적으로 가로막는 학교 시스템, 자기 자신의 학창 시절 경험을 최고로 여기는 교사와 학부모들, 대중매체의 영향을 받아공공선보다는 개인의 소비가 미덕이라고 여기는 학생들, 그리고 도심의 빈민들과 그 지역의 학교에 거의 관심을 기울이지 않는 사회경제시스템 등이다.

이 장에서 여러분은 뜻있는 교사들이 어떻게 이러한 문제들을 헤쳐나가는지를 알게 될 것이다. 여러분은 우리가 학교의 운영과 관련된의사결정에 능력 있고 관심 있는 몇몇 학부모만이 아니라 모든 학부모를 실질적으로 참여시키려고 노력한다는 것을 알게 될 것이다. 그리고 우리 학교가 예산 삭감에서부터 마약, 폭력 등에 이르는 다양한 압력에도 불구하고 어떻게 민주주의적 이상을 유지하려고 애쓰는지를알게 될 것이다.

정치적 싸움

90년의 역사를 가진 프래트니가街 학교Fratney Street School는 철거될 예정이었다. 1988년 4월에 이 학교의 교직원과 학생들은 6블록 떨어진 곳에 있는 새로운 건물로 옮겨 가기로 되어 있었다. 교육 당국은 프래트니 지역이 저소득층이 모여 사는 곳이면서 인종적으로도 흑백 분리가 철저히 일어나고 있는 지역이라는 사실을 전혀 고려하지 않았다. 하지만 어떤 사람들은 이 지역의 특징을 잘 살릴 수 있는 교육 프로그램을 갖춘 학교로서의 프래트니에 대한 비전을 가지고 있었다. 한 학부모가 말한 것처럼, "우리는 흑인, 백인, 그리고 남미계를 막론하고 우리 아이들 모두에게 최고의 질을 갖춘 교육을 제공하는 학교에 대한 꿈을 꾸기 시작했다."

1988년 1월 1일, 이러한 꿈을 가진 교사, 학부모, 그리고 지역운동가 몇몇이 '새로운 프래트니를 위한 이웃들NNF'이라는 이름으로 보도 자료를 배포함으로써 자신들의 비전을 공론화했다. 이 보도 자료는 밀워키 교육위원회를 상대로 프래트니 학교에 총체적 언어교육, 양방향 이중언어교육, 다문화 교육, 그리고 현장에 기초한 학교운영위원회 설치를 골자로 하는 우리의 계획을 지지해줄 것을 호소했다. 우리는 이 새로운 학교를 프래트니 학교La Escuela Fratney라고 불렀다.

하지만 교육청 관료들은 그 건물을 매드라인 헌터Madeline Hunter의 기법을 이용하는 마스터 교사master teacher들을 중심으로 하는 '교수법 연수 센터'로 바꾸기를 원했다. 이 센터에서는 교수법에 어려움을 겪고 있는 밀워키의 교사들이 '마스터 교사들'과 함께 학습하면서 2주 반 동안 훈련을 받게 될 것이다. 이 방안에 대해 많은 학부모들이 반문했다. 그러면 지금 자신의 아이들은 마스터 교사가 아닌 나쁜 교사에게 계속해서 교육을 받고 있는 것이냐고. 그들은 또한 관료들이 생각하는 그러한 교수법 센터는 어느 곳에나 세울 수 있지만, 프래트니 학교의 성공은 밀워키에서도 몇 안 되는 다인종으로 구성된 지역사회에 전적으로 달려 있다는 의견을 피력했다.

NNF는 지역사회 모임을 주최했고 중요한 청문회를 조직했다. 청문회는 우연히도 다음 날 모든 학교의 등교를 취소시켰던 매서운 눈보라가 있던 날 열렸다. 그런 날씨에도 불구하고 청문회에는 엄청난 규모의 사람들이 참석했고, 이러한 관심은 교육위원회가 NNF의 제안을 진지하게 고려하게끔 하는 원동력이 되었다. 교육위원회는 교육청 관료들에게 NNF와 만나서 수정안을 도출하도록 지시했다.

애초부터 관료들은 NNF의 제안을 이해하지 못하는 것처럼 보였다. 그들은 우리의 기획안과 그들이 구상한 교수법 연수 센터 구상을 조합한 것이라고 주장하는 타협안을 제시했지만, 많은 면에서 그들의 제안과 우리의 제안은 양립 가능한 것이 아니었다. 예를 들어 우리 제안의 핵심은 학교가 교사들과 학부모들로 구성된 현장 기반 학교운영위원회에 의해 운영되어야 한다는 것이었다. 반면에 관료들은 교사 연수 센터가 교육청에 의해 조직되고 운영되기를 원했다. 우리가 교육감의 회의실에서 관료들과 협상을 하고 있을 때, 이런 상황의 난맥상은 더욱 분명해졌다. 나는 당시 교육감이던 호던 페이슨Hawthorn Faison에게 교사 연수팀에 의해 운영되는 학교에 대한 상과 지역사회의 교사와 학부모에 의해 운영되는 학교의 상 사이에는 본질적인 모순이 존재함을 지적했다. 교육청이 제안한 교수법 연수 센터는 학부모에 대해서는 언급조차 하지 않았다.

"잠깐만요!"

고급 관료 한 명이 입을 열었다.

"우리 제안에서 학부모를 한 번도 언급하지 않은 것은 사실입니다. 하지만 당신들의 제안은 교육청을 언급하지 않고 있습니다."

우리는 우리 입장을 고수했고 계속해서 지역사회를 설득해갔다. 몇 가지 변화가 우리에게 힘을 보태주었다. 몇 달 전에 교육위원회가 공개적으로 현장 기반 학교운영위원회를 지지한 기록이 남아 있었다. 또한 교육위원들은 NNF 회원이 두 명이나 활동 중인 교육운동단체 '학교 다시 생각하기' 등이 벌인 노력에 힘입어 총체적 언어교육 접근법의 유용성을 알고 있었다.Peterson, 1987, 1988: Tenorio, 1986, 1988 그리고 하워드 풀러Howard Fuller(당시 교육감)가 이끄는 아프리카계 공동체의 회원들이 현재의 교육 관료 조직은 아프리카계 부모들의 요구를 듣는 데 무능하다는 등의 문제를 제기하며 그들만의 독립적인 학교구를 요구하였다.

이러한 상황들이 상호 작용을 해서 교육위원회는 우리의 제안을 받아들였고, 그 결과 밀워키에는 학교 주변의 학생들을 우선적으로 받아들일 수 있는 권한을 가진 첫 번째 특별학교가 설립되었다. 교육위원회는 교육청에게 NNF와 협력할 것을 지시했다.

교육위원회의 결정에(위원들 중 적어도 한 명에게) 영향을 미친 요소가 하나 더 있다. 투표가 실시된 지 몇 달 후, 이 위원은 나에게 다음과 같은 사실을 털어놓았다. 그는 프래트니 학교 설립 안을 지지하는 표를 행사했는데, 자신의 결정에 강력하게 영향을 미친 것은 초등학교 1학년에 재학 중인 아들이 경험한 총체적 언어교육을 채택한 교사가 제공한 교육의 실이라고 했다. 그는 교육위원회의 중요한 회의 도중에 교육 관료들이 NNF의 제안이 무엇을 의미하는지 전혀 이해하지 못했다는 것을 깨달았다고 했다. 그는 말했다. "솔직히 나도 당신이 무슨 말을 하는지 정확히 모릅니다. 하지만 나는 이 점은 잘 알고 있지요. 내 아들은 총체적 언어교육법을 사용하는 교사와 1학년을 시작했다는 것입니다. 추수감사절 즈음에 이르자 내 아이는 읽고 쓰는 것을 아주 재미있어했으며, 책을 읽는 것과 자신에게 책을 읽어주는 것을 좋아하게 되었지요. 그러고는 자신의 책을 쓰고 출판했지요. 나는 당신들의 계획을 승인해야만 한다는 것을 잘 알고 있습니다."

교육위원회의 승인은 정치적 힘을 획득하려는 우리 노력의 첫 번째 단계를 매듭짓게 했다. 그 과정에는 8주가 소요되었다.

행정적인 전투들

두 번째 단계에서, 우리는 프로그램을 개발하는 것과 같은 기본적인 과업에 직면하였다. 건물을 개-보수해야 했고, 교장과 교직원들을 선발해야 했으며, 교육과정과 관련 교육 자료들을 준비해야 했다. 유감스럽게도 교육 관료들은 그들이 교육위원회에서 정치적으로 실패한 일들을 행정적으로 실행에 옮기고자 했다.

예를 들어 교육위원회가 NNF와 협력하도록 교육청에 내린 명령에도 불구하고, 두 주 동안 이 두 그룹 사이에는 단 한차례의 회의도 열리지 않았다. 결국 우리는 교육청에 근무하는 친구로부터 학교 설립과 관련된 중요한 회의가 금요일인 다음 날 오전 11시에 열린다는 사실을 알게 되었다. NNF 회원들은 초청받지 않았지만, 학부모 대표 하나를 이 모임에 참석시킴으로써 교육청에 대한 공세를 취하기로 결정했다. 우리의 계획은 우리의 대표를 회의 시작 시간보다 약간 늦게 도착하게 한 후, 안내 직원에게 회의 장소를 묻도록 하는 것이었다. 우리는 그 안내 직원이 그 학부모가 회의에 참석하기로 되어 있을 것이라고 생각하고 회의가 열리는 장소로 안내하기를 노렸다. 우리의 계획은 적중했다. 안내 직원이 학부모를 회의 장소로 안내했는데, 그곳에 있던 관료들은 당황해서 어쩔 줄을 몰라 했다. 결국 그 자리에서 학교 설립 계획을 시작하기 위한 협력회의 스케줄이 마련되었다.

그 후 몇 달 동안, 그러니까 3월부터 9월까지, 교육 관료들은 새로운 프로그램을 만드는 데 이런저런 모양으로 방해를 했다. 우리는 또한 시민들이 자발적으로 만들어내는 계획을 지원하는 것과는 전혀 거리가 먼, 10만 명의 학생을 관장하는 거대한 규모의 교육 당국이 보여줄 수 있는 전형적인 관료주의적 행정 절차와 맞서서 싸워야 했다. 이것들은 우리가 감당하기 쉽지 않은 문제였는데, 그것은 NNF의 어느 누구도 이러한 관료적 행정 절차를 능숙하게 헤쳐 나갈 시간과 전문성을 갖추고 있지 않았기 때문이다. 프래트니 학교 설립 계획을 위해서 일하는 NNF 회원들 대부분은 자원봉사 형식으로 참여했는데, 이들은 직장 일을 마친 후에나 NNF의 일을 할 수 있었다. 우리의 제안들은 많은 경우 무시되었고 승인되는 경우에도 그 처리가 아주 늦었다.

예를 하나 들어보자. 거의 모든 교직원이 노조에 가입되어 있는데, 노조는 연장자에게 학교 배정 시 우선권을 부여하였다. 이 제도는 프래트니 학교의 교육 방법이나 프로그램에 동의하지 않는 교직원이 이 학교에 배정받을 수도 있는 가능성을 열어두고 있다. 이 문제에 대처하기 위해 NNF는 교직원 채용 공고에 이 학교를 설명하는 한 장짜리 설명서를 첨부할 것을 제안했다. 밀워키 교육 협회Teachers Education Association, MTEA[8]와 하급 관료들은 이에 동의했다. 그러나 고급 관료들은 이 계획에 반대했다.

NNF는 교장을 전국 단위에서 공모할 것을 요청했다. 교육청은 이를 거부하고는 어느 누구도 채용할 수 없도록 어깃장을 놓았다. 결국 개교하기 한 달 전에서야, 그것도 학부모 위원회가 권고했던 것과는 반대로, 교육청은 부유한 도시 근교 지역의 학교에서만 근무했던 한 여성을 추천했다. 그녀는 이중언어 사용자였는데, 영어와 스페인어 대신 영어와 독일어를 사용하였다. NNF는 교육청의 이러한 처사를 지역사회에 대한 정면 도전으로 받아들였고, 다시금 투쟁을 위한 조직에 들어갔다. 수십 명의 학부모들이 교육위원회 회의에 나타났다. 그들 중 많은 사람들이 피켓을 흔들었다. 이러한 압력에 굴복해서 당시 새롭게 선출된 교육감 로버트 피터킨Robert S. Peterkin은 교육청의 잘못을 인정하고 이 계획을 취소했다. 피터킨 교육감은 지역사회가 받아들일 만한 임시 교장을 채용했다.

교장 채용뿐 아니라 교육과정 개발도 또 다른 문제를 야기했다. 6월 하순에서 7월 사이에 세 명의 교사가 교육과정 초안을 작성하기 위해 교육청에 자리를 마련했다. 이들 교사가 사용할 수 있는 자료들은 거의 존재하지 않았다. 교육청은 교사들이 던진 질문에 대한 정보만을 제공했다. 그리고 행정 지원은 찾아볼 수 없었다. 그중 한 교사는 교육청에서 프래트니 프로젝트에 관련된 일을 추진하는 것은 국방성에서 평화주의자가 되는 것이나 마찬가지라고 회고했다.

관료들의 방해는 계속되었다. 예를 들어보자. 학교 기물을 담당하는 관료는 책상과 의자가 붙어 있어서 '자전거 책상'이라고 불리는 낡은 책상을 그룹 활동을 하기에 보다 용이한 분리형 책걸상으로 교체해달

---

8 미국의 교사들은 모두 노조에 가입되어 있다(유니온 숍). 교사노조는 개별 학교를 단위로 하기보다는 더 넓은 단위를 배경으로 하는데, 주로 학교구나 주를 단위로 한다. 밀워키 교육노조는 밀워키 학교구를 대상으로 하며, 위스콘신 교육단체협의회의Wisconsin Education Association Council, WEAC 주요 회원이다. 한국의 전교조와 같은 단일 노조 체제라기보다는 개별 노조들이 상대적으로 느슨하게 결합되어 있는 방식이라고 할 수 있다. 미국 전국을 단위로 하는 노조umbrella union로는 미국교사연맹American Teachers Federation, AFT과 전국교육협회National Education Association, NEA가 있으며 WEAC은 NEA의 회원이다.

라는 우리의 반복된 요구를 묵살했다. 어느 날 NNF의 회원 중 하나가 그 관료에게 다음과 같은 요지의 말을 전했다. 우리는 마음을 바꿔 먹었다. 우리는 그 책상들을 개교일까지 그대로 두었다가 개교 당일 학생, 학부모, 교사들이 함께 그 책상들을 운동장에 쌓아놓고 교육 관료들이 우리 프로젝트를 방해한 예로 제시하며 기자회견을 할 것이다. 그다음 날 트럭 두 대 분량의 새 책상이 학교로 배달되었다.

8월 중순경이 되어서 새로운 교직원들이 학교에 배치되었고, 우리는 몇 주 후에 있을 개교 준비를 위한 최종 점검을 하기로 했다. 그런데 정작 학교에 가 보니 개교에 필요한 건물 개조 공사를 이제 막 시작했고, 학교는 봄 학기 이후로 전혀 청소가 되어 있지 않았다. 이상하게도 우리가 7월에 주문한 물품들이 그때까지 배달되지 않았다. 어이없게도 7월 18일에 부교육감이 서명한 구매 요구서는 한 달 동안 교육청 구매부서 서류철에 그대로 놓여 있었다. 그 이유는 부교육감의 서명을 가지고서는 구매부서가 구매 승인을 할 수가 없었기 때문이었다. 배달되지 않은 물품들은 개교를 하는 데 적지 않은 문젯거리였다. 게다가 학교가 문을 닫고 있는 동안 많은 책들이 사라졌다. 양방향 이중언어교육은 새로운 교육 자료들을 필요로 했다. 그나마 남아 있던 책들도 도서관 개조가 연기되는 바람에 박스에 쌓인 채로 그대로 방치되었다. 우리는 거의 빈손으로 개교를 해야 했다. "그래도 우리는 성능 좋은 복사기를 주문했잖아요." 한 교사가 긍정적으로 말했다. "적어도 처음 몇 주 동안은 그 복사기를 이용할 수 있을 거예요." 하지만 확인 전화를 해보니 그 주문 역시도 기록을 찾을 수 없다고 했다.

우리는 교육청으로 몰려갔다. 다행히도 이번에는 우리에게 두 명의 지원군이 있었다. 교육감인 피터킨과 그의 보좌관인 데보라 맥그리프

Deborah McGriff. 그녀는 우리의 이야기를 듣고 펄쩍 뛰었다. 우리는 문제가 해결되지 않을 경우 학교에서 농성에 들어갈 것이라는 암시를 깔면서 이야기했고, 그녀는 우리 이야기를 아주 진지하게 들었다. 그녀는 관료들이 일할 수 있도록 즉각적인 조치를 취했다. 복사기는 다음 날 바로 학교에 배달되었다. 학교 비품과 교재는 항공편으로 배달되었다. 다음 날 회의가 열렸는데, 그간 걸림돌이 되던 관료들이 우리 편에 서서 전화를 걸고 있었다.

개교 첫날 프래트니 학교를 방문한 후에 교육감 피터킨은 프래트니 학교가 자신의 학교 혁신 모델이라고 천명했다. 그는 우리 학교가 특별히 폭넓은 학부모의 참여와 학교가 어때야 하는지에 대한 공유된 비전을 가지고 있음을 높이 평가했다. 마침내 변화가 시작된 것이다.

프래트니 학교의 핵심 요소들

새로운 학교를 개교한다는 것은, 그것도 이 학교를 특징지을 수 있는 여러 가지 중요한 특성들을 살리면서 개교한다는 것은, 이러한 학교를 설립하기 위한 투쟁에 투여된 높은 수준의 에너지가 있었다 해도 쉽지 않은 일이다. 이론상으로는 새로운 특성들이 서로 아귀가 잘 맞아떨어진다. 하지만 매일 반복되는 교실의 일상에서 각각의 특성들이 잘 조화되려면 엄청난 노력이 요구된다. 우리는 다음에 소개하는 이 특성들이 우리 학교 비전을 구성하는 데 없어서는 안 될 부분이라고 생각한다.

양방향 이중언어교육

프래트니 학교 프로그램의 중요한 구성 요소 중 하나는 양방향 이중언어교육이다. 이 교육은 스페인어를 모국어로 사용하는 학생들과 영어를 모국어로 사용하는 학생들이 한 학급을 구성하고, 수업의 절반은 영어로 나머지 절반은 스페인어로 진행하는 형태의 수업 구성을 가리킨다. 이런 식으로 구성하면 학생들을 그들이 사용하는 언어에 따라 구분해서 교육하는 것을 피할 수 있으며, 학생들은 두 개의 서로 다른 언어를 배울 수 있다.

이러한 접근법은 모든 학생들이 자신의 모국어를 포함해 두 개의 언어를 배울 수 있는 권리를 가지고 있다는 믿음에 근거한다. 우리가 함께하는 학교 공간에서 사용되는 언어들은 동등한 가치를 갖는다는 분위기를 조성함으로써, 우리는 그 언어를 사용하는 학생들도 평등하다는 보다 넓은 의미에서의 평등 개념을 강조한다. 언어와 문화 사이의 밀접한 관계를 고려할 때 두 개의 언어를 사용해서 가르치는 교수법은 학생들의 다문화에 대한 이해 폭도 넓혀준다. 그리고 양방향 이중언어교육은 학생들의 자존감을 높여주는데, 이는 어떤 사회적 계층 출신이라 할지라도 자신들의 언어와 같은 뭔가 수업에 도움이 될 만한 것을 가지고 온다는 것을 그들이 자각할 수 있기 때문이다.

하지만 미국의 양방향 이중언어 프로그램에는 많은 문제점이 있다.[Edelsky, 1991] 그러한 문제들은 근본적으로는 미국에서 영어에 비해 제2언어의 열등한 정치적인 위상에서 기인한다. 프래트니의 프로그램도 예외는 아니다. 우리가 경험을 통해 알게 된 사실이 있다. 그것은 성공적으로 이중언어 습득을 하려면 두 개의 언어가 철저히 분리되어야 하고 그 언어를 사용하는 상황이 분리되어야 한다. 그래서 학생들이 그들의 제2언어를 사용하게끔 강제하고 교사들이 그 언어를 계속해서 사용하는 것이 장려되어야 한다. 만약 수업이 언제나 이중언어로 진행되기만 한다면(예를 들어 교사가 하나의 언어로 설명하고 뒤이어 다른 언어로 설명하게 된다면), 학생들은 자신의 모국어에 의존하게 될 것이다.

　　개교 2년 차가 지날 때까지도 우리 학교에서는 영어의 영향력이 압도적이었다. 우리는 다른 도시들에서 시도된 양방향 이중언어교육 사례들을 살펴보고, 이를 바탕으로 우리가 하고 있는 일을 비판적으로 점검했다. 이와 관련된 회의들이 교직원들 사이에서 그리고 현장을 기반으로 한 학교운영위원회에서 소집되었다. 학교 전체와는 다른 이중언어 교수법을 사용하고 있는 유치원 학부모들도 특별 회의를 개최했다. 개교 3년 차가 시작될 즈음에 우리는 유치원에서 사용되던 교수법을 모든 학년에 적용하게 되었다. 즉, 같은 학년의 두 명의 교사가 54명에서 60명 사이의 학생들을 맡아서 팀을 이루는데, 이 학생들은 27명에서 30명 정도로 이루어진 두 개의 그룹으로 나뉜다. 하루는 학생들이 스페인어반으로 가서 스페인어로 수업을 듣는다. 다음 날에는 영어반으로 가서 영어로 수업을 듣는다. 교사들은 이중언어 사용자인데, 한 명은 영어반을 다른 한 명은 스페인어반을 담당한다. 이 접근법은 우리 학교에서 스페인어 사용을 증가시켰고, 팀 티칭team teaching을 활성화시켰다. 이와 동시에 두 교사가 함께 수업계획안을 마련할 시간이 부족해졌다. 이에 덧붙여서 평가, 통지표 작성, 학부모 면담 등의 문제들을 복잡하게 만들었다. 개교 7년 차에는 4학년, 5학년 담임교사들이 이러한 문제들을 일정하게 해결했는데, 그들은 하루씩 번갈아 가며 학급을 바꾸는 대신 2주에 한 번씩 학급을 바꾸었다. 이러한 변화는 보다 안정적인 교수법을 보장했으며, 학생들이 주어진 과제를 완성하는 데 충분한 시간을 줄 수 있었다.

프래트니의 프로그램은 스페인어를 모국어로 하는 학생들 중에서 영어 능력이 부족한 학생들에게 모국어를 유지하면서도 영어를 배울 수 있게 하는 면에서 성공적이었다. 하지만 영어를 모국어로 하는 학생들이 스페인어를 배우게 하는 데는 그리 성공적이지 못했다. 교직원과 학부모들은 이 문제들을 해결하려고 다양한 것들을 시도했다. 동료 장학을 실시했고, 성공적인 타 학교 사례를 연구했으며, 영어를 모국어로 하는 학생들 중에서 우리 프로그램에 잘 적응하는 학생과 그렇지 못한 학생에 대한 비교 연구를 실시했다.

이러한 문제들에도 불구하고 양방향 이중언어 프로그램은 프래트니 학교의 강점들 중 하나이다. 이 프로그램은 학생들과 그 가족들에게 영어와 스페인어의 가치가 동등하다는 것과 그것을 사용하는 사람들 또한 평등하다는 강력한 메시지를 전달한다. 스페인어를 모국어로 하는 학부모들이 이 학교가 자신들의 언어를 가치 있게 여긴다는 것을 알기 때문에 학교를 방문하는 것과 학교에서 자원 봉사하는 일을 더욱 편안히 여겼다. 또한 이 프로그램은 남미계 공동체 전체에게 프래트니 학교의 교직원과 학부모들은 평등이라는 주제를 진지하게 다룬다는 강한 메시지를 전달하고 있다.

다문화, 반인종주의 교육과정

우리가 꿈꾸는 다문화주의는 우리가 3가지 F라고 부르는 사실facts, 음식foods, 얼굴faces을 넘어선다. 우리 학교에서는 인간관계뿐 아니라 인종문제와 권력의 관계에 대해서도 중점적으로 다룬다. 우리는 학교 전체가 공유하는 주제를 통해 유색인종의 경험을 조명한다. 또한 우리는 아프리카계, 남미계, 미국 원주민, 그리고 아시아계와 같은 지정학적 집단으로부터 유래하는 음악, 역사, 미술, 이야기들, 시, 문학 등을 다루려고 한다. 뿐만 아니라 우리는 학생들을 반인종주의자로 교육한다. 우리는 인종주의가 비과학적이며 비윤리적이고, 미국의 역사에서 끊임없이 나타났던 치명적인 사회악이었음을 가르친다. 학교는 교사들이 인종을 유형화하는 것, 인종에 대한 편견 등 모든 종류의 차별을 수업에서 다룰 수 있도록 적극 지원한다.

다문화, 반인종주의 교육 방향은 우리의 장기적인 교육 목표에 부합하는 것이다. 뿐만 아니라 이 교육 방향은 우리 학생들이 다양한 인종집단으로 구성되어 있다는 점을 감안할 때, 우리 학교가 지역사회를 배우면서 그 속에서 어울려 살아가야 한다는 현실적인 요구에도 적절히 부응하는 것이다.

이 교육과정이 성공하기까지는 쉽지 않은 길이 있었다. 몇몇 목소리가 큰 중산층의 백인 부모들은 이 학교가 오직 소수인종의 역사를 가르칠 뿐 학생들에게 유럽의 문화유산은 턱없이 적게 가르친다는 불만을 토로했다. 다른 이들은 자신의 자녀들이 미국 국가와 국기에 대한 맹세를 배우지 못했다고 불평했다. 적지 않은 교사들은 이러한 불평들이 걸러지지 않는다면 프래트니가 주류 학교 체제로 회귀하게 될 것이라고 생각했다. 여기서 주류 학교라 함은 교육과정에서 민주주의를 언급하고 있지만, 실제로는 많은 사람들이 민주주의의 근본이 되는 요소라고 생각하는 모든 사람이 평등하다는 가치를 훼손하고 유럽인의 관점만을 강조하는 학교다.

때때로 이러한 주제들이 회의과정에서 터져 나오곤 했다. 예를 들어 현장 기반 학교운영위원회의 한 회의에서 한 백인 학부모가 교실에서 국기에 대한 맹세 시간을 갖지 않는 것을 문제 삼았다. 이에 대해서 푸에르토리코 출신의 젊은 교사가 자신이 국기에 대한 맹세를 할 때마다 얼마나 분노가 치밀었는지를 설명했다. 왜냐하면 국기에 대한 맹세는 그녀로 하여금 푸에르토리코가 수십 년 동안 "모든 이를 위한 자유와 정의"[9]가 없는 미국의 식민지 통치를 견뎌내고 있는 사실을 상기시키기 때문이었다. 그 학부모는 우리 학교에 그런 식으로 생각하는 사람이 있을 것이라고는 전혀 생각해보지 못했다고 얘기했다. 서로가 가지고 있는 이러한 의견 차이들은 사라지지 않는다. 학교에서 이러한 논쟁이 벌어지지 않는다고 해서 그것이 차이가 없음을 의미하는 것도 아니다. 오히려 사람들은 인종문제와 같이 민감한 문제에 대해서는 침묵을 지키려는 사회의 경향성을 고스란히 반영한다. 건강한 다문화주의 환경을 조성하려는 학교라면 모름지기 모든 이들의 목소리가 반영되어 주류의 생각에 도전하는 방식으로 인종과 문화에 대한 지속적인 대화를 유지해나가야 한다.

다양한 관점에 대한 표현을 장려하도록 하려는 프래트니의 전략 중 하나는 교직원과 학부모가 함께 모여서 다문화, 반인종주의 교육이 무엇인지를 정의하는 1년 단위의 과정을 마련하는 것이다. 학부모 교육과정위원회, 현장 기반 학교운영위원회, 그리고 교직원회의 등을 통해서 다문화, 반인종주의 교육의 철학과 이의 실천을 규정한 공동 선언문을 작성하는데, 선언문의 성안에 이르기까지 학부모와 교직원은 다섯 차례의 교정 단계를 거친다.

---

9 미국 국기에 대한 맹세의 마지막 구절(liberty and justice for all).

이 선언문은 좋은 출발점이 되며 새내기 학부모들과 신입 교직원들이 방향을 잡는 데 도움을 준다. 하지만 어떤 문서도 그 자체로 일 년 내내 지속되는 논쟁거리인 학습과정을 온전히 담아내지는 못한다. 따라서 우리는 대화를 유지하고 어떻게 다문화적으로 교육할 것인가에 대한 이해를 증진시킬 수 있는 추가적인 방법들을 찾아냈다.

우리는 또한 다문화, 반인종주의 교육에 대한 정의를 제임스 뱅크스James Banks, 1991가 제안한 개념과 에니드 리Enid LeeMiner, 1991가 제안한 개념들의 일련의 단계로 설정하는 것이 매우 유용하다는 사실을 알게 되었다. 이러한 설정은 교사들이 이 분야에서 자신의 성장을 점검하게 하는 데 도움을 준다. 이 단계는 교사들이 유색인종들이 사회에 제공한 기여를 단순하게 언급하고, 기존 교육과정에 이와 관련된 교육 자료들을 추가하는 것에서부터 시작할 수 있다. 이후 이것은 다양한 교과에서 비유럽 문명들에 대해 배우는 통합과정으로 발전할 수 있다. 결과적으로 이 단계는 학생들과 교사들이 교과서, 학생용 도서, 텔레비전 등에서 전달되는 메시지를 비판적으로 수용할 수 있는 개혁적이고 능동적인 단계까지 발전할 수 있다. 이러한 설정의 최종적인 목표는 교사와 학생들이 세상을 이해할 뿐 아니라 세상을 개혁하는 데 참여하게 하는 것이다.

학교 정책 선언문과 일련의 단계 설정에도 불구하고 우리에게는 몇 가지 문제가 남아 있었다. 우선, 교육과정에는 불필요한 중복이나 필요한 것인데 생략된 것들이 있었다. 예를 들어 유치원부터 5학년까지 우리 학교에서 교육받은 학생은 아시아계 미국 이민사에 대해서는 거의 배우지 않고 해리엇 터브먼Harriet Tubman과 마틴 루터 킹Martin Luther King Jr. 목사에 초점을 둔 아프리카계의 역사에 대해서는 너무 많이 배웠다. 둘째, 새로운 교직원들이 학교에 부임하면서 정책 선언문이나 일련의 단계 설정이 제공하는 것보다 더 구체적인 것들에 대해 알 필요가 있었다.

교직원 연수와 현장 기반 학교운영위원회에서의 토론 등과 같은 통로를 이용해서 우리는 어떤 소수인종 집단이 어떤 학년에서 강조되어야 할지에 대한 전체적인 윤곽을 마련했다. 이를 통해서 프래트니 학교생활 동안 학생들이 주요 소수인종 집단들에 대해 적어도 두 번씩은 공부할 수 있는 체계를 구축했다.

총체적 언어교육과 자연스러운 제2언어 학습

우리는 듣기, 말하기, 읽기, 쓰기를 통해 듣는 법, 말하는 법, 읽는 법, 그리고 쓰는 법을 배울 수 있다고 믿는다. 우리의 교실들은 학생 중심, 실험 기반, 그리고 언어적으로 풍부함을 추구한다. 이것이 무엇을 의미하느냐고? 우리 학생들은 모두 매일매일 생활을 기록한다. 우리는 커다란 책, 윤독, 독서클럽, 이야기 말하기, 작문과정, 상호 작용적 글쓰기, 드라마, 그리고 인형극을 사용한다.

언어에 대한 이러한 접근법을 사용하는 근본적인 이유는 교육은 학생들의 경험을 기반으로 해야 하고 삶, 가족 그리고 지역사회와 연관을 가져야 한다는 우리의 믿음 때문이다. 우리가 속한 지역사회에 대해 사고하고, 조사하고, 글을 쓰는 것을 통해 학생들은 자기 자신과 가족의 가치를 다시금 확인하게 된다. 이와 동시에 자기 자신 및 자기가 속한 공동체가 맞서 싸워야 할 문제들에 대해서 알게 된다. 많은 교사들이 숙제를 이용해서 학생들에게 자기 자신이 속한 공동체에 대해 조사해보고 가족들 및 이웃들을 인터뷰해볼 수 있게 한다.

이러한 활동은 평범한 사람들이 생각하고 있는 것의 중요성을 조명하며, 가족, 학교, 그리고 지역사회 사이에 더욱 강력한 유대를 형성하게 한다.

언어교육에 대한 우리의 접근법은 프래트니 공동체에 상당한 논의와 논쟁을 야기했다. 프래트니에 자녀를 보내려면 학부모들이 자원봉사 활동을 해야 했지만, 많은 이들이 학교가 구현하고 있는 특정한 철학적 기반을 의식하지 못하고 있었다. 이러한 상황이 종종 문제를 일으켰다. 어떤 부모들에게 우리의 언어교육 교수법은 그들이 경험한 것과 달랐기 때문에 이상하게 느껴졌다. 다른 학부모들은 이 교수법에 대해서 비판적이었다. 그들은 자녀들이 세상에 나가게 되면 교과서, 철자법 시험, 표준화 시험 등에 익숙해야 한다고 믿었다. 그런데 이 교수법은 학생들에게 이런 것들을 준비시키지 못하리라는 두려움을 내포하고 있었다.

철자법을 어떻게 가르쳐야 하는가라는 이슈는 교육과정 회의에서 가장 중요하게 다루어졌던 주제 중 하나다. 이 문제에 대한 상반된 의견들을 조율할 수 있는 쉬운 길은 없었다. 그것은 기본적으로 철자법을 누구도 거부하지 못할 만큼 확실히 가르칠 수 있는 방법은 없었기 때문이다. 우리는 철자법과 총체적 언어교육에 대해서 많은 워크숍과 토론을 진행했다. 이를 통해 우리는 언어 학습에서 핵심이 되는 것은 의미 있는 읽기와 쓰기의 경험에 참여하는 것임을 강조했다. 이와 동시에, 우리는 매년 지역 신문에 발표되는 시험 점수라는 정치적 압력으로부터 자유로울 수 없었다. 우리는 인생에서 살아남기 위한 기술로서 시험 치는 법을 가르친다는 것을 보여줌으로써 이에 적응했다.

협력 학습과 훈육

협력 학습과 학급 경영 문제는 학교의 민주주의와 관련된 토론의 단골 메뉴이다. 프래트니 학교는 개교 1년 차에 끔찍한 일을 겪을 뻔했다. 왜냐하면 우리는 학생들이 감당할 수 있는 책임에 대해 과대평가를 했기 때문이다. 좀 더 구체적으로 살펴보면, 우리는 이 학교에 오는 대부분의 학생들이 이전 학교에서 잘하던 학생들이 아니라는 사실을 계산에 넣지 못했었다. 많은 학생들이 자기 일을 알아서 스스로 하는 습관을 갖지 못했다. 이들은 심지어 교사의 직접적인 지시 없이 화장실 패스[10]를 혼자서 사용하는 방법도 몰랐다. 우리는 학생들이 아무 생각 없는 양떼처럼 취급되었던 과거로부터 책임 있는 인간으로 행동할 수 있는 미래로 전환하는 것을 도와야 한다는 것을 깨닫게 되었다.

개교 2년 차에 우리는 자존감 전문가를 학교의 정직원으로 채용했다. 그녀는 학생들의 자존감을 강화할 수 있는 특별한 프로그램을 가지고 담임교사들과 협력 수업을 진행했다. 우리는 또한 4학년, 5학년 학생들을 참가시키는 또래 상담 프로그램을 도입해서 일정한 성과를 거두었다. 우리는 저학년 학생들이 읽고 쓰기를 할 때 고학년 학생들이 일대일로 도와주는 주는 간학년 지도 프로그램을 운영했다. 이 프로그램은 저학년은 물론 고학년 학생들에게도 많은 도움이 되었다. 예를 들어, 4학년 담임을 맡고 있는 한 교사가 있었다. 그녀의 학급이 밀워키 강으로 현장 학습을 갔을 때 말 안 듣는 학생들 때문에 애를 먹

---

10 미국의 학교는 쉬는 시간이 매우 제한되어 있어서 수업 시간 중에 화장실을 가는 경우가 일반적이다. 이때 학생들이 교대로 화장실을 갈 수 있도록 화장실 패스를 사용한다. 패스를 가지고 있는 사람만이 화장실을 갈 수 있고, 이 패스를 제자리에 돌려놓으면 다음 사람이 그 패스를 들고 화장실에 다녀올 수 있다.

었다. 학생들이 강의 특정한 지점에 너무 가까이 다가가곤 했기 때문이다. 그런데 그녀가 학생들을 1학년 학생들과 짝을 지어주자 극적으로 달라졌다. 4학년 학생들은 1학년 학생들이 물에 너무 가까이 가지 않도록 모범을 보였다.

교사들은 또한 학급회의를 활용했다. 학급회의는 학년 초에 학급의 규칙을 정하는 데만 사용되는 것이 아니고, 학기 중에 발생하는 문제들을 해결하는 데, 그리고 학교 전체의 학습 주제에 대한 각 학급의 실행 계획 수립에도 활용되었다.

우리 학교의 많은 교사들은 학급을 소규모 단위의 모둠으로 나누어서 진행하는 협력적 운영 방식을 사용한다. 예를 들어 나는 여섯 개의 책상을 한 모둠으로 해서 우리 반 전체를 다섯 모둠으로 나눈다. 각각의 모둠에는 교재들이 정렬되어 있고 숙제를 제출하는 데 사용하는 별도의 책꽂이가 있다. 각각의 모둠은 모둠장을 선출한다. 모둠장은 교재들이 제대로 처리되어 있는지, 모둠원들이 집중하고 있는지, 그리고 활동에 잘 참여하고 있는지를 점검하는 역할을 맡는다.

나는 9주에 한 번씩 모둠원들을 바꿔준다. 이때 모둠의 구성은 어떤 언어를 주로 사용하는지와 인종, 성별, 특수아동 등의 요소를 고려하여 이들이 섞일 수 있도록 한다. 하루 일과를 통틀어 학생들은 다양한 협력 학습 상황에서 공부를 하게 될 수도 있지만 기본 모둠은 그대로 유지된다. 학급을 기본 모둠 단위로 구성한 것은 학생들이 학급 경영과 관련된 많은 임무들을 수행할 수 있게 해주는데, 이것은 학생들이 학급이 잘 굴러가도록 책임감을 갖는 데 도움을 준다. 이러한 학급 구성은 또한 긍정적인 또래 압력으로 작용해서 학생들이 수업에 더 충실할 수 있도록 도움을 준다.

그럼에도 불구하고 훈육의 문제는 사라지지 않는다. 이러한 문제들은 장기적인 교육과정 계획과 단기적인 개입 전략을 필요로 한다. 장기적인 교육과정 계획에는 학생들에게 '내 감정 이야기하기(I messages)'[11]를 가르치는 것, 또래 상담 프로그램 등과 같은 것이 있다. 우리 사회의 문화는 우리 아이들이 어떤 사람의 문화적·신체적 특징을 기초로 그 사람을 무시하게 만들고 있다. 프래트니에서는 이러한 문제를 다문화 교육과정을 통해 학기 내내 다루지만, 교사들은 학생들의 행동에 즉각적인 변화가 일어날 수 있도록 반드시 단호하게 행동해야 한다. 학교 도서관 사서인 매기 멜빈Maggie Melvin은 『관용 가르치기Teaching Tolerance』 매거진에서 학생들이 수업 진행을 방해하거나 학생들끼리 모욕하는 행위를 할 때 교사들이 이를 어떻게 다루어야 하는지에 대해서 이렇게 말했다.

"사건의 한복판에 있을 때 우리는 너무도 자주 그 문제를 고치고, 모든 것이 제대로 되게 만든 후에 수업을 진행하려고 합니다. 하지만 여기 프래트니에서는 당신이 문제의 한복판에 있게 된다면, 우리는 당신이 이 문제에 집중할 수 있기를 권장합니다. 이런 순간들이야말로 인간관계에서 정말로 중요한 교육적 순간인 것입니다. 만약 당신이 이러한 것들이 인생 전반에서 써먹을 수 있는 중요한 기술이라고 생각한다면, 수업을 멈추고 이 문제를 다루어야 합니다."Ahlgren, 1993: 30

---

11 내 감정 이야기하기는 갈등 상황이 발생했을 때 "네가 이렇게 했잖아!" 등으로 상대방의 잘못을 지적하는 화법(You messages)과는 상대적으로 어떤 일 때문에 자신이 어떻게 느꼈는지를 진술하는 화법.

주제 중심의 교육과정 접근법

우리 학교에는 학교 전체의 교육 활동을 관통하는 교육 주제가 있는데, 이는 교사들과 학부모들이 일 년 단위로 정한다. 우리는 이 주제를 통해 가능한 한 많은 교육과정을 통합시키려고 한다. 이 주제들은 일반적으로 사회적 책임과 실천을 강조하는데, 예를 들면 다음과 같다. "우리는 우리 자신과 세상을 존중합니다", "소통할 때 우리는 메시지를 전달합니다", "우리는 지구의 환경을 위해 변화를 만들어낼 수 있습니다," 그리고 "우리는 세계의 이야기들을 이야기합니다." 각각의 주제가 제공하는 맥락 안에서 우리는 학교 차원의 프로젝트를 선정하려고 노력한다. 예를 들어 "소통할 때 우리는 메시지를 전달합니다"라는 주제를 진행할 때, 학생들은 하부 주제인 "TV가 우리의 건강에 위험할 수 있나?"와 같은 것을 공부한다. 우리는 'TV 없는 주간'을 기획했다. 이 기간 동안 학생들과 그 가족들 그리고 교직원들은 일주일 동안 TV를 보지 않기로 서약했다.

"우리는 지구의 환경을 위해 변화를 만들어낼 수 있습니다"라는 주제를 진행 중일 때, 각 학급은 환경을 보호하기 위해 자신들이 할 수 있을 것이라고 생각하는 프로젝트 하나를 선택했다. 9주 동안 진행된 이 주제는 학생들이 진행한 프로젝트를 전시하는 프로젝트 쇼에서 그 절정을 이루었다. 학생들은 재활용, 엘살바도르의 집 없는 어린이들을 위한 기금 마련, 학급에서 서로를 잘 대해주기, 그리고 밀워키 강 주변에 자연보호구역을 설치하는 안에 대한 공청회에서 찬성 발언하기 등의 프로젝트를 진행했다.

학교 단위의 교육 주제를 이용한 교육은 프래트니에 새로 부임한 교사들이 이 학교가 기반으로 하는 철학과 방법론을 좀 더 빨리 이해하는 데에 큰 도움이 되었다. 또한 이 접근법은 학생들과 교직원들이 공유하고 있는 가치들을 부각시켰는데, 이를 통해 우리는 하나가 되어서 프로젝트를 수행할 수 있었다.

비판적 사고

우리 사회의 대중문화는 정치적 무관심에서부터 제도적으로 고착된 인종차별 및 남녀차별에 이르기까지 수많은 반민주성을 가지고 있다. 이러한 대중문화가 퍼져 있는 사회에서 학생들에게 민주적인 감수성을 배양하는 것은 쉽지 않은 일이다. 프래트니에서 우리는 학생들이 세상에 대해 깊이 생각해볼 수 있도록 장려하고, 사회와 그 사회 속에서 자신들의 역할을 비판적으로 볼 수 있도록 돕는 것을 교육의 목표로 삼고 있다.

앞서 언급한 'TV 없는 주간' 프로젝트는 이러한 주제를 다루기 위한 전략 중 하나이다. 개교 1년 차에 우리는 이 캠페인을 벌였다. 절반가량의 교사, 학부모, 학생들이 일주일 동안 TV를 보지 않겠다고 서약했다. TV 없이 일주일을 보낸 그다음 주에 학부모 교육과정위원회와 현장 기반 학교운영위원회가 이 실험에 대해서 논의하기 위해 회동을 했다. 그들은 일주일 동안 TV를 보지 않는 것이 어떤 학생들에게는 습관을 영구적으로 고치는 데 도움이 된다는 점에 동의했다. 하지만 그들은 학교가 더욱 관심을 기울여야 할 것은 학생들이 어떻게 대중매체를 올바르게 볼 것인가라는 결론에 도달했다. 왜냐하면 현실에서는 학생들이 계속해서 많은 시간 동안 TV를 시청할 것이므로.

교사들은 이러한 지적의 타당성을 인정했다. 그래서 다음 해에는 학생들이 TV쇼를 보면서 또한 광고를 읽으면서 사용할 수 있는 비판적 사고력 함양에 중점을 두었다. 예를 들어 한 2학년 담임교사는 학생들에게 잡지의 광고를 오려 붙여서 커다란 벽화를 만들게 했다. 교사는 이 활동을 통해 학생들이 어떤 종류의 사람들이 우리 사회에서 모델로 등장하고 있는지를 살펴보게 했다. 학생들은 인종적인 편견, 성역할의 고정관념을 찾아냈으며, 뚱뚱한 사람과 안경을 쓴 사람이 거의 등장하지 않는다는 사실을 발견했다. 몇몇 교사들은 또한 '청소년 돌연변이 닌자 거북Teenage Mutant Ninja Turtles'이라는 TV 프로그램과 이 프로그램에 함께 나오는 광고를 이용해서 학생들이 TV에 등장하는 폭력성을 살펴볼 수 있도록 했다.

현장 기반 학교운영위원회는 매년 'TV 없는 주간'을 실행할 것인지와 실행한다면 이 프로젝트에서 어떤 내용을 바꿀 것인지를 결정한다. 그리고 다음과 같은 어려운 질문들을 다루었다. 미국 소아과 협회에 따르면 어린이들의 TV 시청 시간은 수면 시간을 제외한 유년기의 모든 활동 시간을 능가한다고 한다. 우리가 어떻게 이것을 통제할 수 있을까? TV 시청 활동은 정신적, 육체적으로 수동성을 강화하고 창조성을 약화시킨다. 또한 TV 시청 활동은 성역할과 인종에 대한 고정관념을 영속화하고 폭력을 조장하며, 쓸모없거나 고가인 상품 구매 그리고 건강에 도움이 되지 않는 음식 소비를 장려한다. 또한 TV 시청 활동은 학생들로 하여금 현실을 왜곡되게 인식하도록 한다. 우리가 어떻게 이러한 TV 시청 활동에 맞설 수 있을까? 어떻게 우리가 TV 시청과 비디오 게임 중독을 대체할 수 있는 가족 활동을-한 부모 가족에게 압력으로 작용하지 않을-장려할 수 있을까?

토론하는 동안 많은 성공담이 보고되었다. 어떤 학부모는 자신의 사례를 들었다. 'TV 없는 주간' 이전에 그녀의 가정에서는 항상 저녁

식사 시간에 TV를 시청했다. 'TV 없는 주간' 이후에 그녀는 아이들에게 저녁식사를 할 동안에 가족이 서로 대화하는 시간을 가질 수 있도록 TV 시청을 금지한다고 말했다.

또 다른 학부모는 한 주에 서너 차례 'TV 없는 날'을 만들었다. 또 다른 학부모는 TV를 보기 어렵도록 다락방에 두었다. 네 번째 학부모는 두 자녀가 엄마 아빠와 함께 놀이를 즐길 수 있도록 TV 없는 밤을 요구한다고 했다.

이러한 프로젝트가 만들어내는 문제들을 어떻게 다루는 게 최선의 방법인지에 대해서는 의견이 일치하지 않지만, 프래트니 학교의 교직원과 학부모들은 이 프로그램을 계속해서 지지하고 있다. 매년 학생들과 어른들은 No-TV 계약서에 서명을 하고, 그들의 TV 시청 습관을 기록하고, 가족들을 인터뷰해서 TV가 자신들의 삶에 미치는 영향력에 대해 기록하고, TV에 등장하는 고정관념과 광고를 면밀히 살펴본다.

거버넌스

학교를 구상할 때부터 프래트니 학교는 학교의 주요 행위자인 교사와 학부모에 의한 거버넌스를 고집해왔다. 이 결정이 갈등 없이 이루어진 것은 아니다. 예를 들어 학교운영위원회의 구성과 관련해서 견해차가 불거졌다. 개교일 몇 달 전부터 NNF 운영진은 실질적으로 학교와 관련된 모든 결정을 내린 상태였다. 권력이 NNF에서 그 학교에서 일할 교사들과 그 학교에 아이들을 보낼 학부모들에게로 이전되어야만 했다. NNF 운영진 중 한 명이 학교운영위원회 구성을 11개 학급에서 각각 2명의 학부모, 2명의 교사 대표로 하자는 제안을 내놓았다.

다른 이는 교사와 학부모 동수로 구성하자고 제안했다. 이 문제는 교육청과 교사 노조 사이에 이루어진 새로운 단체협약 내용을 알게 되면서 부분적으로 해결되었다. 단체협약은 이러한 종류의 위원회에는 교사가 50%에 1명을 추가한 만큼 대표되어야 한다고 규정하고 있었다. 많은 논의 후에 NNF는 교육청과 교사노조를 상대로 싸우는 것은 이득이 없다고 결론지었다. 대신 우리는 그 단협을 준수하기로 했다. 하지만 우리 학교운영위원회의 실행 규정에 학부모를 위한 대안을 포함시켜서 학교운영위원회에서 교사와 학부모의 목소리가 동등하게 대표될 수 있게 했다.

교직원과 학부모로 구성된 현장 기반 학교운영위원회는 매달 모임을 가졌는데, 이 자리에서 학교와 관련된 중요한 것들이 결정되었다. 교장을 뽑고, 성적표를 재구성했다. 숙제, 학부모 참여, 다문화 교육과 관련된 학교의 방침을 정했다. 학교 예산 중 일부를 재편성했으며, 페르시아만 전쟁과 같은 시사 현안에 대한 비판적인 논의를 장려할 수 있는 학교 방침들을 만들어냈다. 우리는 또한 교육과정 위원회, 학교 기금 모금 위원회, 빌딩 위원회를 두고 있다. 빌딩 위원회는 직접적인 학교의 문제들을 다루기 위해 정기적으로 회의를 가지는 교직원들로 구성되어 있다. 예를 들어 빌딩 위원회는 아직 학교에 적응하지 못해서 힘들어하는 신임 교사들을 어떻게 도울 것인가와 같은 문제 그리고 학급 보조 교사 한 명이 질병으로 장기 휴직일 때 보조 교사를 어떻게 다시 배치할지와 같은 문제들을 다루어왔다.

학부모의 의미 있는 참여

학부모의 의미 있는 참여는 성공적인 학교를 이루는 중요한 요소이다. 많은 학부모가 프래트니 학교를 건설하고 교육과정을 개발하는 우리의 노력에 동참했다. 그런데 일단 프래트니가 개교하고 나자 처음의 호의적인 분위기는 사라지고 학부모의 참여는 감소했다. 백인 학생이 전체 학생에서 차지하는 비중은 낮았지만 남아서 활발하게 활동하는 학부모는 대개가 중산층 백인들이었다.

우리는 이러한 불균형을 개선하고 폭넓은 학부모 참여를 장려하기 위해 3가지를 실행에 옮겼다. 첫째, 우리는 현장 기반 학교운영위원회에 쿼터를 신설해서 아프리카계와 남미계 학부모가 학교운영위원회에 자리를 가질 수 있도록 했다. 둘째, 우리는 학교 예산을 재편성해서 멕시코계와 아프리카계 2명의 파트타임 학부모 조직책을 고용했다. 결국 이 2개의 파트타임 자리는 하나의 풀타임 자리로 바뀌었다. 마지막으로 미국 글쓰기 프로젝트의 일환인 위스콘신 글쓰기 프로젝트의 도움을 받아서 우리는 학부모 프로젝트 하나를 개발했다. 우리는 15명의 학부모가 6주간의 저녁 워크숍에 참석할 수 있도록 수당을 제공했다. 그 워크숍에서 학부모들은 학교의 문제들과 아이들에 대해 글을 썼다. 학교의 행사에 잘 참여하지 않는 학부모들을 참석하도록 장려하였다. 워크숍에 참석했던 몇몇의 학부모는 우리 학교의 다른 측면에도 적극적으로 참여하겠다는 뜻을 밝혔다.

때로는 학부모 사이의 갈등이 문제가 되기도 한다. 백인 중산층 학부모가 아프리카계 혹은 남미계 싱글맘들과 충돌을 일으킨 예를 들어보자. 크리스틴 보디치Christine Bowditch, 1993: 179가 지적했듯이, "학부모 참여라는 말은 많은 경우 특정한 모델의 가정 개념을 전제하고 이를 정당화한다. 그 모델은 미국 사회에서 점점 더 사회경제적으로 미국 가정의 대표성을 상실해가고 있는 가정이다." 프래트니에서는 이러한 문제들이 중산층 가정의 학부모가 학교에서 열리는 모임에 참여하는 횟수로 다른 학부모를 판단하는 경향성으로 나타난다. 이러한 부모들은 '모임 자체를 즐기는 사람들'이 되어 오랫동안 열리는 모임을 자주 갖기를 원한다. 그들이 모임에 참여하는 교통편이나 모임에 참여함으로써 발생하는 어린이 돌봄 비용은 이들에게는 전혀 문제가 되질 않는다.

우리는 이런 문제들을 해결하기 위해 회의 일정을 잘 조정하고, 모임이 잘 운영되도록 확인하며, 부모들이 편안한 시간과 장소에서 보다 작은 소위원회로 모여서 실질적인 일이 이루어질 수 있도록 필요한 조치를 취한다. 예를 들어 지역공동체에 기반을 둔 단체와의 연합 미팅에서 우리의 현장 기반 학교운영위원회는 프래트니의 친구들이라는 새로운 학부모 단체를 출범시켰다. 이 단체는 한 달에 한 번 학교 일과 시작 직후에 조찬 모임을 하는데, 이 시간은 아이들을 학교에 데려다주는 많은 싱글맘들에게 편안한 시간이다.

지역사회와의 연결

프래트니 학교는 지역사회의 참여를 중요하게 생각한다. 이는 교직원, 학생, 그리고 학부모들의 삶이 학교의 경계를 넘어서 이어지고 있다는 것과 지역사회가 직접적으로 우리 학생들에게 영향을 미칠 수 있다는 사실을 잘 알고 있기 때문이다. 개교 3년 차를 예로 들어보자. 우리는 학생들을 위해 새로운 운동장을 마련하려고 지역 활동가들과 연계했다. 저학년 어린이들이 사용하는 놀이구역은 탱크 모양을 한 정글짐이 대부분을 차지했다. 학교를 인수했을 때 우리는 평화운동에 관여하는 이들이 제안한 것처럼 이 정글짐을 없애버리는 손쉬운 길을 선택하지 않았다. 대신에 우리는 학부모와 학생들을 이 과정에 참여시켜서 평화교육이라는 보다 큰 맥락 안에서 이 문제에 접근했다.

시에서는 우리의 요청을 받아들여 새로운 저학년 놀이구역을 마련하기 위한 기금 7만 불을 지원했다. 시청에서는 처음에 우리의 요청을 받아들이지 않았다. 시에서는 1년에 오직 2곳의 저학년 놀이구역을 지원할 수 있을 뿐인데, 우리는 대기 서열 60번째라는 이유에서였다. 30년을 기다려야 한다는 것을 우리는 받아들이기 힘들었다. 시청은 또다른 핑계를 댔다. 만약 그들이 프래트니 학교의 학부모와 학생들의 요청을 들어준다면 다른 학교들도 똑같은 것을 요구하리라는 것이다. 우리는 요구를 조직해나가면서 바로 그러한 일이 지금 일어나야 한다고 말했다. 마침내 우리는 새로운 놀이구역을 얻어낼 수 있었다.

또 다른 지역공동체 프로젝트는 우리 학교의 운동장 길 건너편에 있는 상점을 문 닫게 만드는 일이었다. 이 상점으로 인해 학교 건물에 버려지는 쓰레기와 지역사회 전반에 끼치는 부정적인 영향 때문에 현장 기반 학교운영위원회와 학부모, 교사들은 이 상점의 주류 취급 허가증이 취소되도록 로비를 했다.

우리 학교는 현재 지역사회에 기반을 두고 있는 단체들과 협력해서 학교 프로그램을 계획하고 방과 후 학교 프로그램을 확장하기 위한 기금을 확충하고 있는데, 이를 통해 우리는 우리 학생들과 지역사회의 다른 학교에 다니는 학생들에게 보다 좋은 서비스를 제공하고 있다.

우리가 배운 것

매년마다 벌어지는 예산 전쟁은 프래트니의 프로젝트를 희생양으로 삼아왔다. 매 학년 말 두 달 동안 우리는 그해의 성과를 되돌아보고 보다 나은 다음 해를 기획하기를 희망했다. 하지만 그 시간 동안 학부모들과 교직원들은 3년 연속으로 이루어지는 예산 삭감을 막아내기 위해 엄청난 시간을 들여 범공동체적인 캠페인을 전개해야만 했다. 예산 삭감은 우리가 기획한 프로그램들의 질적인 저하를 초래해왔고, 또한 초래하게 될 것이다. 우리의 노력으로 치명적인 예산 삭감을 성공적으로 막아내기는 했지만, 이 캠페인에 너무 많은 시간과 노력을 들이다 보니 프로그램의 질 향상에는 상대적으로 소홀할 수밖에 없었다.

현장을 기반으로 한 학교 운영에 대한 우리의 강한 신념은 때때로 많은 교사와 학부모가 자신들이 학교 일에 완전히 매몰되는 것처럼 느끼게끔 했다. 당연히 학교가 잘 돌아가게 하는 것이 우리의 최우선 과제였다. 그렇지만 우리는 프래트니 학교의 환경을 직접적으로 향상시킬 교육청 수준의 정책 변화에도 참여해야 할 필요를 느꼈다. 예를 들어 많은 교사들이 학급에서 주어진 자신의 의무를 다할 뿐만 아니라 실질적인 정책 변화에 영향을 미치는 다양한 기구들에 참여했다.[Levine, 1991] 이것은 교과서 채택 위원회[Peterson, 1989], 학교구의 총체적 언어교육과 다문화 교육을 다루는 시단위의 교사 위원회, 학교구 도서관 협회, 학교구 단위의 교육과정 혁신을 논하는 다양한 테스크포스와 소위원회 등이다.

학교를 설립하던 초기의 기대치들이 다시금 우리의 뇌리를 스쳐 갔다. 이 학교가 설립 허가를 받을 수 있을 거라고 생각한 사람은 많지 않았다. 허가를 받는다 하더라도, 현재 수준으로 우리의 비전을 실현할 수 있으리라고 생각한 사람은 그보다 더 적었다. 프래트니 학교를 실현에 옮기는 것은 힘들었지만 우리에게 많은 교훈을 준 보람 있는 일이었다.

교훈 1: 풀뿌리 운동이 실질적인 변화를 만들어낼 수 있다

노력의 처음 단계에서 가장 중요한 교훈은 마가렛 미드Margaret Mead가 했던 다음과 같은 말로 가장 잘 요약될 수 있다.

"사려 깊고 확신을 가진 소규모의 시민들이 세상을 바꿀 수 있으리라는 것을 절대로 의심하지 말라. 실제로 변화는 오직 그런 이들에 의해서만 일어났다."

밀워키의 진보정치 세력과 교육공동체들은 우리의 초기 성취에 대해 매우 놀라워했다. 사람들이 패배에 너무도 익숙해져서 이처럼 명백한 성공은 기대조차 하지 못했던 것이다. 사람들이 "어떻게 그런 일을 해낸 거야?"라고 물을 때 우리의 대답은 간단했다.

"열심히 하는 것, 잘 조직하는 것, 그리고 기회가 생길 때 재빨리 행동하는 것."

학창 시절 내내 부와 명예가 성공의 지표라고 교육받고 자란 교사와 학부모들은 사회를 개혁하는 데 있어서 조직화된 풀뿌리 운동의 중요성을 거의 이해하지 못했다. 풀뿌리 운동의 힘은 학교의 모든 교육과정을 하나로 묶어내는 중요한 주제 중 하나가 되어야 마땅하다.

프래트니 학교를 설립하는 초기의 승리를 가능하게 한 것은 몇 안 되는 개인들로 구성된 작은 단체였다. 하지만 교육청 관료들과의 소모적인 싸움에 우리의 역량을 집중하는 대신에 보다 교육적인 문제들에 초점을 맞출 수 있었던 것은 현명한 교육감 때문이었고, 이 교육감을 임명한 것은 온전히 교육위원회의 결정이었다. 교육감은 혁신을 지원했을 뿐 아니라 이러한 혁신은 오직 풀뿌리 운동을 강화함으로써만 가능하다는 사실을 잘 알고 있었다.

학교 혁신은 교육청의 리더십과 학교 현장, 그리고 지역사회 수준에서 뜻있는 개인들을 필요로 한다. 만약 교육청 수준에서만 그런 사람들이 존재한다면 그 혁신은 실패할 것이다. 왜냐하면 그것은 최종적으로 교실 현장에서 변화를 이끌어내야 할 교사를 배제하게 되는 하향식의 권위주의적인 방식이기 때문이다. 반대로 교육청 수준에서의 지원이 없다면 혁신을 하는 데 너무도 많은 걸림돌이 있어서 풀뿌리 운동가들이 실제로 역량을 집중해야 할 문제들 대신 관료들과의 소모적인 싸움으로 그들의 역량의 대부분을 소진하게 된다.

교훈2: 학교 혁신을 위해서는 다인종적 유대가 성공의 필수요건이다

우리가 얻은 또 다른 교훈은 다인종적 유대가 학교 혁신을 지속하는 데 필수적이라는 사실이다. 아프리카계, 남미계 그리고 백인들이 함께 긴밀하게 협력하지 않았다면 초창기의 조직화 노력은 실패로 돌아갔을 것이다. 인종적으로 서로 등지고 사는 사회에서 다인종 집단 속에서 일한다는 것은 쉬운 일이 아니다. 이런 상황에서 하나의 프로젝트 성공은 많은 경우 그 프로젝트의 배경을 이루는 정치와 누가 그 프로젝트에 참여하는가에 달려 있다.

평등과 다문화주의 이슈를 다룰 때 우리는 반드시 권력과 목소리를 고려해야 한다. 평등과 다문화주의를 얘기할 때 실제로 누가 통제권을 가지고 있는가? 프래트니 학교에서 우리는 반인종주의와 모든 이의 평등을 모든 학년에서 가르쳐야 할 가치로 설정했다. 유색인종 중 어떤 사람들은 이 조처를 프래트니 학교가 다인종적 유대를 건설하기 위한 기획이라는 증거로 인식했다. 우리는 또한 학부모와 교사가 협력 관계를 가지고 학교를 운영할 수 있는 의사결정 기구를 설치했다. 마지막으로 우리는 두 언어 사이의 관계를 가능한 한 평등하게 만듦으로써 언어 소수자와 언어 다수자 사이의 평등한 권력관계를 제도화하려 노력했다.

교훈 3: 배울 시간과 반추할 시간 마련하기

성공적인 학교 프로그램은 대개는 충분한 준비를 필요로 한다. 교육자와 학부모는 반드시 프로그램을 준비하고, 이후에는 그 실행을 평가하고 또한 학교를 운영할 충분한 시간을 확보해놓아야 한다. 우리는 다음과 같은 방법들을 통해 교사들을 위한 여분의 시간을 확보할 수 있었다. 첫째, 오후 쉬는 시간을 점심시간에 붙여서 이 시간 동안 교사들이 수업을 준비할 수 있게 했다. 둘째, 미술·음악·체육 시간을 적절히 배치해서 한 팀의 교사들이 함께 모일 수 있는 시간을 확보했다. 셋째, 10분 일찍 학교를 시작해서 한 달에 한 번씩 학생들이 오전만 수업하고 하교할 수 있도록 했고, 그 오후 시간 동안 교사들은 수업 준비 시간을 갖도록 했다.

교직원들이 수업을 준비할 시간을 확보하는 것도 쉬운 일은 아니었지만, 학부모와 교사들이 함께 모여서 뭔가를 할 수 있는 시간을 확보하는 것은 훨씬 더 어려웠다. 우리는 현장 기반 학교운영위원회 회의를 정례화하고 효율적으로 운영해서 거기에서 최대한의 효과를 얻을 수 있는 방식으로 이 문제에 대처했다.

학교가 커짐에 따라 시간의 이슈가 핵심 문제로 떠올랐다. 새로운 교직원들을 훈련시킬 시간, 새로운 교육과정을 계획할 시간, 더 나은 형태의 평가를 개발하고 실행할 시간 그리고 서로가 서로에게 배울 시간을 어떻게 확보할 것인가를 해결해야 했다. 만약 교육청이 신참 교사와 베테랑 교사가 함께 자신들의 교육 활동을 향상시키고 점점 더 어려워지는 사회적 환경들에 적절히 대처해가기를 기대한다면, 교사들이 협력해서 계획을 세우고, 연수 기회를 가지며, 자신들의 교육 활동을 반추해볼 수 있는 시간을 좀 더 많이 확보해주어야 한다.

교훈 4: 학부모의 의미 있는 참여가 중요하다

학부모는 더욱 많이 참여해야 하고 의사결정에서 더 많은 비중을 차지해야 한다. 학부모의 참여는 기금 마련을 위한 피자 판매나 현장실습에 자원해서 따라가는 역할을 넘어서야 한다. 여기서 핵심적인 의제는 권력, 존재, 그리고 자원이다. 학부모가 학교에서 시간을 보내는 동안 그들이 실제로 권력을 행사할 수 있는가? 그들이 학교와 교실에서 지속적으로 모습을 보일 수 있는가? 학교에 배분된 자원이 학부모를 조직할 만큼 충분한가? 프래트니의 경험에서 우리가 알아낸 것은 학부모는 자신들이 학교와 학생들의 미래에 직접적으로 영향을 미칠 결정에 실제적인 영향력을 행사할 수 있을 때 보다 적극적으로 참여한다는 것이다. 프래트니에서는 이러한 점을 고려해서 학부모와 교사가 교육과정, 예산, 학교 건물 리노베이션, 그리고 인사 문제를 함께 다루도록 하고 있다.

학부모의 권한을 신장시키는 것은 일견 민주학교의 원칙에 위배되는 것으로 보일 수 있다. 어떤 학부모의 의견은 진보적이지도 민주적이지도 않을 수 있기 때문이다. 예를 들어 미국 전역에서 학부모들은 특정한 교재의 사용을 금지하거나, 학교에서 공식적으로 기도할 수 있도록 로비 활동을 하거나 평등과 인종 혼합 정책, 진화론 교육, 그리고 다문화주의를 반대하는 활동을 전개해왔다.[Karp, 1993]

학부모의 권한을 신장하는 것과 진보적인 교육정책과 사회정책을 조장하는 것은 모순을 일으킬 수도 있다. 학교는 어떻게 이러한 모순에 대처해야 할까? 첫째, 지속적인 토론과 대화가 가능할 수 있는 구조적 장치를 만들어야 한다. 그리고 이러한 구조적 장치는 대학교육을 받은 사람들이나 학교에 참여할 수 있는 시간이 많은 사람들만을 우대해서는 안 된다. 제안되었던 프로그램의 진행이 기대에 미치지 못하는 것으로 드러날 때에는 프로그램의 목표, 기대되는 결과, 그리고 그 목표를 달성하기 위해 사용될 수 있는 대안에 대해 진솔한 평가가 이루어져야 한다. 둘째, 학교 내부에 존재하는 일단의 그룹이 진보적인 정책을 홍보하고 다른 이들에게 이에 동참할 것을 호소하는 역할을 담당해야 한다.

교훈 5: 혁신을 촉진할 수 있는 방안들은 반드시 제도로 안착시켜야 한다

하나의 특정한 학교가 혁신을 이루었다면 그것의 가치는 충분히 인정해야 하지만, 학교 단위의 혁신이 한계가 있음도 인정해야만 한다. 비근한 예로 1960년대에 명성이 자자하던 대안학교들은 설립자들이 다른 곳으로 자리를 옮기자 그 명맥을 유지하지 못했다. 프래트니를 포함한 이러한 대안학교들의 성공은 현재 상태를 유지하고자 하는 힘과 맞서 엄청난 시간과 에너지를 쏟아부은 많은 사람들이 있었기에 가능했다. 이러한 노력과 에너지는 하나의 학교에서 다른 학교로 쉽게 옮겨 갈 수 있는 것이 아니다. 공립학교와 교직에서 혁신을 촉진할 수 있는 방안들이 발견되었다면 우리는 그것을 반드시 제도화해야 한다. 예를 들어 단위 학교 수준에서 급여를 받고 학부모 조직을 담당하는 직책의 존재는 학부모의 참여를 눈에 띄게 향상시킬 것이다. 교사들이 보다 종합적인 평가를 실시할 수 있으려면 표준화 시험과 관계없는 평가 방식을 학교구, 주, 그리고 전국적인 차원에 도입해야 한다. 학교의 일정을 좌지우지하는 주정부의 지침들을 좀 더 유연하게 만들어서 학교들이 교직원들에게 협업을 하고, 함께 계획할 수 있는 시간을 더 많이 주도록 해야 한다. 신입 교사와 경력은 있지만 어려움을 겪고 있는 교사를 단위 학교가 지원하는 데 시간과 노력을 낭비하지 않도록 교육청 차원에서 이들을 위한 지원 프로그램이 만들어져야 한다.

교훈 6: 성공적인 학교 혁신은 사회 개혁의 한 부분이다

작은 단위에서 볼 때, 우리는 프래트니에서 몇 가지 부분의 성취를 이루었다. 학부모, 교직원, 그리고 학생들이-때로는 의견의 불일치를 경험하지만-문제투성이 사회 속에서 보다 인간적이고 민주적인 학교를 만들기 위해서 함께하고 있다. 프래트니의 경험은 어떤 특정한 학교의 혁신은 반드시 보다 더 큰 단위인 학교구 단위에서의 교육과정 혁신과 구조적 변화의 맥락 속에서 일어나야 성공할 수 있음을 보여준다. 그리고 학교의 긍정적인 변화는 일반적으로 사회 개혁과도 연결된다. 과밀 학급, 교사의 수업 준비 시간 부족, 더욱 큰 문제인 가난, 아동 학대, 그리고 실업 등 모든 것들은 사람의 요구보다는 이윤을 추구하는 사회상이 반영된 결과이다.

어떻게 일개 학교 공동체에서 이루어지는 일들이 학교를 넘어서는 휠씬 큰 단위인 도시, 주, 또는 국가를 더욱 안전하고 건강한 곳으로 만들기 위한 보다 더 큰 규모의 노력에 연결될 수 있을까? 우리 학교의 저학년용 놀이구역을 새로 만들기 위해 조직했던 성공적인 캠페인은 어떻게 학교와 이웃 모두에게 이익이 될 수 있는 프로젝트를 위한 기금을 마련할 수 있는지를 보여준 좋은 사례이다. 이러한 작은 노력들이 지역공동체 차원의 연합을 조직할 수 있는 기초가 될 것이다. 또한 이러한 것들이 여기저기 흩어져 있는 학교의 다양한 학부모를 학교와 지역사회를 모두 향상시킬 수 있는 사회운동과 활동에 연결시키는 프로젝트가 될 수 있다.

궁극적으로 프래트니 및 이와 유사한 학교들의 성공은 우리 사회에서 평등과 정의를 이루고자 하는 노력과 긴밀하게 연결되어 있다. 우리의 노력이 열매를 맺기 위해서, 지역사회에 대한 비전과 국가에 대한 비전을 동시에 가지고 있어야 한다. 나의 5학년 학생들이 다양한 방법으로 워싱턴 행진과 동성애자의 인권을 연결시킬 수 있었던 것처럼 프래트니와 같은 학교의 미래는 더욱 큰 사회운동과 연결되어야 한다. 많은 사람들이 학교에서만 요구하는 것들을 사회 전체에 요구하는 그런 사회적 운동 없이는 우리의 학교들, 우리의 도시들, 우리의 아이들은 가난과 불평등과 폭력으로 점철된 사회에서 살아남을 수 없을 것이다.

프래트니 학교 다시 방문하기

프래트니 학교를 설립하기 위한 노력을 기울인 지 18년이 지났다.

그 기간 동안 세계의 많은 사람들이 우리를 방문했고, 우리의 경험으로부터 많은 것을 배워갔다. 우리는 그들에게 이렇게 말했다.

"우리가 도심 지역(가난한 지역) 학교들의 문제에 대한 해답을 가지고 있는 것은 아니라고 생각합니다. 그렇지만 우리는 제대로 된 질문을 던지고 있다고 생각합니다."

이 질문이란 다음과 같은 것들이다. 사회복지 예산과 교육 예산이 대규모로 삭감되는 와중에 어떻게 교육적이고 사회적인 서비스를 저소득층 자녀들에게 충분하게 제공할 수 있는가? 이민자와 영어 이외의 언어를 사용하는 사람들에게 점점 더 적대적으로 변하고 있는 사회에서 어떻게 영어를 배울 필요가 있는 학생들의 요구를 충족시킬 수 있는가? 학문적인 요구와 언어적인 요구를 동시에 충족시킬 수 있는 이중언어교육과정을 어떻게 조직할 수 있을까? 새로 임용되는 교직원, 새 학부모, 그리고 학교를 새로 이끌게 되는 운영진에게 어떻게 반인종적이고 사회정의를 구현할 수 있는 교육 이념을 전수할 수 있을까? 교실 및 학교의 요구를 충족시키는 데 들여야 할 노력과 학교와 학생들에게 직접적으로 영향을 미칠 더욱 큰 규모의 교육적·사회적 노력 사이에서 어떻게 균형 있게 우리의 역량을 배분할 것인가? 학교의 모든 부분에서 학부모의 참여를 어떻게 지속적으로 보장할 수 있으며, 어떻게 학부모와 교직원들의 이해관계를 조율할 수 있을까? 일제고사와 이에 따른 징벌의 위협이 상존하는 상황에서 우리 학교가 가지고 있는 학생 중심의 사회정의를 위한 교육과정의 가치를 어떻게 유지할 수 있을까?

지난 18년 동안 우리는 프래트니가 학생들과 지역공동체를 위해 복무할 수 있도록 만들기 위해 모든 노력을 기울였다. 이를 위해 우리는 밀워키에 지금은 지역 배움 센터로 불리는 '불 켜진 학교lighted-school'를 설립한 개척자 그룹에 동참했다. 우리 학교의 교직원과 학부모들도 교육청 단위 예산 삭감, 어린 학생들에게 부과되는 점증하는 시험의 요구 등 교육청 단위의 문제들에 맞서 싸우는 데 주도적인 역할을 담당했다.

우리가 처음 학교를 설립할 때보다 더욱 분명해진 것이 하나 있다. 그것은 프래트니 학교와 같은 실험이 지속적으로 유지될 수 있으려면 교직원과 학부모들이 가지고 있는 높은 수준의 열정과 에너지 외에도 충분한 자원이 구비되어야 한다는 사실이다. 자원봉사와 주당 70시간씩 일하는 것은 오래 지속될 수 없다. 학교구, 주정부, 연방정부 차원에서는 입에 발린 구호, 즉 "모든 가용한 자원은 교실로!"를 외친다. 하지만 불행히도 이러한 정치적인 수사에도 불구하고 우리는 교육 예산 삭감을 해마다 지켜봐야만 했다. 이는 교직원이 학교 현장에서 현저하게 줄어들게 된 원인을 제공했다. 체육 수업이 없어지거나 음악 교사가 없어졌다. 기술 협력 담당의 자리가 없어졌으며 여러 해 동안 사서를 채용하지 못했다. 학급 담임교사들이 수업을 준비할 시간은 현재 주당 약 40분인데, 이는 통합적 교육과정, 학생 중심의 프로젝트, 제대로 된 평가 등 우리 학교를 특징짓는 일들을 준비하는 데는 턱없이 부족하다. 학교의 일간 및 연간 계획 안에 교사에게 할당된 충분한 시간이 주어지지 않으면 교사가 학생들로 하여금 양질의 포트폴리오를 유지할 수 있게 지원하고, 학생들이 제출한 과제를 꼼꼼히 따져서 평가하는 것들을 할 수 없게 된다.

다양한 학교 정책들은 우리에게 도움이 되기도, 방해가 되기도 한다. 우리에게 도움이 된 정책들은 교직원과 학부모들과 함께 연대해 벌인 엄청난 투쟁을 통해 쟁취한 것들이다. 주정부 차원에서 추진된 정책 중에 우리에게 도움이 된 것은 SAGE 학급당 학생 수 감축 프로그램이다. 이 프로그램을 통해 우리는 유치원부터 3학년까지는 교사당 학생 수를 15 대 1로 유지할 수 있었다. 학교구 차원에서 추진한 정책 중에서는 현장 기반 임용제가 있는데, 이 제도는 우리가 우수한 교직원을 임용하는 데 큰 도움이 되었다. 하지만, 이 두 가지 경우에도 한계점은 존재한다. 1995년 빈민 지역에서 학급 규모를 제한하는 법이 통과되었을 때, 이 법안은 물가 상승률을 법안에 반영하지 못했다. 그래서 지금 현재는 이 프로그램을 위한 예산이 충분히 확보되지 못하고 있으며, 그 결과 우리는 예산의 부족분을 외부에서 끌어다 메꾸어야만 한다. 현장 기반 임용의 한계점은 지역의 대학들이 우수한 이중 언어 교사를 충분히 양성해내지 못한다는 데 있다.

주정부와 연방정부 차원의 정책들 중에는 우리 학교에 매우 나쁜 영향을 준 것들도 있다. 학교구의 예산 삭감은 아주 유용했던 신규 임용 교사 멘토링 프로그램을 없애버리는 결과를 초래했다. 위스콘신 의회에 의해서 시행되었고 위스콘신 대법원에 의해서 위스콘신 헌법에 합치한다는 판결을 받은 밀워키 바우처 프로그램은 지난 15년 동안 약 5,000억 달러에 달하는 세금을 공립학교에서 빼서 사립학교에 주는 결과를 가져왔다. 연방정부가 시행한 NCLB법은 교육청으로 하여금 협소한 의미에서의 학업성취도와 관련되지 않은 거의 모든 종류의 교직원 연수 프로그램을 포기하게 만들었다. 그리고 이 법은 학교들이 제대로 된 평가에 할애할 수 있었던 상당한 시간을 수학 과목 표준화 시험 준비에 쏟아붓게 만들었다.

이러한 외부의 압력에도 불구하고, 프래트니의 학부모와 교직원들은 계속해서 전진해갔다. 우리가 이룩한 가장 뛰어난 성과 중 하나는 학교 건물을 개조하고 부속건물을 지을 1,200만 달러의 예산을 확보한 일이었다. 예산 삭감으로 죽는 소리를 하는 교육청을 상대로 10년 동안 노력을 기울여 이 예산을 확보한 것이다. 이 예산으로 우리는 1903년에 학교 건물이 들어선 후에 처음으로 대대적인 변화를 만들어낼 수 있었다. 학생들은 다시금 체육관을 가지게 될 것이고(그동안 체육관이 없어서 체육 시간은 일반 교실에서 진행되었다), 카페테리아, 더욱 넓어진 도서관, 제대로 갖추어진 미술실, 그리고 음악실을 갖게 될 것이다. 불행히도 이렇게 새로 늘어날 교실에서 근무할 교직원 임용 예산을 확보할 수 있을지는 여전히 의심스럽다.

교육과정 분야에서 우리는 학생 중심, 비판적, 그리고 사회 현실을 반영한 교육에 대한 우리의 확신을 보다 깊게 반영하려고 끊임없이 노력해왔다. 우리는 5학년 학생들이 입학 후 지금까지 자신들이 수행했던 주요 프로젝트를 발표할 수 있는 전시회를 제도화했다. 교직원, 학부모, 저학년 학생들, 그리고 지역사회 이웃들이 그 전시회에 참여했다. 이 전시회는 학생들에게는 자신들이 수행하는 프로젝트에 또 하나의 목적을 부여해주었고, 교사들에게는 학생들에게 부여하는 과제의 성격에 대해 깊게 생각할 수 있는 동기를 부여했다. 우리는 학생들이 전시회에서 발표한 과제에 대해 깊이 있게 성찰해보도록 할 시간은 아직 찾아내지 못했다. 하지만 전시회는 프래트니 경험의 아주 중요한 부분이 되어서, 학생들이 5학년이 되었을 때 이들은 선배들이 프로젝트를 발표하는 것을 본 경험을 갖게 된다. 이러한 사실은 이 전시회를 실질적인 '졸업식'과 같이 중요한 가족 행사로 치르게 함으로써 전시회에 또 하나의 의미를 부여하게 된다.

학생들은 5학년 때 다섯 권의 책을 쓰는데, 이 책들은 전시회에 진열되는 주요한 프로젝트 목록에 들어간다. 이 책들은 영어로 쓴 자서전, 스페인어로 쓴 멸종 위기 동물 보고서, 이중언어 시집, 사회정의를 위해 활동한 유명 인물(미국, 푸에르토리코, 멕시코 출신)에 대한 이중언어 전기, 그리고 자신의 학교 경험을 담은 에세이, 회고, 그림이 포함된 이중언어로 쓴 '나의 초등학교 시절'과 같은 것들이다. '나의 초등학교 시절' 프로젝트를 가능하게 하는 매우 중요한 구성 요소 중 하나는 학교가 학생들의 프로젝트를 보관해둔다는 것이다. 학생들은 각 학년마다 적어도 하나의 프로젝트를 선택한 후 각 프로젝트가 학습자로서 자신의 어떤 면모를 보여주는지를 글로 작성해서 책에 포함시킨다.

이중언어 시 프로젝트의 일환으로 우리는 5학년 학생들이 주관하는 지역사회 이중언어 시 읽기 프로그램을 학교에서 네 블록 떨어진 서점에 상설화했다. 거의 십 년 동안 학생들, 그 가족들, 그리고 교직원들이 1월 마지막 주 일요일에 함께 모여서 학생들이 영어와 스페인어로 쓴 시 낭송을 듣는다. 그들이 쓴 시의 주제들은 자신들의 이름만큼이나 다양해서 이라크 전쟁, 이웃에서 목격하는 폭력, 우정, 그리고 제일 좋아하는 동물 등과 같은 주제들을 망라한다.

여러 가지 면을 종합해서 보았을 때 5학년 교육과정은 4세 유치원에서부터 시작하는 프래트니 학교의 교수-학습의 정점이라고 할 수 있다. 예를 들어 프래트니는 지역사회 환경단체인 '도심 환경 센터'와 긴밀한 유대관계를 발전시켜왔다. 지역사회의 사업 파트너로부터 재정적인 지원을 얻어, 우리 학생들은 일 년에 두 차례씩 다양한 환경문제를 살펴본다. 4~5학년 수준에서는 위스콘신 강가에 있는 환경 캠프에서 2박 3일 동안 캠핑을 간다.

전 학교 차원에서 벌어진 통합적 교육과정의 또 다른 예는 2006년의 사례를 들 수 있다. 5학년 학생들이 미국의 역사와 현안에 대해 배우던 중에 학생들은 토론을 거쳐서 시위에 참여하기로 결정했다. 이 시위는 후에 밀워키에서 있었던 최근의 시위 중에서 최대 규모로 알려졌다. 이민자들의 권리를 위한 '남미계 없는 날' 행진에는 약 3만 명의 사람들이 참여했다. 프래트니 5학년 학생들은 이민자들의 권리에 관한 찬반 논쟁에 대해 4학년 때 읽기, 쓰기, 그리고 사회과 활동을 통해 어느 정도 배웠었다. 교직원, 교장, 그리고 학부모들은 학생들의 집회 참가를 적극적으로 지지했고, 5학년 학생들과 교사들이 집회에 참석할 수 있도록 충분한 편의를 제공했다. 프래트니에서 온 한 5학년 학생이 집회의 막바지에 대중 발언을 했는데, 이 학생이 집회에서 대중 발언을 한 유일한 초등학교 학생이었다. 집회에 참석하는 것은 또한 프래트니가 정착시키려 노력해온 주제 기반 접근법의 논리적인 귀결이기도 했다. 봄철의 주제인 "우리는 지구의 환경을 위해 변화를 만들어낼 수 있습니다"는 우리 사회를 좀 더 정의롭게 만드는 데 도움이 된 과거와 현재의 사회운동의 맥락에 대입해볼 때 제대로 된 의미를 발견할 수 있다.

우리는 학교 단위의 주제를 끊임없이 정교하게 다듬어왔다.표 2-1 참조 두 번째 주제에서 중요한 변화가 있었는데, 그것은 "소통할 때 우리는 메시지를 전달합니다"에서 "나는 이중언어, 다문화 학습자인 것이 자랑스럽습니다"로의 변화였다. 이 변화는 학생들이 이중언어 사용자가 되는 것의 중요성을 이해하게 하고, "메타 인지적으로" 어떻게 우리 학교와 학교 일상의 경험이 이 목적을 위해 복무하는지를 이해시키기 위한 지속적인 노력의 일환이었다. 이러한 교육과정과 관련된 노력들

표 2-1_프래트니의 주제들

제1주제: 우리는 우리 자신과 세상을 존중한다.
• 살아 있는 모든 것들은 욕구가 있다.
• 나는 중요한 사람이다.
• 우리 모두는 문화적 유산(인종적 배경)을 가지고 있다.
• 우리는 평화롭게 살 필요가 있다.
• TV는 우리의 건강을 해칠 수 있다.

제2주제: 우리는 이중언어, 다문화 학습자인 것을 자랑스럽게 여긴다.
• 다양성은 우리 사회의 강점이다.
• 이중언어 사용자가 되면 여러 가지 장점이 있다.
• 우리는 수많은 언어와 수많은 방법으로 의사소통을 한다.
• 프래트니 공동체에서 우리는 서로에게 배우고 가르친다.
• 우리는 다양한 언어, 문화, 경험이 있음을 인정하고 이를 존중한다.
• 우리는 만화책, 책, 잡지, 그리고 대중매체 등에 들어 있는 고정관념에
  맞서 행동한다.

제3주제: 우리는 지구 행성에 변화를 만들어낼 수 있다.
• 우리는 과거에 의해 형성되어왔고, 현재 미래를 만들어가고 있다.
• 아프리카계는 미국에 많은 공헌을 했다.
• 우리는 여성들의 공헌을 인정한다.
• 출신 국적에 관계없이 많은 사람들이 정의와 평등을 위해 일해왔다.
• 우리는 편견과 인종주의를 극복해야 한다.

제4주제: 우리는 세상의 이야기를 함께 나눈다.
• 내 가족의 이야기는 중요하다.
• 우리는 다른 사람들의 이야기를 통해 그들에 대해서 배운다.
• 우리 모두는 이야기꾼과 배우가 될 수 있다.

은-5학년 전시회, 이중언어로 된 학생 중심 프로젝트, 지역사회 환경 단체와 관계 맺기, 그리고 학교 단위의 주제-학교의 설립에서부터 천명된 교육철학을 지속시키는 실천들이다.

우리 학교를 방문하는 사람들은 나에게 어떻게 이렇게 적대적인 환경에서 그와 같은 프로젝트들이 지속될 수 있었는지를 묻곤 했다. 그들은 우리를 지탱해주는 힘이 무엇인지를 알고 싶어 했다. 그들은 나의 25년 교육 경력뿐 아니라 교육 잡지 『학교 다시 생각하기』 초창기 편집자로서의 역할을 알고 이러한 질문을 던지는 것이었다. 분명 이 질문에 대한 단순 명쾌한 해답은 있을 수 없다. 그렇지만 나는 질문을 받을 때마다 사회정의를 추구하는 교사로서, 조직가로서의 나를 지탱하게 하는 몇 가지 핵심적인 요소를 되돌아보곤 했다. 네 가지가 마음에 떠올랐다.

첫째, 인종·계급·성에 있어서 교육적인 불평등의 문제는 직접적으로 우리 사회 전체의 문제들과 연관되어 있다는 나의 정치적 이해다. 나는 교실과 교육계에서 사회정의를 수호하는 것이 미국과 세계에 끊임없이 요구되는 사회적 정의를 위한 사회운동의 일환이라고 느낀다.

둘째, 공립학교(특별히 반인종주의와 사회정의를 추구하는 학교들)에 대한 나의 신념이다. 나는 공립학교가 학생들이 배움을 좋아하게 하고, 깊은 생각을 할 수 있게 하며, 비판적인 자세를 배양하고, 시민적 용기를 배양하게 할 수 있어야 한다고 믿는다. 이러한 것들은 학생들이 물려받게 될 어려운 세상에서 그들을 지탱할 수 있도록 해주는 필수적인 요소가 될 것이다.

셋째, 공동체로서의 사람들이다. 나는 프래트니 학교나 『학교 다시 생각하기』에서 사람들을 조직하고 이를 지속하게 하는 역할을 했다.

또한 교사노조 내부에서 임시적으로 형성되는 다양한 모임들이나 공동체 연대 등을 조직하고 지속하게 하는 역할을 해왔다. 부정의가 판을 치는 이 세상에서, 나는 한 명의 교사가 고립된 학교의 어느 한 교실에서 홀로 살아남을 수 있다고는 생각하지 않는다. 오직 여럿이 함께하는 조직(항상 한마음일 수는 없지만, 정의와 학생들에 대해 헌신하는 사람들의 조직)과 함께했을 때만 나는 내가 추구하는 사회정의 교육과 사람들을 조직하는 활동을 지속적으로 유지할 수 있었다.

마지막은 새로운 학년을 시작할 때마다 느끼게 되는 새로움이다. 새로운 학년을 맞을 때 나는 내 목표를 지난해보다 높게 잡으려 애쓴다. 이 시기에 나는 또한 내 학급과 학생들이 수행할 더욱 창의적인 프로젝트를 생각해낸다. 바로 이때 나는 일 년 동안 함께 내 삶을 나눌 새로운 학생들을 만나게 된다. 이럴 때마다 나는 마치 새로운 봄을 맞는 것같이 재충전된다.

Ahlgren, P. 1993. "La Escuela Fratney: Reflections on a Bilingual, Anti-bias, Multicultural, Elementary School." *Teaching Tolerance* 2(2): 26-31.

Banks, J. 1991. *Teaching Strategies for Ethnic Studies*. Boston: Allyn & Bacon.

Bowditch, C. 1993. "Responses to Michelle Fine's [Ap]parent Involvement: Reflections on Parents, Power, and Urban Public Schools." *Teachers College Record* 95(2): 177-81.

Edelsky, C., ed. 1991. "Not Acquiring Spanish as a Second Language: The Politics of Second Language Acquisition." In *With Literacy and Justice for All: Rethinking the Social in Language and Education*, 112-20. New York: Falmer Press.

Karp, S. 1993. "Trouble Over the Rainbow." *Rethinking Schools* 7(3): 8-10.

Levine, D. 1991. "A New Path to Learning." *Rethinking Schools* 6(1): 1, 21, 23.

Miner, B. 1991. "Taking Multicultural/Anti-Racist Education Seriously An Interview with Enid Lee." *Rethinking Schools* 6(1): 6.

Peterson, R. 1987. "NCTE Issues Basal Report Card." *Rethinking Schools* 2, 3: 6-7.

_____. 1988. "Basal Adoption Controversy Continues into Second Year: Whole Language Pilot Projects Launched." *Rethinking Schools* 3(1): 9.

_____. 1989. "Don't Mourn, Organize: Teachers Take the Offensive Against Basals." *Theory into Practice* 28(4): 295-99.

_____. 1993. "Creating a School That Honors the Traditions of a Culturally Diverse Student Body: La Escuela Fratney." In *Public Schools That Work: Creating Community*, edited by Gregory A. Smith, 45-67. New York: Routledge.

Tenorio, R. 1986. "Surviving Scott Foresman: Confessions of a Kindergarten Teacher." *Rethinking Schools* 1(1): 1, 8.

_____. 1988. "Recipe for Teaching Reading: Hold the Basal." *Rethinking Schools* 2(3): 4.

제3장
그들이 느끼는 것을 느끼기
카브리니 그린Cabrini Green에서의 민주주의와 교육과정

브라이언 슐츠Brian Schultz

| 편집자 서문 |

민주주의는 때로는 학생들과 교사들의 관심을 끌 만한 부정의한 상황에 마주하게 될 때 교실에서 생명력을 얻는다. 이 장에서 브라이언 슐츠는 시카고의 5학년 학생들이 어떻게 그들이 억지로 다니게 된 위험하고 낡아빠진 학교를 대신할 새로운 학교를 갖기 위한 캠페인을 벌였는지를 설명하고 있다. 이 과정에서 학생들은 캠페인을 지속하는 끈기와 이를 성공적으로 이끄는 지혜를 보여주었는데, 이것은 제대로 된 민주적인 프로젝트에 확신을 가진 학생들이 다양한 내용과 기술들을 결합할 수 있을 때 무슨 일이 일어나는지를 보여주는 좋은 예이다. 그런 의미에서 이 장은 민주적인 교육과정은 가난한 이들에게는 너무도 힘든 것이라거나 저소득층 지역의 자녀들은 중요한 기술들을 배울 수 없을 거라는 우리 사회에 널리 유포되어 있는 관념을 타파하는 좋은 사례가 될 것이다.

발신: 2004년 2월 20일

일리노이 주 시카고 시 웨스트힐가 363 시카고 공립학교

버드 아카데미 405호 교실

친애하는 일리노이 주 상원의원님께,

우리는 5학년 학생들이 진행하려고 하는 시민 프로젝트라는 흥미진진한 일에 대해서 말씀드리고자 이 편지를 씁니다. 이 프로젝트는 시카고에 위치한 헌법권리재단의 후원을 받고 있습니다. 이 프로젝트는 정부가 어떻게 작동을 하는지 그리고 어떻게 시민들이-5학년 학생인 우리들을 포함해서-정부의 정책에 변화를 가져올 수 있는지에 대해 가르칩니다. 우리 학급은 우리 지역사회에 영향을 미치는 모든 문제들을 검토해보고 만장일치로 시카고 시의 새로운 학교 설립 정책에 관심을 집중하기로 결정했습니다. 우리는 이 결정을 실행에 옮길 계획을 수립했는데, 그것은 연구, 탄원, 여론조사, 쓰기, 사진 찍기 그리고 이 정책을 수정하는 데 도움을 줄 수 있는 사람들을 인터뷰하고 편지를 쓰는 것 등입니다. 우리는 의원님께서 카브리니 그린에 위치한 우

리 학교가 매일 마주해야만 하는 모든 문제들에 대한 우리의 이야기를 들어주실 것이라고 기대합니다.

우리 학교 리처드 E. 버드 공동체 아카데미Richard E. Byrd Community Academy(이하 버드 아카데미) 건물에는 큰 문제가 있습니다. 문제가 하도 많아서 이 편지에 모든 것들을 일일이 언급할 수는 없기에 가장 중요한 문제들에 대해서만 말씀드리겠습니다. 우리 학교의 화장실, 냉난방, 창문 등에는 문제가 많고, 그나마 학교에 있어야 할 식당, 체육관, 무대는 아예 설치되어 있지 않습니다. 이러한 문제들 때문에 우리에게는 새로운 건물이 필요합니다. 이것은 우리가 훌륭한 어른이 될 수 있도록 제대로 된 교육을 받는 데 대단히 중요한 일입니다.

화장실은 매우 지저분합니다. 쓰레기 뭉치들이 여기저기 널려 있고 청소가 제대로 되지 않고 있습니다. 냄새가 심한 데다 화장실에는 비누, 휴지, 쓰레기통이 없습니다. 변기가 있는 칸에는 문이 없어서 프라이버시를 지킬 수 없습니다. 세면대에는 벌레들이 우글거리고 사방이 물투성이입니다. 어떤 세면대는 덜컹거리고 물이 바닥으로 새고 있습니다. 온수 수도꼭지에서는 차가운 물이 나옵니다. 아이들은 너무나 지저분하고 낡아서 학교 화장실들을 사용하려 하지 않습니다.

버드 아카데미의 냉난방 시스템은 고장이 나서 난방이 되지 않습니다. 교실 안에 있으면 굉장히 춥습니다. 수업 중에도 추위 때문에 외투를 입고 있어야 합니다. 파이프가 망가져서 난방 장치를 고칠 수 없다고 합니다. 수업을 듣는 것이 어렵고 불편합니다. 추위로 손이 굽어서 글씨를 쓰기도 힘듭니다. 이런 상태는 바뀌어야 합니다!

또 다른 예로 깨진 창문을 들어보겠습니다. 깨진 창문 때문에 우리 교실은 춥습니다. 유리창에는 총알자국이 있는데, 그걸 테이프로 덮어놓아 밖이 보이지 않으니 우리 교실은 어두컴컴합니다. 교실이 어둡기 때문에 우리가 무엇을 하는지를 알아보기도 어렵습니다. 이곳은 무언가 배우기 힘든 공간입니다.

우리가 새로운 건물을 요구하는 또 다른 이유는 식당이 없기 때문입니다. 우리는 복도에서 식사를 합니다! 점심식사 하는 곳으로 사용하는 복도 옆에 있는 교실들은 학습 분위기가 늘 산만할 수밖에 없습니다. 물론 복도에서 많은 학생들이 식사를 하기 때문이지요. 식당이 있으면 다른 교실들이 방해를 받지 않을 겁니다. 우리 '식당'의 또 다른 문제점은 점심 메뉴를 고를 수 없다는 점입니다. 이에 덧붙여서 우리는 자판기가 설치되기를 원합니다. 자판기가 생겨 간식을 먹을 수 있으면 힘을 내서 더 잘 배울 수 있을 테니까요. 우리 학교는 정말로 새로운 식당이 필요합니다. 그러면 식당에서 일하시는 조리원들이 조용히 하라고 주의를 줄 필요가 없을 것입니다. 식당으로 사용하는 복도 주변의 선생님들이 수업을 진행하려고 문을 닫아버릴 필요도 없어질 것입니다.

우리 학교의 또 다른 문제점은 체육관인데, 체육관이 학교 건물과 연결되어 있지 않습니다. 날씨가 좋지 않을 때 체육관에 가려면 눈을 헤치면서 가야 합니다. 게다가 그 체육관도 우리 학교 것이 아니라 길 건너편에 있는 시워드 공원Seward Park에서 빌려 쓰고 있습니다. 길을 건너가는 것은 위험하고, 학교에 있는 동안 우리가 길을 건너는 일이 있어서는 안 될 것입니다. 우리 체육관이 있으면 이런 문제가 생길 일이 아예 없겠지요. 한번은 우리가 농구 연습을 할 때 시워드 공원이 문을 열지 않아서 체육관을 이용할 수 없었습니다. 우리 체육관이 있으면 체육관을 사용하지 못하거나 좋지 않은 날씨 때문에 고생할 일이 없어질 것입니다. 언젠가 체육관에 갈 때 빙판길에서 저학년 학생 하나가 넘어져 다친 적도 있습니다.

마지막으로 우리 학교에는 강당이나 무대가 없습니다. 전체 모임은 복도에서 하는데, 제대로 앉아 있을 곳이 없어 앞사람 머리만 보이고 앞에서 무슨 일이 벌어지는지 알 수가 없습니다. 학생들이 모두 앉을 수 있는 자리가 없어서 많은 학생들이 서 있어야만 합니다. 일전에 할렘 글로브트로터스Harlem Globetrotters[12]가 우리 학교에 왔었습니다. 그런데 우리는 공연 중에 아무것도 볼 수가 없었습니다. 우리 학교에 무대시설이 있었다면 그 공연을 좀 더 잘 볼 수 있었을 것입니다.

우리는 의원님을 우리 학교에 초청하고 싶습니다. 오셔서 우리 학교를 직접 봐주십시오. 우리는 의원님이라면 당신의 자녀를 버드 아카데미처럼 낡아 빠진 학교에 보내지 않을 거라고 생각합니다. 창문, 체육관, 냉난방시설, 식당, 무대, 그리고 화장실이 제대로 되어 있지 않기 때문에 완전히 새로운 학교 건물이 필요합니다. 버드 아카데미의 문제들은 보수공사로 해결될 수 없습니다. 만약 보수를 하려면 더 많은 비용이 들 것입니다. 우리 학교는 새로운 학교 건물이 필요하고 현재 교육청도 이를 추진할 것을 약속한 바 있습니다. 하지만 아직도 새 건물은 지어지지 않았습니다.

우리가 새로운 건물을 필요로 하는 데에는 충분한 이유가 있고 의원님도 이에 동의하실 것입니다. 새로운 학교는 더 나은 학교가 될 것이고 우리는 더 좋은 교육을 받게 될 것입니다. 우리가 벌이고 있는 이 프로젝트는 우리 학교의 선생님들과 행정직원들의 지원 속에서 진

---

12 프로페셔널 농구쇼팀.

행되고 있습니다. 의원님의 소식을 기다리겠습니다. 그리고 의원님이
보내주실 관심과 성원에 미리 감사의 말씀을 드립니다.

버드 아카데미 405호실의 5학년[13] 학생들 올림

캠페인의 발단

학생들이 주도한 행동 계획에서 나온 도발적인 이 편지 이전에, 405
호실 학생들에게는 의미 있고 중요한 교육과정을 교직원들과 함께 구
성할 수 있는 공간과 기회가 주어졌다. 이와 같은 교수-학습법을 통해
우리가 예상할 수 있는 모든 기대치를 넘어서는 참신한 교육과정이
만들어졌다. 이는 우리가 진정으로 중요한 문제를 해결하기 위해 학생
들과 함께 작업할 때만이 가능한 일이다.

교사로서 나는 학생들에게 가르쳐야 할 교육과정에 대해 당혹감을
금치 못했었다. 또한 나는 학생들이 그들의 사회 계급에 맞추어서 교
육을 받도록 구조화되어 있는 교육 방식에 분노를 느꼈다. 교사가 학
생들을 가르칠 때 그들이 현재 처한 사회경제적 상황에 만족하도록
교육하는 것이 과연 맞는 일인지를 고민하면서, 나는 학생들이 내 수
업을 통해 동기를 부여받고 수업에 참여하도록 하기 위한 공간을 만
들려고 애썼다. 이와 동시에 나는 이들이 다음 학년에 올라가고 그 이
후의 학업을 계속해나가는 데 필수적인 지식과 기술들을 가르쳤다.

---

13 미국 학교에서 사용하는 교실 명칭인데, 우리식으로 표현하면 5학년 몇 반쯤에 해당한다.

나는 교사들이 해야 할 것과 하지 말아야 할 것을 일일이 열거해놓아서, 실질적으로는 전문가로서의 교사의 역할을 부정하는 그런 교육과정이 점점 더 일반화되어간다고 파악했고, 이에 대해 문제 제기를 해왔다. 따라서 나는 나 자신과 학생들에게 중요한 질문을 하기 시작했다. 어떤 지식이 가장 중요하고 가치가 있는 것인가? 어떻게 지식이 획득되고 만들어지는가? 학교에서 무엇을 왜 배울지를 누가 결정하는가?^{Schubert, 1986}

학생들과 나는 이러한 질문들을 하나하나 점검하면서 다음과 같은 질문을 던졌다. 우리는 미국에서 가장 악명 높은 공공주택 프로젝트 지역 중 한 곳에 살고 있다. 우리가 스스로의 관심에 따라 우선순위를 정하고, 이를 바탕으로 우리가 배워야 할 가장 중요한 것이 무엇인지를 결정할 수 있는 프로젝트를 진행한다면 어떤 일이 벌어질까? 우리 반 학생들은 주어진 정답만을 말하고, 주어진 규칙만을 따르도록 교육받아왔다. 하지만 우리 학생들이 부자동네에 사는 아이들처럼 문제를 제기하고, 그것을 해결하기 위해 다양한 방법을 모색해볼 수 있는 기회가 주어진다면 어떤 일이 벌어질까? 학교 시스템이 평등에 대한 그들의 질문과 요구를 받아안을 수 있을까? 아니면 묵살하고 계속해서 그들에게 침묵을 강요할까? 이러한 종류의 교육과정이 성공할 수 있을까? 그러한 성공은 어떻게 측정될 수 있을까? 교육과정상의 중요한 문제들을 교사와 학생이 함께 결정할 수 있을까? 교육과정은 학생들의 상황적 요구를 수용할 수 있을까? 우리에 대한, 우리에 의한, 그리고 우리를 위한 교육과정을 만들기 위해 우리는 널리 통하는 상식에 도전할 수 있을까? 또는 내 학생 중 하나인 히네이샤^{Hyneisha}가 던진 날카로운 질문처럼 "카브리니 그린의 아이들에게 누가 귀를 기울이겠는가?" 우리는 이 질문들에 대한 답을 찾아 나서기로 했다.

카브리니 그린

미국에서 세 번째로 큰 도시 시카고를 흐르고 있는 시카고 강, 바로 그 북쪽에 위치한 카브리니 그린은 실패한 공공주택 프로젝트로 악명 높다. 카브리니 그린은 저소득층을 돕기 위해 기획된 사회 프로그램의 대표적인 실패 사례로 꼽힌다. 이 지역은 다양한 계층, 특히 2차 세계 대전이 끝나고 귀국한 예비역들의 임시 주거를 위해 1940년대 초반에 건설되었다. 오래전에 지어진 데다 한 집에 많은 사람들이 몰려 살았기 때문에 건물들은 낡아빠졌다. 임시였던 용도는 시간이 지나면서 폐기되었고, 이 건물들은 일반 주거 건물이 되었다. 시카고 주택청은 이 건물들을 제대로 관리하지 않았고, 결국 주택청조차도 이 건물들은 사람이 살기에 적합하지 않다고 선언하기에 이르렀다. 건물들에는 대부분 판자를 덧댄 유리창이나 불에 그으른 흔적이 있는데, 그 모습이 아주 흉물스럽다. 이 건물들을 방치한 게 전국적인 뉴스거리가 되기도 했다. 지금은 아프리카계 가정들이 이 지역 대부분의 건물들에 살고 있는데, 가장 많았을 때는 약 1만 5,000여 명이나 있었다.

시카고의 고급주택가인 골드 코스트Gold Coast에 인접한 카브리니 그린의 땅값은 아주 비싸다. 시카고 주택청은 현재 재개발계획을 세워 이 지역을 여러 계층이 혼합된 지역으로 만들려고 하고 있다. 이 계획은 다른 지역들이 본받을 만한 모델로 널리 선전되었다. 지역 거주민을 포함한 비판자들은 재개발계획이 이 지역에 사는 가정들을 분산시키고 다른 곳으로 이주하게 하는 문제의 핵심에 있다고 지적했다. 건물들이 철거되는 것은 명확한 반면, 도심 재생이라는 헤드라인 이면에는 카브리니 그린의 저소득층과 흑인 가정에게 전달되는 또 다른 감추어진 메시지가 있었다. "당신들이 점유하고 있는 땅은 당신들보다 훨씬 더 가치가 있다. 따라서 당신들은 백만 불을 호가하는 주택과 고급 아파트들에게 그 자리를 내주어야 한다."

카브리니 그린은 여러 가지 문제들이 꼬여 있는 곳으로 널리 알려졌다. 집단 강간이나 암시장, 살인과 마약에 이르기까지 다양한 문제들이 얽힌 이 지역은 미국 내에서도 가장 위험한 주거지역 중 한 곳으로 유명하다. 이 지역에 대한 이러저러한 소문들이 틀리지는 않지만, 카브리니 그린의 아이들에 대한 이야기는 거의 언급되지 않는다.

이 지역에는 보살핌을 필요로 하는 아이들이 많이 있다. 이 아이들에게도 부유한 지역의 아이들이 받는 수준의 교육과 보살핌이 필요하지만 아이들은 지역사회의 혼란 속에서 희생되고 고통당한다. 나는 이 아이들이 능력 있는 젊은 시민들이고 위대한 사상가들임을 알게 되었다. 그들은 깜짝 놀랄 만한 아이디어와 엄청난 창의성을 지니고 있다. 많은 아이들이 자신들의 지적인 능력을 발휘할 기회를 찾고 있다. 이 학생들은 환경이 어떻게 그들의 교육에 영향을 미치는지를 몸소 체험해 알고 있으며 그것을 개선하기를 원한다. 태이본Tavon은 자신이 쓴 글에서 내가 할 수 있는 것보다도 훨씬 분명하게 이 메시지를 전달해준다.

"비록 우리 지역에 많은 문제들이 있지만, 우리는 이 지역을 자랑스럽게 생각합니다. 이것이 우리가 더 좋은 학교를 마련하기 위해서 싸우는 이유입니다. 우리는 모든 사람들이 좋은 가정과 좋은 학교를 가

저야 한다고 생각합니다. 동의하지 않으시나요?"

프로젝트를 진행하면서 학생들은 교육 및 생활환경이라는 문제와 씨름하게 되고, 자연스럽게 누구의 지식이 가장 가치 있는 것인가라는 질문을 제기하게 된다. 학교 울타리 안에서는 학생들이 학교 밖에서 이룩한 성취를 인정받지 못한다. 길거리 문화에 대한 지식과 학교 밖에서 배우는 지혜들은 책무성 혹은 학교시험 등과 제도 속에서는 그 가치를 인정받지 못하는 것이다. 세상 밖 지식의 가치는 크라운Crown이 게토에서의 삶을 견뎌내는 것이 어떤지에 대해 질문을 받았을 때 한 답변에 잘 나타나 있다.

"길거리의 문화를 잘 안다는 것은 실제 세상에서 어떻게 살아남는지를 배우는 것이기도 한데, 이것은 실제로 가치 있는 일이에요. …… 많은 사람들이 우리를 시험하려 할 것이고, 우리는 어떻게 그 시험을 이겨내야 하는지를 알아야만 해요."

학교가 학생들이 가지고 있는 학교 밖 세상에 대한 지식을 인정해주지 않는다는 사실에 나는 이런 것들이 궁금해졌다. 만약 성공이라는 것이 학생들이 학교 밖, 즉 자신들이 속한 지역사회에서의 성공에 따라, 그들의 살아 있는 경험에 따라 측정된다면, 그들은, 그들을 가르치는 교사들은 말할 것도 없고, 부유한 지역에 사는 아이들보다 훨씬 더 잘하고 있다는 평가를 받지 않을까? 이러한 상황에 대해 깊이 생각하면서 나는 어떻게 하면 내가 그들이 가지고 있는 거리에 대한 지식과 그곳에서의 적응성을 교실에서 활용할 수 있을지를 찾아내고 싶었다. 그리고 교육과정에 관해 부지런히 연구한 결과 나는 제대로 된 교육과정과 내 학생들의 경험에 초점을 맞춘 교육과정이 서로 융합된다면 '전통적'인 의미의 성공도 가능하지 않을까 하는 생각을 하게 되었다.

개선이 필요한 지역사회의 문제들

5학년 우리 반 학생들은 모든 종류의 문제들에 대해 소리를 높였고, 나는 늘어나는 문제들의 목록을 따라 적느라고 정신이 없었다. 그들의 생각을 칠판에 적어놓고 보니, 학생들이 자신들의 삶과 관련된 문제들을 얼마나 말하고 싶어 하는지 그 열정이 확연하게 드러났다. 학생들이 그들의 삶에 영향을 미치는 문제들을 외치기 시작하자 열정은 점점 더 커졌다. '홈리스 돕기', '공원 청소하기', 심지어는 '갱단 그만두기'도 나왔다. 학생들은 이러한 큰 문제들도 말했지만, 그들이 언급한 것은 대부분 학교 건물과 관련된 것들이다. '체육관, 식당, 및 강당의 부재', '총알 자국이 있는 깨진 창문', '추운 교실', 그리고 '물이 질질 새는 세면대와 망가진 변기', '비누나 휴지가 구비되어 있지 않은 화장실'……. 내가 던진 질문에 한 시간 동안 열정적으로 반응한 학생들은 자신들과 지역사회에 영향을 미치는 89개의 문제점들을 열거하였다.

내가 학생들이 말한 문제점들을 칠판에 빠르게 적어가자, 학생들 몇 명이 자기들끼리 토론을 시작했다. 그들이 생각해낸 문제가 이미 칠판에 적혀 있었다. 디네이샤Dyneisha는 제기된 문제들이 하나의 중요한 주제를 중심으로 연결되어 있음을 발견하고는 이렇게 소리치며 토론에 끼어들었다. "저 리스트에 있는 대부분의 문제들은 우리 학교 건물이 엉망진창인 것과 관련이 있어. 우리 학교는 쓰레기야! 그게 문제라고." 디네이샤의 진솔한 분석에 학생들은 예외 없이 동의했다. 그들이 직면한 가장 큰 문제는 망가진 학교 건물이었다. 그들은 교실 안에서 모자, 장갑, 그리고 재킷을 입고 있어야만 했었던 12월 어느 추운

날 아침을 예로 들었다. 학교 건물 4층은 난방이 되지 않았다. 학생들은 자신들이 아주 잘 알고 있는 정말로 중요한 문제가 있다는 것을 깨닫자, 매일 직면하는 부당함을 해결할 것을 다짐하면서 힘을 모으기 시작했다.

한 시간도 되지 않아서 학생들은 그들이 해결해야만 한다고 생각한 핵심 문제들을 열거했다. 처음에 학생들에게 질문을 던졌을 때 내가 그들에게 기대했던 것은 '점심시간에 과일주스 마시기', '쉬는 시간을 매일 가질 수 있도록 의무적인 시간을 확보하기'와 같이 좀 더 단순한 것들이었다. 그러나 학생들은 좀 더 어려운 도덕적인 이슈를 선택했다. 그 문제는 이 지역사회에서 오랫동안 해결되지 못한 것, 즉 학교 신축에 대한 지켜지지 못한 약속이었다. 나는 학생들이 좀 더 쉽거나 자신들에게 직접적으로 이익이 되는 과제 대신 이 문제를 본격적으로 떠안을 용의가 있는지 확신이 들지 않았다. 하지만 그들의 동기에 의문을 가지는 것 자체가 내 실수였음을 깨닫는 데는 그리 오랜 시간이 걸리지 않았다. 그들은 벌써 건물 구조와 설계로 인해 발생하는 문제들을 해결할 수 있는 이런저런 것들에 대해 의견을 내놓았다. 학교를 새로 짓는 문제를 지역사회의 우선순위로 만들 수 있는 기회 및 애로점 등을 고려하면서, 학생들은 이 이슈를 목록화하는 선에서 그치는 것이 아니라 실천에 옮기고 변화를 이끌어낼 전략을 세웠다. 그들의 열정이 자리를 잡으면서, 계기 수업이 시작되었다.

교육과정 함께 만들기

"우리가 계획한 이 학교 건물을 얻어내려면 우리가 (교육청에) 어떻게 제안해야 할까요?" 학생들이 핵심을 짚어서 나에게 물었다. 나는 그 질문에 대답하지 않고 똑같은 것을 학생들에게 되물었다. 내 반문이 단지 좋은 교사가 일반적으로 하는 그런 질문이었을까? 내가 원했던 것은 학생들이 그 프로젝트의 주체가 되기를 바랐던 것일까? 또는 그냥 할 말이 없었기 때문일까? 사실은 학생들처럼 나도 이 프로젝트를 어떻게 완성할지 알지 못했고, 학생들의 참신한 생각을 듣고 싶었다.

학생들은 내가 교사로서 궁극적인 권위를 가지고 있다고 생각하는 것 같다. 내가 처음으로 교사 생활을 시작했을 때는 나도 그렇게 되기를 원했다. 내가 통제권을 가지고 있어야 한다고 생각했고, 내 권위가 손상된다면 내 직무를 다하지 못하는 거라고 믿었다. 학급 운영에서의 권위 외에도 나는 내가 던지는 모든 질문에 대해 답을 알고 있어야 한다고 생각했다. 학생들 사이의 의견 불일치에서부터 수학 문제에 이르기까지 모든 것을 해결하는 것이 나의 임무가 아니겠는가? 교직 생활 초기에 내가 가졌던 교사의 상은 모든 질문에 대한 정답을 알고 있는 사람이고 '모든 문제를 바로잡을 수 있어야' 하는 사람이었다.

하지만 학생들이 새로운 건물 짓기 프로젝트에 관해 생각해낸 질문들은 나를 훨씬 더 복잡하고 어려운 처지로 몰아넣었다. 어떤 면에서는 내가 답할 수 없는 질문을 받아줌으로써 학생들의 의욕을 결과적으로 꺾어버리는 것은 아닌지 의심스럽기도 했다. 이러한 것들은 내가 감당하기 어려운 부분이었다. 교직 생활을 시작한 이후 처음으로 나는 학생들과 같은 수준이 된 것이다. 학생들도 나도 학교의 정치 속으로 뛰어든 우리가 어떤 결과를 가져올지 알지 못했다. 누구도 이전에 이런 종류의 상황을 접해본 적이 없었다. 그렇기 때문에 어느 누구도 이 모든 과정을 지도할 경험이 없었다. 나도 학생들 못지않게 새로운 학교 건물을 원했다. 그러나 나 역시 학생들처럼 그것을 어떻게 실현해야 할지는 알지 못했다.

학생들은 더 이상 교과서에 있는 무미건조한 문제들을 풀려고 하지 않았다. 대신 실제적인 요소를 포함한, 많은 어려움이 있는 진짜 문제를 접했다. 문제를 해결했을 때의 환희와 그러지 못했을 때의 좌절이 우리가 함께하는 여정의 일부가 되었다. 새로운 학교를 얻어내는 것에 대한 전문성이 없었기 때문에 그 일을 어떻게 해내야 하는지 나는 잘 알지 못했다. 하지만 한 팀으로서 우리가 나아가야 할 방향을 정하는 데 있어서 최선을 다할 수 있다는 사실만은 알았다. 첫째로 우리는 출발의 발판을 마련하기 위해 현재의 상황에 맞서야 한다는 사실을 알고 있었다. 나는 조심스럽게 내가 전에 이런 일을 해본 적이 없지만, 최선을 다해서 함께할 용의가 있음을 밝혔다. "한번 노력해보고 어떻게 되는지 보자고." 나는 학생들에게 이렇게 말했다. 그러고는 "우리가 하려고 하는 일에 확신이 있고, 우리가 옳은 일을 위해 싸우고 있다는 것을 확신할 수 있다면 우리가 해야 하는 것은 그저 최선의 첫걸음을 떼는 것이다"라고 강조했다. 나의 과거 경험을 들려주고, 나의 성장 배경을 학생들이 이해할 수 있게끔 설명한 후에, 나는 그러한 규모의 임무를 성공적으로 수행해낼 수 있는 게임 계획을 마련할 것을 제안했다.

우리는 시카고 시 교육청으로부터 새로운 학교를 얻어내는 문제를 해결할 수 있는 실행 계획을 마련하기로 결정했다. "그런데 무엇부터 시작하지?" 학생 중 몇몇이 투덜거렸다. 내가 아침에 목격했던 열정적인 모습이 어떻게 이 일을 해내야 할지 몰라 두려움과 걱정으로 사그라들고 있었다. 나에게는 몇 가지 아이디어가 있었지만, 내 생각도 학생들만큼이나 추상적이었다. 나는 방향을 제시하기보다는 학생들의 생각을 듣고 싶었다. 스스로 실천 계획을 생각해낼 수 있다면 더 적극적으로 참여할 것이고, 스스로가 제시한 제안을 실행하기 위해 주체적으로 행동할 수 있을 것이다. 이러한 생각은 교육대학 프로그램에서 어렵지 않게 찾아볼 수 있다. 그런데 대학에서 얘기되는 것은 주로 교사들이 상황을 만들어서 학생들로 하여금 자신들이 주체로 서 있다고 믿게끔 만드는 것이다. 실제로 이런 상황에서는 교사들이 최종 산출물에 대해 어느 정도 관여를 한다. 나는 교육자들이 자기 학급에서 민주주의를 실현하고 있다고 생각하는 경우도 여러 번 보았다. 하지만 그것은 학생들이나 교사들에게 보인 환상인 경우가 많다.

우리는 프로젝트의 첫걸음으로 우리 학교의 역사와 새로운 건물이 지어질 가능성에 대해 알아보기로 했다. 학생들은 새로운 건물을 지어주겠다는 약속이 이미 6년 전에 있었음을 잘 알았다. 학생들은 방탄 유리창의 흐릿함을 넘어서, 혹은 하나밖에 남지 않은 유리창, 그나마도 총알 자국으로 갈래갈래 금이 간 창문을 넘어서 학교 건물 바로 옆 공터에 있는 "버드 아카데미 초등학교 부지"라는 입간판을 보았다. 낡아 빠진 학교 건물의 현관에는 이미 새로운 학교의 청사진도 전시되어 있었다. 뿐만 아니라 교육청 및 우리 학교의 교직원들은 새로운 건물에 페인트는 어떤 걸로 할지, 바닥에 쓸 타일은 무엇으로 할지, 심지어는 화장실에 비치될 물비누 용기는 어떤 종류로 할 것인지 등 새로운 건물과 관련된 모든 것들을 이미 정해놓고 있었다. 하지만 우리 모두는 시카고 시 교육청이 과거에 한 약속에도 불구하고 어떤 행동도 취하지 않고 있다는 사실 또한 잘 알고 있었다. 이것은 분명 황당한 일이었다. 우리는 이 모든 일을 바로잡으려면 무엇부터 시작해야 할지 알지 못했지만 우리가 할 수 있는 일들부터 논의하기 시작했다.

학생들은 브레인스토밍 시간 동안 프로젝트 진행 방향에 대한 윤곽을 잡아가기 시작했다. 그 당시를 기록한 나의 저널에는 이렇게 쓰여 있다.

"학생들이 브레인스토밍을 할 때는 언제나 통제가 안 될 만큼 거기에 푹 빠져 있다. 통제가 되지는 않지만 이들은 여러 가지 좋은 아이디어를 생각해낸다. 그래서 나는 한편으로는 이들이 할 수 있는 만큼 여기에 푹 빠지고 또한 창조적이 되기를 바란다."

격한 논쟁 끝에 학생들은 실천에 옮길 수 있는 다음과 같은 방안들을 제안했다. "우리가 접촉할 수 있는 인사들 목록 만들기", "언론에 알리기", 그리고 "책임 있는 사람들에게 압력을 가하기" 등.

학생들은 문제를 해결하려면 그들이 제안한 길 외에도 다양한 방법들이 있다는 것을 알고 있었다. 이것은 매우 흥미로운 발견이었다. 평상시 수업 시간에 진행된 토론이나 문제 해결 일반에 있어서 이들은 문제를 해결하는 데 다양한 접근법이 존재할 수 있다는 사실을 거의 고려 대상에 넣지 않았다. 하지만 이 프로젝트는 이러한 가능성이 열려 있는 제대로 된 기회를 학생들에게 제공하는 것 같았다. 학생들은 이 프로젝트를 다양한 시각에서 접근할 필요가 있다는 것을 이해했다. 내 경험에 따르면 평상시 수업에서 학생들은 처음 생각해낸 아이디어를 고수하려 하거나 단계별 문제풀이 과정을 묻곤 했다. 나는 이

제야 학생들이 한 가지 길에만 만족하지 않는다는 것을 알게 되었다. 캐멀라Kamala가 지적했듯이, "새로운 학교 건물을 얻어내는 문제는 너무나 커서 우리에게는 다양한 방법이 필요했다."

"우리가 접촉할 수 있는 인사들"을 위해 준비된 명단은 길고 꼼꼼하게 작성되었다. 학생들은 교사인 나조차도 지나쳐버렸을지 모를 '잠재적 의사결정권자'의 명단도 생각해냈다. 학교 교직원, 교육청 관료, 지역 정치인, 교육위원회 위원들, 학교 후원 기업들의 명단이 추가되면서 리스트는 점점 방대해졌다. 우리는 이 명단을 적절히 줄여야만 했고, 이들에게 연락할 효과적인 방법들을 찾아야 했다.

인터뷰할 인사들을 정한 후에 학생들은 신문과 잡지에서 인터뷰에 사용할 어휘들을 검색했다. 그들은 시카고 지역에서 『시카고 트리뷴Chicago Tribune』과 『시카고 타임스Chicago Times』가 유력지임에 주목했다. 그리고 타이론Tyrone이 말한 것처럼 "우리 이야기가 신문에 소개되면 멋지지 않을까?" 하고 생각했다. 캐멀라는 자기 할머니가 시카고에 있는 아프리카계 공동체를 주요 독자층으로 하는 『시카고 디펜더Chicago Defender』를 구독한다며, 여기에 우리 이야기가 실리면 아프리카계 공동체가 우리에게 관심을 기울일 것이라고 말했다. 시카고의 여러 TV 방송도 언급되었지만, 그 당시에 우리는 방송과 관련해서는 특별한 행동을 취하지 않았다. 이후에 우리 캠페인이 인구에 회자되기 시작하면서 TV 방송에 대한 이야기가 다시금 전면에 부상했다.

학생들에게 '책임 있는 사람들에게 압력 넣기'라는 방법을 택할 수 있는 선견지명이 있었다는 사실은 참으로 인상적이었다. 학생들은 적극적으로 민주주의에 참여하고 실천에 옮길 수 있는 방법들을 어렵지 않게 알아냈다. 학생들은 이 프로젝트를 추진하는 데 필요한 언어와 방법들에 익숙해졌지만, 실제로 이들은 이런 분야에서 활동가로 일해본 경험이 없었다. 드미리터스Demeritus의 언급은 학생들이 느끼는 것을 잘 반영하고 있다. "이런 일들은 내가 해보지 않은 거예요. 하지만 뭔가를 이루려면 반드시 해야 할 일이란 건 알아요." 실행 계획으로 제안된 아이디어는 대부분의 학생들에게는 낯선 것들이다. 하지만 학생들은 그들이 택할 수 있는 선택지를 잘 알았고, 무엇을 보다 세밀하게 다루어야 하는지도 알고 있었다.

학생들이 작성한 '압력을 행사하는 방법'은 매우 구체적이고, 압력의 대상이 특정되었으며, 자세한 내용을 담고 있었다. 그 방법들은 학생들과 교직원들, 교육청 관료들의 의견 청취하기, 진정서에 서명 받기, 지역사회 유력 인사 인터뷰하기, 의원들에게 편지 쓰기, 정치인들을 학교로 초청하기, 기자회견 개최, 다큐멘터리 비디오 제작 등이다. 만약 우리가 이 모든 것들을 해낼 수 있다면 그것은 교육과정을 학생들이 주도하는 것일 뿐 아니라 우리 모두에게 생생하고 흥미진진한 일이 될 것이다. 학생들이 생각해낸 아이디어는 한두 시간의 수업이나 한 단원의 교육과정으로 마무리될 수 있는 게 아니었다. 연구와 조사가 필요하고, 그 성취를 위해서는 계획을 세우고 여러 가지 노력을 해야 했다. 나는 학생들이 이러한 노력을 기울이는 것을 기꺼이 지원할 용의가 있었다. 그런데 나는 이 아이디어대로 프로젝트를 수행하는 것에 약간은 비판적이었다. 내 판단이 충분히 숙성되지는 않았지만, 나는 우리가 낭떠러지로 가는 것은 막아야 한다고 생각했다. 나는 내 경험을 넘어서는, 가 보지 않은 길에 들어섰다. 학생들도 나도 이처럼 규모가 큰 프로젝트를 수행해본 적이 없었다.

계획을 실행에 옮기기

실천에 옮기기 위한 학생들의 계획이 세워지면서 우리 학교의 문제를 글로 쓰고 사진으로 찍어서 문서화했다. 학생들은 깜짝 놀랄 만한 작문을 해냈다. 학생들이 보여준 작문 수준은 내가 이전에 보았던 어떤 것보다도 뛰어났다. 내가 학생들에게 어떻게 이런 높은 수준의 작문이 가능했냐고 묻자 태리스Taris는 이렇게 답했다.

"이 문제는 매우 중요해요. 그리고 내가 무엇인가 이루어지길 바란다면 내 자신의 이야기를 꺼내야 해요."

나는 학생들이 이 프로젝트에 어느 정도 우선순위를 두고 있는지 이해할 수 있었다. 우리가 제작한 문서들은 더 많은 이들에게 우리가 하려는 일을 전파하는 출발점이 되었다. 학생들은 이 문서들이 만약 설득력 있는 편지로 바뀔 수 있다면 그들의 목적을 달성하게 해줄 강력한 도구가 되리라는 사실을 깨달았다. 그들은 이내 모든 역량을 시의 공무원들, 시카고 교육위원회, 신문기자들, 그리고 관심을 보이는 일반 시민들에게 보낼 호소력 강한 편지 작성에 집중했다. 이 장의 처음에서 소개했던 그 편지에서처럼 학생들은 현재의 건물을 단지 보수하는 것만으로는 해결할 수 없는 커다란 문제들을 근거를 들어가며 제시했다. 그러고는 사람들에게 직접 와서 학교를 보도록 요청했다. "우리는 여러분이 다 쓰러져가는 우리 학교 같은 곳에 여러분의 자녀를 보낼 것이라고는 생각하지 않습니다." 학생들의 이와 같은 적극적인 문제 제기로 인해 우리 모두가 쉽게 잊기 어려운 모험을 할 수 있는 장이 마련되었다.

200통의 이메일과 편지를 발송했던 첫 번째 행동이 이루어진 직후 호소력 있는 편지에 대한 반응이 즉각 나타났다. 그 반응은 문의 전화, 편지, 이메일, 그리고 의원 및 기자들의 방문을 망라했는데, 그러자 학생들이 제안한 프로젝트가 더욱 풍성해졌다. 학생들이 학교의 울타리를 넘어서 캠페인을 진행하게 되면서 이 캠페인은 학교 외부에서 더해지는 새로운 관점들을 추가할 수 있었고, 이러한 과정은 학생들을 현실과 연결시킬 수 있는 발판을 마련해주었다. 학생들이 걱정거리와 요구를 외부에 알리자 많은 사람들이 그들에게 꼭 필요한 도움을 제공했다. 기금이 들어왔고, 학교의 사정이 널리 알려졌다. 또한 학생들은 꼭 필요한 조언을 들을 수 있었고 그를 통해 자신들의 실행 계획을 발전-확장시킬 수 있었다. 체스터Chester가 말한 것처럼 이러한 절차는 "새로운 학교라는 완벽한 해결책을 얻는 데 도움이 될 것이다."

학기의 남은 기간 동안 모든 교육과정은 학생들의 계획에 집중되었다. 그 결과 서로 엄격히 분리되어 있던 교과 간의 장벽이 허물어졌다. 학생들의 계획이 교육과정을 이끌게 되었는데, 이는 학생들과 공동체를 위해 새로운 학교를 얻어내는 문제 해결에서 핵심적인 역할을 담당했다. 학생들의 계획은 교육과정이 문제 해결과 직접 관련을 가질 뿐 아니라 문제 해결의 일부가 될 수 있도록 했다. 교과별로 엄격하게 분리되어 있던 교육과정들이 자연스럽게 그 경계가 모호해지면서 서로 섞였다. 수업을 위해서 기본 교과서에 의존하는 대신에 학생들이 직접 문제를 해결할 수 있는 직접적이고 구체적인 정보를 찾아 나섰다. 학생들은 자신들의 읽기 수준을 훌쩍 넘어서는 책, 잡지, 인터넷 글들을 읽어냈다. 헤네시Henessy가 말한 것처럼, "이 프로젝트를 시작하기 전에는 이런 글들을 읽으리라곤 꿈에도 생각하지 못했다." 학생들은 자신들의 수준에 무리가 되는 글들에 압도되지 않고 이 글들을 이해하고자 노력을 경주했다. 왜냐하면 이것은 그들의 상황에 도움이 되는 일이기 때문이었다. 다넬Darnell은 이렇게 표현했다.

"이 글들은 우리가 새로운 학교를 갖게 할 수 있는 것들이야. 우리는 이 모든 것을 읽어야 하고, 모든 것을 알아야 해! 우리가 문제를 해결하는 데 도움을 받을 수 있을 거야."

학생들에 의해 추동된 교육과정은 내가 상상했던 최대치를 넘어서는 교육 경험으로 우리를 인도했다. 예를 들어 우리가 조나단 코졸Jonathan Kozol의 『야만적 불평등Savage Inequality』1992을 분석하는 동안 아텔Artell은 이렇게 말했다.

"이 책은 우리에 대해서 쓴 책 같아요. 작가가 우리 학교에 와봤던 게 분명해요."

다넬은 지역 방송국의 기자가 학교 건물 상태를 묻는 질문에 다음과 같이 답했다.

"다른 학교 애들이 놀려요. 왜냐하면 우리 학교는 다 쓰러져가기 때문이지요. 그냥 다른 학교에 가야겠다는 생각만 들어요."

읽기 수업에서는 학생들이 자신들에 대한 보도 내용을 열심히 보고 있었기 때문에 자연스럽게 시사문제를 다룰 수 있었다. 게다가 학생들은 여론조사를 수행하는 방법과 진정서를 작성하는 법을 배우게 되었다. 학생들이 이러한 활동을 한 것은 그것이 교육과정이 부과한 의무가 아니라 학생들의 요구에 부합했기 때문이다.

대중의 지지를 획득하는 데 필요한 정보 분석을 학생들이 추동하는 교육과정과 결합시키면서 학생들은 프로젝트의 추진 동력을 유지하기 위해 필요한 설문 결과와 사진, 그리고 문서로 작성된 평가서 등을 포함하는 문서화 작업을 어떻게 준비하는지를 배웠다. 이 문서들을 대중에게 공개하고 나서 레기Reggie는 이렇게 말했다.

"우리 자료 폴더를 본 사람이라면 누구라도 우리가 말하는 학교의 문제점에 대해 동의하지 않을 수 없을 거야."

학생들은 세상 사람들이 우리가 하는 일에 관심을 보인다는 것을 알게 되면서 더욱 많은 사람들에게 우리가 하는 일을 알리고 더 많은 사람들을 우리 캠페인에 참여시키자고 결의했다. 그 결과는 웹페이지 개발로 나타났는데, 말리크Malik가 말한 것처럼, "웹페이지를 통해 우리의 모든 노력을 조직하고 많은 사람들이 다 쓰러져가는 우리 학교를 볼 수 있도록" 했다. 웹페이지 개발이 우리 교육과정에서 중요한 부분이 되었다. 학생들은 웹페이지 디자인을 어떻게 할 것인지를 배웠고, 필요한 자료들이 웹페이지에 다 포함되었는지를 확인했다. 웹페이지에는 정치인들이나 연구자들이 방문한 사진이나 글들을 탑재했고, 그들을 지지하는 수백 통의 편지와 이메일들에 대한 링크를 담아냈으며, 학생들의 작문, 진정서, 차트, 그래프, 서베이, 분석 등과 같은 것들을 담고 있었다. 디미노어Diminor는 외부 사람들이 웹페이지를 보고서 "우리에게 정말로 공부하기에 더욱 안전하고 좋은 건물이 필요하다는 것을 알게 되어 우리를 도울 마음이 생길 수 있을 것"이라고 말했다.

우리 반 교실은 학생들의 노력을 조율하는 지휘 본부가 되었고 프로젝트를 완수하기 위해 누구를 데려와야 할지 결정을 내리는 곳이 되었다. 학생들은 프로젝트와 관련된 하루하루의 임무들에 깊게 몰입했기 때문에 일찍 등교해서 늦게 하교하곤 했다. 어떤 때는 쉬는 날도 학교에 나왔다. 레기는 친구들이 얼마나 프로젝트에 열중해 있는지를 이렇게 말했다.

"이 일을 끝맺지 못한다는 것을 우리는 상상할 수 없어요. 이 일은 가치 있는 일인데, 우리가 게을러서는 이 일을 마칠 수가 없죠. ……
모두가 이 일이 중요하다는 걸 알고 있고, 망치고 싶어 하지 않아요."

우리 반 교실은 선거사무소를 방불케 했다. 학생들이 리더십을 유
지한 채로 자신들의 임무를 조율해갔다. 그들은 임무를 완수할 기회
를 잘 포착했고, 그 기회를 잘 활용했다. 지역 정치인과 인터뷰할 기회
를 만들려고 애쓰고 나서 자리스Jaris 는 이렇게 적었다.

"면접하는 사람이 된다는 것은…… 내가 사업의 경영자가 된 것처
럼 느끼게 돼요. …… 내가 중요한 사람이 된 것 같고 다른 친구들이
나를 우러러 본다. 전에 학교에서는 이런 일이 절대로 내게 일어나지
않았죠."

수고는 결실을 맺고

학생들이 그동안 쏟아부었던 노력과 수고는 결실로 돌아왔다. 처음
에는 시카고 시 교육위원회의 의사결정권자들로부터 직접적이고 즉각
적인 답변을 듣지 못해 학생들이 실망했다. 하지만 학교의 평등을 요
청하는 5학년 학생들의 호소에 응답하는 많은 사람들이 있었다. 지방
의회 의원들은 학교를 방문했을 뿐 아니라 이들을 위해서 교육 당국
에 로비를 했다. 대학교수들은 이 학급에 대한 연구 가능 여부를 타진
했고, 랠프 네이더Ralph Nader와 같이 관심을 가진 사람들이 학교를 방
문했다. 많은 사람들이 학생들이 쏟아부은 엄청난 노력에 관심을 보
였다. 시카고 시 교육청의 한 관료가 우리의 사정을 잘 모르면서 다음
과 같은 언급을 한 적이 있다. "학생들이 주도하는 교육과정에 대해서

이전에도 본 적이 있어요. 그런데 이 학급의 교육과정은 그런 종류가 아니에요. 저는 버드 아카데미 학교 출신 아이들이 이런 종류의 일을 감당할 수 있으리라고는 생각하지 않아요." 그의 언급은 위에서 열거한 학생들의 모든 활동의 '배후에' 담임교사인 내가 있었다고 폄하하는 것이었고, 언론들에서 이러한 논리를 종종 볼 수 있었다. 그렇지만 우리 반 모두는 그들이 받고 있는 모든 관심이 자신들에게서 나온 것임을 잘 알고 있었다.

이 프로젝트는 어린 활동가들이 만났던 모든 사람들에게 적지 않은 의미를 주었다. 나는 우리 아이들이 아주 의미 있는 일을 해낼 수 있었다는 사실이 가장 좋았다. 많은 사람들이 이와 같이 대단한 일을 도심 지역 아이들이 해냈다는 사실을 믿을 수 없어 하는데, 우리 아이들의 사례는 도심 지역 아이들에 대한 편견을 깨는 데 좋은 사례가 될 것이다. 학생들은 자신들이 성취한 것과 그 성취가 전달하는 메시지의 의미를 이해하고 있었다. 캐멀라는 이를 이렇게 표현했다. "마침내 우리도 좋은 일로 뉴스에 나왔군요." 이러한 태도는 학생들이 스스로의 가능성을 좀 더 긍정적으로 생각하게 만들고 계속해서 자기 자신을 신뢰할 수 있게 했다.

학생들은 프로젝트를 추진하면서 자신들의 요구를 쟁취하지 못할 수도 있음을 알게 되었다. 하지만 샤니쿠아Shaniqua가 말한 것처럼 과정 자체가 중요했다. 사람들이 우리 얘기를 들었고, 우리의 의견에 동의했다는 것이 중요하다.

이 프로젝트를 진행하면서 우리가 유명세를 탄 것이 결과의 전부는 아니었다. 다양한 능력과 적성을 가진 학생들로 구성된 우리 학급에서 학생들은 자신들의 속도에 맞추어서 일을 진행시켰고, 그들이 세운

계획이 최고치로 달성될 수 있도록 다양한 역할들을 감당했다. 학생들은 친구들의 빠른 성취나 한계에 영향을 받지 않았다. 대신 이들은 다른 이들과 함께 일하는 것을 편안히 느끼게 될 수 있는 기회를 찾으려 했고, 자신만의 편안한 둥지에서 나오더라도 불안해하지 않을 만한 공간을 찾으려 했다. 이 프로젝트를 시작하기 전에는 수업에 의미를 부여하는 학생이 거의 없었다. 저조한 학급 활동 참여율, 과제 미제출, 높은 결석률 등이 이를 잘 보여준다.

통합교육과정이 운영된 올 한 해 동안 대부분의 학생들이 학업성취도 평가에서 전년도에 비해 향상되었다. 이는 도심의 가난한 학교들이 흔히 하는 별도의 시험 대비 시간을 마련하지 않고서도 이룩한 것이라 더욱 의미 있는 결과였다. 학생들의 출석률은 전례를 찾아보기 어려운 98%를 기록할 정도로 좋아졌고, 생활지도 문제도 거의 발생하지 않았다. 게다가 학생들이 제기했던 몇 가지 문제들이 해결되었다. 학교의 기술직 직원들이 몇 해 동안이나 제기했던 문제들이 제대로 된 관심을 받게 된 것이다. 조명, 보도, 급수대 등이 교체되었고, 망가진 문들도 수리되었다. 창문 수리를 위한 자재 주문이 들어갔고, 심지어 화장실의 물비누 공급기까지도 교체되었다.

하지만 체스터Chester가 표현한 것처럼 학생들은 "바보 같은 일회용 반창고에 만족하지 않았다." 그들은 싸움을 지속했고 끊임없이 외부 세계에 자신들을 알려나갔다. 지지를 표명하는 편지와 이메일이 계속해서 답지했다. 연방정부의 교육부는 우리 학교의 문제에 대해 공식적인 조사를 시작했고, 우리 반은 일리노이 주 주도인 스프링필드로 가서 주 교육위원회 앞에서 증언을 했다. 시민 프로젝트Project Citizen라는 주제로 열리는 '시민성 교육 센터' 전국회의에서 공식적인 연설도

했다. 학생들은 노스웨스턴North Western 대학이 수여하는 프로젝트 상과 헌법권리재단이 수여하는 올해의 학급 상을 비롯한 수많은 상을 받았다. 이들은 '어린이 활동가들'로 추앙되었으며, 1960년대의 시민권 운동 활동가들과 비견되기도 하면서 더욱 힘을 받았다. 이들은 우리 웹사이트에 "우리를 알지도 못하는 사람들이 기꺼이 우리를 도와주었고, 이런 도움을 통해 우리는 날아오를 수 있었다"고 적었다.

잠자고 있던 이들의 지능, 영감, 흥미, 상상력이 잠에서 깨어났고, 이러한 것들이 그들의 학습을 이끌었다. 틀에 박힌 활동에 초점을 맞추는 수업 계획을 수립하는 담임교사인 나에게 의존하는 대신에 학생들은 문제의 해결에서 어떤 것들이 가장 중요하고 또한 도움이 되는지를 알아냈다. 교육과정이 학생들에게서 나올 수 있도록 함으로써 그들은 가장 가치 있는 지식을 발견해냈다. 단순한 암기식 교육 대신에 학생들은 자연스럽게 높은 수준의 성취를 이룰 수 있었다. 왜냐하면 그 높은 수준의 내용들이 그들의 어려운 문제를 해결하는 데 꼭 필요했기 때문이다. 그들의 실행 계획은 자신들뿐만 아니라 문제를 구체화하는 것을 도와줄 수 있는 외부 전문가들과 긴밀히 상호 작용할 수 있도록 작성되었다. 계획을 실행에 옮기려고 모든 학생들이 각자 맡은 부분에서 역할을 감당하면서 그들의 노력은 현실로 구체화되었고, 대중의 호응은 더욱 뜨거워졌다. 학생들은 관심을 획득해서 프로젝트를 진전시키기 위해 어떤 일들을 해야 할지를 잘 알았다. 그 일들을 해내려고 교육과정을 구성하다 보니 자연스럽게 시카고 시와 일리노이 주에서 요구하는 학업성취 수준을 자연스럽게 달성할 수 있었다. 실제로 그들이 쏟아부은 노력은 어떤 학업성취 기준도 넘어설 만한 것이었다.

경험을 반추하기

나는 앞서 시민성 프로젝트 워크숍에서 감명을 받았다고 언급했다. 우리 반이 만들어간 민주적 교육과정은 그때의 감명을 어떻게 우리 반으로 옮겨올 것인가 하는 질문 속에서 이루어졌다. 그 결과 정부가 어떻게 기능하는가에 대해 학생들이 직접 배우고 참여할 수 있는 공간이 마련되었다. 또한 학생들이 자신들과 자기가 속한 공동체를 돕는 변화의 주체가 될 수 있는 방법들이 개발되었다. 디네이샤는 프로젝트에서 우리가 했던 일을 "정부가 기능하는 방법과 정부를 꾸리는 방법"이라고 요약했다. 학생들에게 의미 있는 문제를 적극 수용함으로써 교육과정은 가치 있고 자연스러우며 통합적인 배움이 일어날 수 있는 촉매제가 되었다.

학생들은 프로젝트를 통틀어서 자신들의 배움을 디자인하고 개발하고 실행하는 데 있어서 능동적인 참여자가 될 수 있는 기회, 공간, 그리고 책임을 부여받았다. 우리 반에 오기 전에는 학교에서 겉도는 학생이었던 크라운은 이렇게 말했다.

"학교는 나에게 맞지 않는 곳이었어요. 내 인생에 도움이 되지 않을 거라 생각했죠. 하지만 이 프로젝트 때문에 학교에 오고 싶어졌어요. 더 이상 학교가 지루하지 않아요."

크라운의 말을 떠올리면서 나는 우리가 수행했던 교육과정의 장점을 다시금 생각하게 된다. 출석과 학업에서 그의 변화와 참여는 민주적 교실의 힘을 보여준다. 모든 학생들이 팀의 중요한 구성원이 되었고, 모든 학생들이 자기 고유의 가치 있는 생각을 품을 수 있었다.

그들의 교사로서 나는 수업 내용이 학생들로부터 올 수 있다는 사실을 배우게 되었다. 주어진 교육과정을 학생들에게 강제로 주입하기보다는 학생들의 의도적인 실천을 통해 그들의 목소리가 반영될 수 있도록 했다. 그들은 더 이상 침묵하지 않았고 주어진 상황에 맞서서 자신들의 이야기를 정확히 전달했다.

교육과정을 계획하고 실행하는 과정에는 적지 않은 문제들이 발생하기 마련이다. 또한 교실을 이상적인 민주적 공간으로 만들어내는 것도 쉽지는 않았다. 학생들은 더 이상 미리 계획된 학습지도안에 의해 '보호'되지 않았다. 많은 이들이 도심 지역 저소득층 자녀들이 이런 규모의 과업을 감당할 수 있을지를 의심스러워했다. 나중에 우리를 적극적으로 지지하게 된 교장선생님도 처음에는 프로젝트 중심 수업에 대해 유보적인 입장이었다. 미국공영라디오NPR 방송과의 인터뷰에서 교장선생님은 이렇게 의견을 피력했다.

"만약에 이러한 수업이 가시적인 성과를 나타내지 못한다면 학생들은 스스로 이러한 상황에 대해서 걱정하게 될 것입니다. 소리 높여 외쳤지만, 누구도 자신들의 목소리에 귀 기울이지 않는다고 생각하게 될 테니까요."

하지만 지금은 교장선생님을 포함한 모든 사람들이 이 프로젝트를 통해 얻은, 그리고 얻어질 수업의 성과가 기대치 이상이라고 말한다. 르알랜LeAlan은 이런 상황을 정확하게 자신의 말로 표현했다.

"우리는 새로운 학교 건물을 얻어내기 위한 완벽한 계획을 갖고 싶었어요. 그런데 우리가 깨달은 것은 정작 우리를 위대하게 하는 것은 우리가 올바른 것을 위해 싸울 때 성취될 수 있다는 것이었어요. 우리를 지지하는 편지 중에 '위대한 일은 진행되는 과정에서 발생한다'는 말이 담긴 편지가 있어요. 그 내용처럼 비록 새로운 학교를 얻어내지 못했지만, 우리는 위대한 일들을 해냈어요."

분명히 카브리니 그린에서는 교육과정을 함께 만들어낸 결과 우리 모두에게 엄청난 일들이 일어났다. 담임교사와 학생으로서의 공식적인 관계가 종료된 후 1년이 지난 지금 나는 여전히 많은 학생들과 연락을 유지하고 있다. 그리고 끊임없이 그들로부터 많은 것을 배우고 있다. 우리가 함께 개발했던 교육과정은 우리 모두에게 지속적으로 영향을 미치고 있다. 우리의 경험을 얘기할 기회가 계속 생기면서 학생들은 능숙하게 이에 대처했다. 이것을 학생들과 함께 정리하면서 나는 이 이야기가 어떻게 정리되어야 하는지에 대해 학생들의 의견을 구했다.

"결과가 아닌 과정을"이라는 문구가 우리가 프로젝트를 진행할 때 세웠던 원칙인데, 이것이 아직도 유효한지 나의 제자들에게 의견을 듣고 싶었다. 초고를 읽어가면서 나는 내가 무엇을 말하고자 했는지 제자들에게 설명했다. 그리고 그들이 이 프로젝트에 대해 기억하고 있는 것들을 물었다. 말리크는 "작년은 제 학교생활에서 최고의 해였어요. 학교라기보다는 가족에 가까웠지요. …… 그리고, 저는 많은 걸 배웠어요. 글은 어떻게 써야 하는지, 인터뷰는 어떻게 하는 것인지, 그리고 좋은 질문은 어떻게 하는지 같은 것들 말이에요." 우리 프로젝트가 가져다준 것들을 상기하면서 말리크는 이렇게 덧붙였다. "작년에 저는 전에는 해보지 못한 일을 해보았어요. 기회가 된다면 다시 한 번 그런 일을 해보고 싶어요." 드미트리어스도 비슷한 언급을 했다. "작년은 기억할 만한 해였어요. 열심히 노력해서 성취하려고 했던 것을 비록 성취하진 못했지만 우리는 많은 것들을 이루었어요. 재미없는 학교 공부 대신에 우리는 신나는 일을 해냈고, 가치 있는 한 해를 보냈어

요." 다른 학생들도 우리가 경주한 노력이 가치 있는 일이었음을 인정
했다. 샤니쿠아가 말했다. "작년엔 한 해를 통째로 허비했다고 생각했
어요. 하지만 지금은 모든 학생들이 학교에서 그런 일을 해야 한다고
생각해요. 비록 많은 일을 해내야 했지만 그것은 멋진 일이었고, 우리
는 다른 아이들이 해보지 못한 일을 해냈어요."

원고에 대해 논의하면서 학생들 몇몇은 자신의 경험 및 기억을 바
탕으로 원고를 수정하거나 내용을 바꾸었다. 내용을 수정하면서 나는
이 프로젝트가 가지고 있는 인종, 계급, 그리고 특권에 대한 함의에 대
해 크라운과 대화를 나누었다. 크라운에게 물었다.

"백인, 중산층 교사로서 너희들에 대한 이야기를 쓰고 있는 나에
대해서 어떻게 생각하니?"

크라운은 나를 똑바로 쳐다보더니 주저 없이 말했다.

"선생님은 흑인들에 대해서 나쁘게 말하지 않잖아요. 선생님은 우
리의 편을 들고 우리가 느끼는 것을 느껴요."

*여기에 사용된 학생들의 이름은 개인정보 보호를 위해서 가명을 사용했음을
밝힙니다.

Schubert, W. H. 1986. *Curriculum: Perspective, Paradigm, and Possibility*. Upper Saddle River, NJ: Prentice Hall.
본 장의 집필에는 버드 아카데미 졸업생들인 Tywon Easter, Manuel Pratt, Daviell Bonds, Lamarius Brewer, Paris Banks, Kaprice Pruitt, Ricky Wallace 등의 도움이 있었다.

제4장
우리를 특별하게 만드는 상황

바바라 브로드하겐Barbara Brodhagen

너무도 많은 어린 학생들에게 제공되는 불공평하고 때로는 무의미한 교육에 반대하는 교사들이 있었다. 하지만 그들의 영향력이 학교 전체에 미칠 수는 없었다. 그렇다고 해서 그들이 소신을 굽히지는 않았다. 오히려 그들은 팀을 이루어 자신들의 영향력이 미칠 수 있는 공간, 즉 교실에서 민주적인 실천을 할 방법을 찾아냈다. 이 장에서는 위스콘신 주 매디슨 시의 중학교 교사인 바바라 브로드하겐과 그의 동료들이 어떻게 민주적 교육 공동체를 건설했는지를 소개한다. 그 공동체에서는 학생들과 교사들이 자신들과 세상에 대한 질문들을 바탕으로 교육과정을 함께 계획한다. 이 교육과정을 중심으로 교사들은 협력적인 거버넌스, 협력 학습, 그리고 학생 주도의 다양한 회의를 개최하는 등 일련의 진보적인 활동들을 전개한다. 이 모든 일들은 교육청으로부터 내려오는 의무적인 교육과정 지침과 이를 평가하는 일제고사의 압력 속에서 이루어졌다. 이들이 벌인 노력은 성공적이었다. 하지만 그들의 성취에는 어려움도 있었는데, 교사의 역할 규정, 교과서 외의 학습 자료 찾기, 동료 교사의 비난 등과 같이 역사적으로 민주적인 교사들이 겪어야 했던 어려움들이 바로 그것이다.

우리가 우리의 법을 정한다

7학년 교실은 기대와 흥분으로 살아 움직였다. 학생들은 복도를 바라보려고 목을 길게 늘이고 있었다. "저기 온다." 누군가가 외쳤다. 학생들은 재빨리 자리를 잡았고 모두의 눈은 교실로 들어오는 교장선생님에게 향했다. 한 학생이 학급의 대변인처럼 말했다. "교장선생님, 우리는 선생님께서 우리가 우리 학급의 헌장을 낭독하고 서명하는 것에 증인이 되어주시길 바라고 이 자리에 모셨습니다." 한 명이 시작한 낭독에 이어 55명의 목소리가 뒤를 따라 울렸다.

마켓Marquette 중학교 201/202호실 학급은 가장 훌륭한 교실을 만들기 위해 다음과 같이 생활할 것을 맹세합니다.

- 우리는 우리가 가지고 있는 다양성을 존중합니다. 우리는 각자가 모두 독특하다는 것을 인정합니다.
- 우리 모두는 존엄성을 가진 존재로서 존중될 것입니다. 우리 학급에서는 누구도 무시당하는 일이 없을 것입니다.

- 우리는 상호 간의 신뢰를 구축하기 위해 정직할 것입니다.
- 우리는 갈등을 해소하는 법을 배울 것입니다. 이와 동시에 갈등이 해소되지 않은 상황 속에서도 살아가는 법도 배울 것입니다.
- 우리 모두는 다른 사람들의 얘기를 경청할 것입니다.
- 우리는 서로 협력할 것입니다.
- 배움은 우리에게 의미가 있게 될 것입니다.
- 우리는 사람들이 제각기 배우는 스타일이 다르다는 것을 인정합니다.
- 숙제, 현장 학습, 체험 학습 등이 다양화되어 모든 이들이 배울 수 있고 배우게 될 것입니다. 만약 모두가 노력한다면 우리는 성공하게 될 것입니다.
- 우리가 경험하게 될 일들은 자연스럽게 재미있는 부분을 포함할 것입니다.
- 우리 모두는 정리 정돈을 잘할 것이며 모든 일은 제때에 해낼 것입니다.
- 우리 모두는 화장실에 갈 권리를 존중할 것입니다(번갈아 가면서 가는 것이 아니라).

우리는 개성을 가진 개인인 동시에 협력할 줄 아는 공동체의 일원으로서 최선을 다해서 이 헌장을 준수할 것입니다.

학생 하나가 박수를 치기 시작했고, 곧이어 우리 모두를 향한, 그리고 우리가 성취한 것에 대한 박수와 함성이 뒤따랐다. 교장선생님은 간단한 격려사를 하고 자리를 떠나셨다. 우리는 방금 전에 제정한 헌장을 공식적으로 선포한 청소년과 어른들로 구성된 하나의 그룹이다. 그리고 우리는 최선을 다해서 이 헌장에 있는 내용을 준수할 것이다.

어떤 교사라 할지라도 48명으로 구성된 12~13세 반 교실에 들어가서 진지한 토론을 진행하는 것은 부담스러운 일이다. 우리는 이러한 규모의 청소년들이 얼마나 통제하기 어려운지를 책에서 익히 배워서 알고 있다. 그리고 많은 이들이 이러한 상황에서 '통제'를 유지할 수 없을까 봐 겁을 낸다. 그럼에도 불구하고 민주적 공동체를 만들어 내는 것이 교육자로서 우리의 목적이라면 청소년 각자에게는 말할 수 있는 기회가 주어져야 한다. 그리고 교사들은 반드시 기꺼운 마음으로 그들의 소리를 경청해야 한다. 이 장은 이러한 공동체를 만드는 것을 다룬다. 교사와 학생들이 함께 민주적인 교실을 만들기 위해 협력하고 있는 위스콘신 주 매디슨 시에 있는 마켓 중학교(Marquette, 지금은 조지아 오키프Georgia O'Keefe 중학교라는 이름을 쓴다)의 이야기이다.

마켓 중학교는 600여 명의 학생들로 구성되었는데, 이들 중 상당수는 무료 급식이나 급식 할인 혜택을 받고 있다. 모든 학급은 특수교육이 필요한 학생이라는 이름표가 붙은 학생들을 비롯해 문화적으로 다양한 배경을 가진 학생들로 구성되었다. 학교 행정을 담당하는 사람들은 새로운 방식의 교수-학습 활동에 지원을 아끼지 않았다.

여기서 소개되는 이야기가 전개되는 2년 동안 수학/과학, 언어/미술/사회 과목을 담당하는 2명의 교사는 다양한 배경을 가진 학생 56명을 담당했다. 여기에 '학습 장애'라는 이름이 붙은 학생들을 담당하는 특수 교사가 더해졌으며, 학기마다 대학에서 나오는 한 명의 교생[14]이 함께했다.

---

14 위스콘신 대학의 교사 교육 프로그램에서는 한국과 비슷한 교생 제도(4개 학기)와 한국에는 없는 전일제 교생(한 학기 전체) 제도를 운영한다. 여기서 교생은 교사 교육 프로그램의 마지막 기에 실시되는 전일제 교생을 일컫는다.

배경

　나는 오랫동안 교직에 있으면서 학습 장애가 있다는 판정을 받은 학생들을 오랫동안 지도해왔다. 그래서 뉴욕과 위스콘신의 여러 학교 구에 있는 많은 교실을 직접 체험할 수 있었다. 이 교실들에서 나는 학생들이 무엇을 배워야 하는지 혹은 어떻게 배워야 하는지를 결정하는 과정에 참여하는 것을 거의 보지 못했다. 학생들은 수업을 전혀 따라가지 못하는 듯했고, 교사들도 하나의 수업과 또 다른 수업이 어떻게 연결되는지를 학생들에게 설명하려고 시도조차 하지 않는 듯했다. 학생들의 일상은 앉아서 45분 동안 수업을 듣고, 다음 수업으로 옮겨가서는 같은 일을 반복했다. 학생들이 "이거 왜 배우는 거예요?", "시험에 나오나요?", "이거 외워야 하는 거예요?"라고 물을 때면 나는 뭐라고 답해야 할지 난감했다. 학생들 역시 난감해했다.

　교사로서(나 자신의 학생 시절에도) 겪은 이와 같은 만족스럽지 못한 경험 덕분에 나는 새로운 방식의 학교를 만들어볼 생각으로 친구, 동료들과 내 생각을 공유하기 시작했다. 우리는 교육과정 수립은 물론 학교생활의 모든 측면에 학생들을 참여시키는 학교를 만드는 방안을 논의했다. 내가 오랫동안 잊고 있었던 통합적 교육과정이 이러한 방안을 실현하는 데 필요한 이론적인 틀거리를 제공해주는 것처럼 보였다. 나는 통합 교육과정을 운영하는 중학교에서 한 학급을 맡았었다. 거기에서는 학생들이 나와 함께 자신들이 배울 것을 기획했다. 학생들은 자신들의 관심사와 취미를 서로에게 가르쳤다. 그때의 경험을 까맣게 잊고 있었던 것이다.

　학생들과 함께 기획하는 통합적 교육과정, 협력 학습, 팀 티칭 등이 학습 장애아라는 꼬리표를 달고 있는 학생들을 포함한 모든 학생들은 물론 교사들에게도 유의미한 학습 경험을 제공한다는 사실을 나는 잘 알고 있다. 나는 교장을 포함한 학교 행정직원들에게 내가 하고자 하는 일을 설명했다. 그리고 나와 함께 팀을 이룰 교사들을 찾아 나섰다. 수학/과학 교사인 메리 플로서Mary Ploeser가 기꺼이 내 제안을 받아들였다. 나는 새 학기의 시작을 앞두고 잔뜩 흥분했다.

공동체를 만들다

교사들이 새 학년 첫날 교실에 들어가서 학생들에게 학급 헌장을 작성하라고 할 수는 없는 노릇이다. 교사와 학생들은 서로를 잘 모르는 사이다. 서로 다른 환경에서 살고 있고, 사회-경제적인 지위가 다르며, 인종적 배경도 다르다. 개학하고 첫 이틀 동안 학교는 사물함을 정해주고, 시간표를 정하며, 다양한 서류들을 작성하는 등 매우 분주하다. 그럼에도 불구하고 우리는 몇 가지 활동을 계획했다. 둘째 날 오후에 우리는 학생들에게 서로를 알고 공동체를 만들자는 제안에 대해 어떻게 생각하는지를 물었다. 이와 같은 간단한 질문은 학생들이 민주적 공동체를 만드는 것을 돕기 위해 주어졌으며, 이와 비슷한 여러 가지 제안들이 학기 초에 제공된다. 학생들은 조금의 망설임도 없이 생각을 쏟아냈다.

처음 두 주 동안의 주제는 "우리는 누구인가? 나는 누구인가?"였는데, 이는 교사들이 선정했다. 우리들(교사들과 학생들)은 우리들에 대해 더욱 잘 알기 위해 설문조사 실시가 도움이 되리라고 생각했는데,

그 설문 문항들은 모두가 함께 만들기로 했다.

우리는 서로의 이민 역사를 알고 싶어 했다. 그래서 가족 역사 조사 양식을 만들었고, 각자가 집에서 조상의 출신 국가에 대해 기록하기로 했다. 조사 양식에 있는 정보들은 출신 국가의 위치를 특정하고 매디슨 시로부터의 거리를 계산하는 데 사용될 수 있도록 구성되었다. 학생들은 그 국가들의 이름이 바뀌었는지를 확인하려고 구지도와 현재 지도를 비교했다. 이들은 자신의 정체성에 대해 좀 더 알고 싶어 했다. 그 일환으로 자기 이름first and last name의 의미를 알아내려고 도서관으로 향했다. 이 공동체의 일원인 교사들도 학생들과 똑같은 일을 했다.

"나는 누구인가?"에 답하기 위해 우리는 키를 재고, 가족의 건강과 교육에 대한 정보를 모았으며, 기억나는 장면들 위주로 구성된 간단한 자서전을 작성했다. 이렇게 작성된 자료들은 한데 모아 학급 전체의 자료로 재구성했으며, 이 자료를 바탕으로 개인들의 자료를 비교해 보았다. 우리는 지도에 각자의 집을 표시했다. 학생들은 서로를 인터뷰했고 이 내용을 전체에게 소개했다.

학생들은 우리 학급에 교사와 학생 모두에게 적용될 수 있는 규칙을 만들자고 제안했다. 만약 그런 규칙을 만들려면 그 규칙을 준수해야 할 사람들이 자신들의 의견을 반영해야만 한다. 우리는 이러한 '것'을 뭐라고 부를지 토론했다. 규칙, 가이드라인, 혹은 계약? 한 학생이 헌장을 제정하자고 제안했다. 교사들 주도로 헌장(법)이 무엇인지를 살펴보고 나서, 교사들과 학생들은 학급 헌장에 들어갔으면 하는 목록을 각각 작성했다. 두 개의 목록이 서로에게 제시된 후에 교사들과 학생들은 각각의 목록이 타당한 내용인지 만약 그렇다면 학급의 헌장에 들어갈 만한 내용인지에 대해 토론하고 협상했다. 교사들과 학생들은 각각의 목록에 대해 설명하고, 증거를 제시하거나 왜 특정한 목록이 필수적인지를 전체에게 설득했다. 목록 선정에 합의가 이루어진 후 학생위원회와 한 명의 교사가 논의되었던 문구 및 아이디어를 가지고 이 장의 앞에서 소개했던 학급 헌장의 형식으로 정리했다.

우리는 1개 학년도 동안 이 학급 헌장을 준수할 것이다. 많은 경우에 교사들보다는 학생들 스스로가 학급 전체에게 이 학급 헌장을 상기시키는 역할을 했다. 학생들은 전체 학생들이 참여해서 만들어놓은 헌장을 가볍게 여기지 않았다.

헌장을 성안하는 작업 이외에 학기가 진행되면서 이루어진 다른 활동들도 공동체를 만드는 데 도움이 되었다. 우리는 협력적인 게임이나 학교 숲에 조성된 로프 코스[15]를 함께했다. 한 가지씩 요리를 가지고 와서 저녁식사를 함께했으며, 부모님들을 초청해서 우리의 프로젝트를 보고 발표를 들을 수 있도록 했다. 우리가 이룬 성과들을 다른 학급과 공유하고 학교의 행정직원들을 초청해서 우리의 활동에 참여토록 했다.

이러한 활동 중에 월요일 아침마다 열리는 '공유의 시간'이 있었다. 이 활동은 아이디어 단계에서는 그리 큰 호응을 얻지 못했지만, 나중에는 우리가 가장 좋아하는 활동 중 하나가 되었다. 학생들은 직접 겪은 일이거나 전해 들은 일 등 어떤 것이라도 발표할 수 있었다. 학생들의 참여가 너무 적극적이어서 대부분은 시간제한을 두어야만 했다. 이 시간을 통해 우리는 학생들이 경험한 즐거운 이야기뿐 아니라 이

---

15 로프로 만들어진 훈련 기구. 로프 코스는 외줄 다리나 그물망 오르기 등으로 구성되는데 개인 발달이나 팀워크 형성에 사용된다.

들이 겪고 있는 많은 스트레스에 대해서도 들을 수 있었다. 공유의 시간을 통해 우리는 서로에게서 보지 못했던 부분들을 알 수 있었고, 서로가 여가 시간에는 무엇을 하는지, 가족 상황은 어떻게 되는지, 뉴스에서는 어떤 내용을 듣는지를 알 수 있었다. 우리는 이 시간을 그 자체로 매우 가치 있을 뿐 아니라 우리가 만드는 민주적인 공동체의 중요한 일부로 여겼다.

학년 초 2주 동안 벌어진 일에 대한 부분적인 묘사만을 통해서도 독자 여러분은 학생들에게 이미 공동체 형성을 위한 활동에 참여할 수 있는 많은 기회가 부여되었음을 눈치챘을 것이다. 우리는 모든 이들의 생각을 경청했고 그럼으로써 학급을 구성하는 다양성, 즉 성별, 빈부, 나이, 인종 등을 존중할 수 있었다. 설문조사를 보면, 우리는 모든 사안에 동의하지는 않았지만 어떤 사안들은 모두에게 중요하다고 생각하고 있음을 알 수 있다. 우리는 우리가 누구인가에 대한 인식을 공유했으며 서로를 신뢰하기 시작했다. 우리는 공동체가 되어 갔다.

함께 계획하다

학생들과 교사들이 함께 작성한 헌장은 "배움은 우리에게 의미 있게 될 것입니다"라고 선언하고 있다. 의미 있는 학습을 보장하는 일환으로 우리는 교육과정을 계획하는 일에 학생들을 참여시켰다. 함께 계획하는 교육과정의 목적은 학생들이 자신들과 세계에 대한 이해의 폭을 넓히는 것이었다. 우리는 구성주의적 접근법을 사용해서 학생들에게 그들이 자기 자신들과 세계에 대해 가지고 있는 걱정거리와 의문들을 구체화해줄 것을 요청했다. 다음은 학생들이 스스로에게 던진 질문들 중에서 발췌한 것이다.

- 내 피부색은 어떻게 형성된 것일까?
- 죽은 뒤에는 나에게 어떤 일이 일어나는 것일까?
- 나는 왜 나로 태어났으며, 우리 가족에 태어난 것일까?
- 내 자식들은 나와 같은 길을 걸을까?
- 왜 학교는 나에게 이렇게도 힘든 것일까?
- 어떻게 내 신체 장기들은 쉬지 않고 일하는 것일까?
- 내가 정말로 사랑에 빠져 있다는 것을 어떻게 알 수 있을까?
- 나는 장차 성공하고 행복할 수 있을까?
- 나는 왜 이렇게 작지?

다음은 학생들이 세계에 대해 던진 질문들 중 일부이다.

- 왜 어떤 사람이나 집단은 스스로가 다른 이들보다 우월하다고 생각할까?
- 인종주의는 처음에 어떻게 생겨났을까?
- 종교는 어떻게 변화 발전했을까?
- 남녀 성기 어떤 쪽도 가지지 않고 태어난 사람도 있을까?
- 왜 어떤 사람들은 동성애자일까?
- 조직폭력은 언제쯤에나 끝이 날까?
- 왜 그렇게도 많은 정치인들은 정직하지 못할까?

- 백인이 아닌 사람이 대통령이 되는 날이 올까?
- 모든 사람들이 생존하기에 충분한 자원이 있는 날이 올까?
- 태양이 다 타버린다면 무슨 일이 벌어질까?
- 우주는 어떻게 만들어진 거지?
- 새는 어떻게 날 수 있을까?
- 외계 생명체가 있을까?
- 지구가 사람들로 가득 차서 사람들을 우주로 보내야만 하는 때가 오게 될까?
- 100년 후에는 사람들은 어떤 모습으로 변화되어 있을까?
- AIDS 치료법은 개발될 수 있을까?
- 왜 미성년자는 투표할 수 없는 거지?
- 롤러코스터는 어떻게 작동하는 거지?
- 인기 있는 애들은 왜 인기가 있는 거지?
- 왜 우리는 나쁜 뉴스만 듣게 되는 거지?

학생들은 처음에는 혼자서 질문을 만들어낸다. 그리고 소그룹으로 모여서 서로가 공유하고 있는 질문들을 찾아낸다. 이런 식으로 학급 전체가 공유하는 질문들을 찾아낸 후에는 자신에 대한 질문과 세계에 대한 질문들의 연관관계를 찾아 나선다. 이러한 연관관계가 몇 개의 주요 주제들을 형성하고, 교육과정은 그러한 주제들을 중심으로 구성된다. 학생들은 이렇게 발굴된 주제들을 다음과 같이 정리했다.―주의들, 우주, 시간(과거와 현재), 두뇌를 자극하는 퍼즐, 환경, 죽음, 전쟁, 폭력, 분쟁.

학생들은 각각의 주제들 속에 포함되어 있는 스스로와 세계에 대한 질문에 답할 수 있는 학습 활동들을 구체화했다. 학생들이 제안한 학습 활동을 담고 있는 교육과정은 개인의 학습 스타일과 학생들이 좋아하는 것 그리고 잘할 수 있는 것들을 반영하기 시작했다. 하지만 학생들도 스스로가 다양한 기능들을 계발할 필요가 있음을 알고 있었다. 우리가 만든 교육과정에 오직 읽기 과목만 있다면 무슨 일이 벌어질 것인가, 학생들에게 물었다. 학생들은 곧바로 균형이 있어야 한다고 응답했다.

"우리 모두는 읽기, 쓰기, 수학, 그리고 우리가 학교에서 배우는 다른 기본적인 것들을 꼭 배워야 해요."

이 과정에서 교사들은 교실 앞에서 모든 활동을 지시하는 전통적인 역할을 맡는 대신 활동들을 조율하고 학생들과 협력하는 역할을 담당했다. 교사들은 학생들이 토론을 진행하는 것을 도왔고, 문제를 명료하게 하는 질문을 던지는 방법을 보여주었으며, 같은 질문을 다양한 문구로 만드는 방법들을 제시했다. 교사들은 또한 한두 명의 학생들이 그룹 토론을 주도하지 않도록 모니터링하고, 학생들의 의견에 대해 격려하거나 대안을 제시했다. 교사들은 학생들이 다른 이들의 의견을 경청하도록 도와주었고 모든 사람이 자신의 의견을 가질 권리가 있음을 모두에게 상기시키곤 했다.

학생들과 교사들이 교육과정을 함께 계획하면 놀라운 일들이 벌어진다. 모든 이들이 우리가 무엇을 배울 것인지에 대한 결정에 참여할 기회를 가진다. 학생들은 교사들이 자신들의 의견에 귀를 기울이고 있음을, 자신들을 존중하고 있음을 알게 된다. 학생들과 교사들은 서로가 한 행동과 말들이 어떻게 교육과정으로 탈바꿈하는지를 목격하면서 이들 사이의 존경과 신뢰가 두터워진다. 학년 초에 학급 전체가 함께 계획을 수립했던 경험은 학년 전체에 걸쳐서 열린 분위기를 조성한다. 이러한 계획 중에 큰 역할을 하는 것은 교육과정인데, 이렇게 계획된 교육과정은 전통적인 교육과정에 비해 '잠재적'[16]인 부분을 상당부분 소거한 교육과정이 된다.

우리는 커다란 질문과 관심을 가지고 있다

학생들이 제기한 질문들을 일일이 열거하려면 많은 지면을 할애해야 할 것이다. 하지만 위에서 언급된 질문들만으로도 학생들이 스스로와 세계에 대해 가지고 있는 의문과 관심에 한계가 없음을 충분히 보여준다. 그들은 거의 모든 일에 대해 궁금해하고 그 모든 복잡성 속에서도 그에 대해 이해하려고 노력하며, 자기가 누구인지 나중에 무엇이 되고 싶은지를 알고 싶어 한다. 그들이 던진 진지하고도 사려 깊은 질문들은 자신을 지배 문화를 포함하는 다양한 문화에 속해 있는 수많은 공동체의 일원으로서 이해할 때 더욱 구체적인 의미를 가질 수 있다.

이러한 답을 찾으려고 우리는 종종 계획하지 않은 일들을 하기도 했다. 하나의 질문은 대개 여러 개의 새로운 질문을 낳는데, 새로운 질문들은 "왜 이건 이래야만 하는 거지?", "누가 그렇게 말했는데?", "누가 결정한 거지?", "왜 우리가 그걸 바꿀 수 없는 건데?" 등과 같

---

16 잠재적 교육과정이란 교육과정 속에 담고 있는 내용보다는 그것이 전달되는 제도나 형식에 주목하는 개념이다. 학교에서 이루어지는 교육 활동은 일정한 계획에 의해서 제시되는 교육과정(내용)만을 학생들에게 전달하는 것이 아니고, 전달의 제도와 체계 혹은 방식에 의해서 한 사회가 가지고 있는 특정한 지배 이데올로기를 학생들에게 전달한다.

은 질문들이다. 민주주의, 존엄성, 다양성이 우리 학급의 핵심 가치이기 때문에 우리는 모든 질문들과 주제들을 이 가치들을 통해 보려고 노력한다. 만약 학생들이 이와 관련된 질문들을 제기하지 않으면 교사들이 한다. 우리는 학생들이 배우는 내용을 비판적인 시각으로 바라보는 데 익숙해지기를 원했으며, 가능한 한 다양한 시각에서 문제를 볼 수 있기를 원했다. 예를 들어, xx주의를 다루는 단원의 한 활동은 여성 발명가나 주요한 사회운동에서 큰 역할을 한 여성 활동가들의 상대적 자율성을 다루었다. 학생들은 인류의 진보에 중요한 공헌을 한 여성들에 대해 배웠다. 그리고 학교 도서관의 사회과 및 역사과 장서에서 이 여성들에 대한 정보를 찾아보았다. 학생들은 이 여성들에 대한 정보가 수많은 교과서에서 거의 언급조차 되지 않은 사실을 무척 놀라워했다. 그리고 왜 이런 일이 벌어졌는지를 알고 싶어했다.

우리는 누가 교과서를 쓰는지에 대해, 누가 교과서를 만드는 출판사를 소유했는지에 대해, 역사 전체를 통해 우리 사회가 여성들을 어떻게 취급했는지에 대해, 그리고 여성의 공헌이 포함된 보다 완벽한 역사에 대해 듣기 위해 우리가 무엇을 해야 하는지에 대해 토론을 했다. 교사들은 학생들에게 여성들의 공헌이 무시되던 비슷한 시기에 또 다른 그룹(역자 주: 예를 들어 유색인종)의 뛰어난 공헌들도 생략되어 있음을 상기시켰다. 학생들은 어떤 질문들은 교과서를 통해 알아낼 수 있음을 배웠다. 하지만 질문에 따라서는 다양한 출처를 확인하는 것이 더욱 온전한 답을 찾는 길임 또한 배우게 되었다. 이들은 연구를 하면서 같은 주제에 대해 상이한 정보가 제공될 수 있음을 알게 되었고, '믿을 만한' 출처라는 것이 언제나 정확한 것은 아니라는 것을 알게 되었다.

중학교에서 근무해본 경험이 있는 사람이라면 누구라도 청소년들이 사회문제를 해결하는 데 있어서 공평함과 정의를 중요시한다는 것을 알고 있을 것이다. 이들은 자기 나름의 도덕성이라는 잣대를 통해 생각하고 그들에게 '주어진' 가치들을 계속해서 준수할 것인지를 결정하는 때로는 고통스러운 과정들을 겪어내곤 한다. 교사들은 학생들에게 그들이 만들어낸 질문들에 대해 비판적으로 생각해보도록 자극했다. 또한 교사들은 학생들이 교사, 부모, 심지어는 친구들에게도 곤란한 질문을 계속해서 던져보라고 격려했다. 학생들이 하는 질문의 깊이는 매일 함께 생활하는 교사들에게도 놀라운 수준이었다. 교사들은 종종 우리가 그들만 한 나이였을 때 이러한 '큰' 질문을 생각해낼 수 있었는지 궁금해했다. 그때는 누구도 이러한 질문을 던져봐야 한다고 격려하지 않았다.

학교 공개 행사의 일환으로 우리는 학부모들에게도 자신과 세계를 주제로 하는 같은 질문을 했다. 그들은 학생들과 많은 부분 겹치는 질문들을 만들어냈다.

- 가장 더러운 도시, 깨끗한 도시? 문화?
- 왜 재활용품을 이용한 제품이 많지 않을까?
- 왜 우리는 음식으로 쓰기 위해 그렇게 많은 동물들을 죽여야만 할까?
- 어떻게 하면 우리는 일자리를 만들어내고 이를 유지할 수 있을까? 동물들과 환경은?
- 우주정거장은 현재 어떤 상태일까?

- 우리는 우주계획에 얼마나 많은 돈을 쓰고 있을까?
- 우주에 대한 소유권은 누구에게 있지?
- 인종주의에 끝은 있을까?
- 왜 사람들은 서로를 죽일까?(전쟁이 아닌 곳에서도)
- 모든 사람들이 생존하기에 충분한 자원이 있는 날이 있을까?
- 나는 무슨 직업을 가질 것인가? 어떤 종류의 직업이 있을까?
- 지구가 멸망하기 전까지 인구는 계속 증가할까?
- 미성년자가 선거에 참여할 수 있을까?

교사들은 학생들에게 오늘날의 세상이 어떻게 현재의 모습을 하고 있는지를 밝혀내려는 시도를 해볼 수 있는 권리가 있다고 믿는다. 그런데 이러한 믿음이 처음부터 가능했던 것은 아니다. 학생들이 제출한 엄청나게 긴 질문들과 학습 활동 리스트를 보면서 어떻게 이처럼 부담스럽고 현실적인 문제들을 가르쳐야 하는지 감당하지 못하던 때도 있었다. 그럴 때마다 우리는 '왜 현실이 이러한지를 알고 싶어 하는' 학생들의 강한 욕구를 떠올렸다. 그리고 이러한 문제의 답을 찾는 학생들을 도와야 한다는 우리의 사명을 다시 확인하곤 했다.

우리 반에서 일어나는 일들이 어느 학교에서나 일어나는 흔한 일이 아니라는 사실은 나도 잘 알고 있다. 많은 교실에서 학생들이 던지는 질문은 환영받지 못한다. 하지만 우리는 학생들에게 질문할 권리와 알 권리가 있다는 믿음을 유지하고 있다. 그들에게는 자신들의 질문을 진지하게 여겨주는 학교의 일원이 될 권리가 있다.

학생들이 자신들에 대한 평가 개발에 참여하다

"201/202호실 박물관에 오신 것을 환영합니다."

"박물관 투어를 이제 막 시작합니다. 안내 요원 뒤로 줄을 서주시기 바랍니다."

학생들이 분주하게 움직인다. 몇은 자리를 찾고, 몇은 서류들을 모으고, 한 무리의 학생들은 교실 앞에서 한 줄로 도열했다.

"저는 리사Lisa입니다. 제가 여러분의 첫 안내 요원입니다. 저는 여러분에게 열대우림이 무엇이고 어디에 위치해 있는지를 설명해드리겠습니다. 다른 안내 요원들은 열대우림의 특산품, 기후, 강수, 지표수, 토양, 그리고 멸종 위기 동식물에 대한 설명을 담당할 것입니다. 여러분은 그 지역민들에 대한 이야기, 그리고 왜 이 지역이 뉴스에 등장하는지에 대해 설명을 듣게 되실 거예요. 여러분은 또 그 밖에 열대우림의 신기한 것들에 대해 알게 될 것입니다."

교실을 둘러보면서 방문자들은 열대우림에 대한 것들보다 더 많은 것을 보게 된다. 한 학생이 집에서 쓰던 플라스틱 수영장은 물, 풀, 올챙이, 개구리를 갖춘 연못으로 변해 있었다. 다양한 나뭇잎들이 덮인 나뭇가지들로 만들어진 숲도 있는데, 이 숲에는 사슴, 너구리, 새, 곰 여러 동물 인형들이 자리 잡았다. 뱀 인형이 사막의 모래 위를 기어가고 독수리 한 마리가 그 위를 날고 있었다. 방문자들은 또한 지하수와 관련된 모형도, 차트, 포스터, 입체 모형, 그리고 "이거 아세요?"라고 쓰인 게시판을 볼 수 있다. 교실은 생생하게 살아 있었다.

박물관 도처에서 학생 안내 요원들은 다양한 주제에 대해 이야기를 나누었다. 교실 앞쪽에서는 제프Jeff가 열대우림의 먹이 사슬에 대해 설명하고 있었다. 그는 독성이 강한 나무 개구리의 사진과 작은 곤충들이 앉아 있는 나뭇잎 사진을 들고 있었다. 제프는 개구리 사진을 투칸[17]의 사진으로 바꾸며 열대우림의 멸종 위기 동식물에 대해 말하기 시작했다.

투어가 마무리될 즈음 열대우림 안내 요원들은 방문자들에게 질문이 있느냐고 물었다. 여기저기에서 손을 들었다. 안내 요원들이 답할 수 있는 것은 그 자리에서 답을 했고, 모르는 것은 박물관 요원들이 바로 답을 찾아줄 것이라는 약속과 함께 질문 내용을 받아 적었다. 안내 요원들은 방문자들에게 감사의 인사를 전하고 자기 자리로 돌아갔다. 그리고 다음 기후 생태계를 담당한 안내 요원들이 자리를 잡았다.

이러한 박물관 투어가 가능하려면 많은 일들이 선행되어야 한다. 우선 학생들은 어떤 기후 생태계를 공부할지를 결정해야 한다. 그런 다음 교사를 포함한 학급 전체는 각각의 모둠들이 충족해야 할 요건들을 결정한다. 모둠원들은 누가 어떤 역할을 맡을지를 결정한다. 모든 연구는 구체적인 발표물을 제작하기 전까지는 끝마쳐야 한다. 어디에 생태계 모형을 설치할 것인지도 결정되어야 한다. 지도를 제작하고, 보고서를 작성하며, 발표 연습 등이 진행되어야 한다. 안내 요원과 함께하는 박물관 투어는 '환경' 단원에 대한 각 모둠별 동료 평가였다. 교사들은 투어를 동영상으로 기록했고, 발표의 충족 요건 리스트를 점검했다. 투어에 대한 평가는 학생들의 몫이었다.

학생들은 단원을 만들거나 주제 평가에 참여하곤 했는데, 그것은 학생들의 기말 프로젝트나 발표, 혹은 자기평가 같은 것들이었다. 예

---

17 Tucan. 열대우림에 사는 새의 이름.

를 들어 학생들은 xx주의에 대해서 다양한 연령대의 학생들이 학습할 수 있도록 멀티미디어 프레젠테이션을 개발했다. 미래의 우리 삶의 모습은 어떠할지를 보여주기 위해 콜라주, 책, 또는 상자를 만들었다. 태양계의 한 행성에 대한 프레젠테이션을 개인 차원에서 그리고 모둠 차원에서 제작했다. '환경 단원' 학습 활동의 일환으로 지역사회에 대한 봉사를 수행했다. 학생들은 평가가 어떻게 이루어져야 하는지에 대해 의견을 말했다. 교사들은 기꺼이 그들의 의견을 듣고 함께 토론을 벌였고, 이를 통해 학생들에게 그들의 의견이 중요하게 다루어진다는 메시지를 전달했다.

학생들은 한 단원이 끝나면 자기평가를 수행했다. 교사들과 학생들은 평가에 포함되어야 할 영역에, 가령 수행한 과제의 양과 질, 과제 수행에서 어려웠던 점과 쉬웠던 점, 학생들이 기울인 노력과 관심사, 과제 수행에서 가장 좋았던 것과 가장 하기 싫었던 것, 개인적으로 과제를 수행할 때와 모둠으로 할 때의 차이점 등에 대해 논의를 했다. 이러한 시간을 통해 학생들은 그들이 수행한 과제들을 점검해보았다. 그리고 나서 이 과정에서 새롭게 배운 것을 글로 정리했다. 마지막으로 학생들은 다음 단원의 목표를 수립했다.

우리가 이걸 다 했단 말이야!

학생들이 수행한 모든 학습 활동의 결과물은 스스로가 확인할 수 있도록 한곳에 모아서 보관했다. 이러한 '포트폴리오'는 학생들이 수행하는 자기평가에 토대를 제공한다. 나는 학생들이 자신들의 포트폴리

오를 살펴볼 때마다, '우리가 이걸 다 했단 말이야!'라는 탄성을 듣곤
했다.

　모든 학생들에게는 과제 수행 과정을 기록하는 공책이 있었다. 매
일 하루 일과가 끝나갈 즈음이면 교사는 칠판에 몇 가지 질문들을 적
었다. 그것은 학생들이 그날 배운 주요 내용들을 상기할 수 있게 해주
는 질문들이었다. 학생들은 이에 대한 답을 작성해서 제출했고, 교사
는 제출된 답변서를 통해 각 학생의 성취 수준을 점검하고, 그날 수업
에 대한 학생들의 피드백을 들을 수 있었다. 많은 학생들이 제대로 답
하지 못하기도 했는데, 이런 경우에 교사는 학생들에게 추가적인 학
습 경험을 제공해야 한다는 사실을 잘 알고 있었다.

　교사들은 8~10명으로 구성된 모둠들과 만나서 현재 진행 중인 주제
에 대해 토론하고, 학생들의 의견을 수렴하고, 학습 활동에 대한 반응
을 점검하거나, 추가적인 설명이나 학습 활동에 대한 요청을 받았다.
교사들은 이 시간을 활용해서 학생들이 비판적 학습에 대해 숙달할
수 있게 하고, 그들이 그때까지 한 활동을 점검하며, 다양한 학습 활
동에 대한 이들의 피드백을 들었다.

　각 단원의 말미에 교사들과 학생들은 학생들이 던진 질문에 답하기
위해 필요한 지식과 기능들을 목록으로 만들려고 했다. 우리는 교육
과정에 대한 우리의 새로운 접근법을 불편해하는 사람들이 있으리라
는 걸 알고 있었다. 이들은 이 접근법을 통해 학생들의 배움이 일어났
음을 확인할 수 있는 근거를 요구할지도 몰랐다. 그 근거로 학생들의
학습 자료를 모아두는 것보다 더 유용한 방법이 있을까? 중학생쯤 되
면 대부분의 학생들은 교육 용어들을 사용할 줄 안다. 그래서 이들은
자료의 목록에 "읽기, 쓰기, 소통, 연구, 수학 이용하기, 지도, 그래프와

표 이용하기, 과학적 방법론 이용하기, 컴퓨터 이용하기, 듣기, 보고서 제출, 그리고 모둠 활동" 등과 같은 용어들을 열거했다.

칠판에 목록을 열거하기, 모둠 안에서 토론하기, 개별적으로 과제 수행 과정 기록하기 등을 통해 교사들은 학생들이 제대로 배우고 있는지를 점검할 수 있었다. 우리 반 모두는 얼마나 많은 것을 이루고 배웠는지에 대해 스스로 놀라워했다. 평균, 중앙값, 최빈값을 계산하는 방법을 배우거나 어떻게 환경부의 관료에게 연락을 취할 수 있는지를 배우는 것과 같은 활동을 하면서 학생들은 스스로 제기한 문제에 대한 답을 찾아나갔고, 활동을 진행하면서 여기에 담겨 있는 학습 목표를 알아낼 수 있었다. 모든 학습 활동이 학생들 스스로가 수행한 직접적인 학습 활동의 체험을 바탕으로 지식을 습득하도록 구성되었기 때문에, 그 과정에서 학습의 대상, 방법, 목적 사이의 관계를 알아낼 기회가 많았다. 사실상 그들은 적극적으로 자기 스스로를 교육한 것이다.

우리 교사들은 학생들이 많은 것을 배우기를 원했고, 그들이 많은 것을 배웠다는 사실을 알게 되기를 원했다. 또한 우리는 학생들이 최근에 배운 단원 혹은 당해 학년 전체를 돌아볼 수 있고, 그래서 그들이 이룩한 수많은 성취를 분명히 확인할 수 있기를 원했다. 우리는 학생들이 전통적인 교육과정에서 규정하는 것처럼 개별적으로 구분된 과목들로 배우지 않았다 할지라도 전문가들이 말하는 학업 수준을 충분히 성취했음을 알기를 원했다.

모두가 함께하다

학생들은 대부분의 시간 함께 학습했다. 때때로 교사들은 학생들에게 함께 학습하고 싶은 사람 한 명을 얘기해보라고 요구했다. 그러고 나서 다양한 능력을 지닌 학생들로 구성된 협력 학습 모둠을 구성했다. 이 모둠은 하나의 활동이나 때로는 하나의 단원이 끝날 때까지 유지되었지만, 우리는 한 학년도 동안 계속해서 모둠 구성을 새롭게 하려고 노력했다. 그렇게 해서 학생들은 모두가 학급 전체와 함께 배울 수 있는 기회를 가졌다. 이 전략은 우리의 의도를 적절히 구현한 것으로 보인다. 학생들은 다른 학급에서는 단지 몇 명의 친구들만을 알 수 있었을 뿐인데, 우리 반에서는 모두를 알게 되었다고 말했다.

우리의 학급 헌장은 협동과 협력을 요청하고 있다. 우리는 가능한 한 경쟁을 없애길 원했다. 뚜렷한 형태의 경쟁이 없는 상황에 가장 적응하기 힘들어했던 것은 우등생들이었다. 그들은 기존에 익숙했던 수많은 문제지와 개인 과제를 수행하는 대신에 개인별, 모둠별 프로젝트를 진행해야 했기 때문에 처음에는 잘 적응하지 못했다. 하지만 몇 주가 지나고 나서 그들은 다른 이들과 협력하는 것이 자신들의 공부를 저해하지 않는다는 걸 알게 되었다. 그들은 또한 우리가 수행하는 프로젝트와 학습 활동이 문제지들보다 훨씬 더 복잡하고 수준 있는 학습이라는 사실도 깨달았다.

학생들은 모두가 친구들에게 가르치는 역할을 맡을 수 있고, 교사들에게 모든 것을 의존하지 않아도 된다는 걸 알게 되었다. 결국 교사들도 때로는 학생들과 함께 주어진 질문에 답하기 위해 노력했다. 우리는 함께 배움으로써 우리의 질문에서 비롯된 지식을 만들어가는 것을 경험했다. 우리는 모두에게 중요한 공통의 목적을 향해 함께하였다. 그리고 한 단원의 학습이 끝날 때마다 완성된 과제와 프로젝트에 박수를 보내며 즐거워할 수 있었다.

우리 반과 얘기를 나누고 싶나요?

우리는 종종 지역사회 구성원들을 우리 학급으로 초대해서 학생들이 제기한 질문에 대한 답을 찾는 데 도움을 받는다. 학생들은 언제나 "전문가를 모시지요"라고 제안한다. 학생들은 전문가를 찾는 데 큰 도움을 제공했다. 학생들은 별별 사람들을 다 알고 있었다. 우리는 해당 전문가에게 전화를 할 때 그를 추천한 학생의 이름을 밝혔다. 그러면 모두가 기꺼이 우리를 도와주었다. 해당 전문가는 우리가 요청하는 정보가 얼마나 구체적인지를 알고 놀라움을 표하곤 했다. 그리고 우리 반이 그들의 방문에 맞추어 준비를 얼마나 잘하고 있는지에 대해 칭찬했다. 어떤 이들은 우리가 선택한 학습 주제들에 대해서도 놀라워했다.

교사들은 학생들이 다양한 직업의 가능성에 대해 열려 있기를 원했다. 그래서 초청된 전문가들에게 그들이 종사하는 현재의 직업을 가지려면 어떤 교육을 받아야 하는지에 대해서도 소개해줄 것을 요청했다. 전문직 종사자, 상인, 서비스 종사자, 은퇴자, 주류가 아닌 직업에 종사하는 사람들, 심지어는 AIDS 환자 간병인도 초청되었다. 우리 반은 이런 분들에게서 배웠고, 그들은 우리에게서 배웠다.

교사-학부모 회의에 학생들이 참석하다

　모든 것이 준비되었다. 학생들의 학습 활동을 담아놓은 포트폴리오가 학생별로 정리되어 있는 가운데, 우리 반은 비교적 즐거운 분위기였고, 회의를 위한 테이블과 의자가 준비되었으며, 나는 긴장했다. "정말로 이 방법이 효과가 있을까?" 나는 자문했다. "이 녀석들이 정말로 학부모-교사 회의에서 제 몫을 담당할 수 있을까? 충분히 준비는 하고 왔을까? 학부모들은 아이들의 얘기를 귀담아들으려고 할까?"

　몇 번이고 시계에 눈이 갔고 이윽고 회의 시간이 되었다. 첫 번째 회의는 홀리 어머니와 잡혀 있었다. 홀리는 똑똑한 아이였고 줄곧 좋은 학업 성취를 보였지만, 토론에는 (그것이 소규모건 대규모건) 참여하고 싶어 하지 않는 아이였다.

　홀리가 먼저 들어왔고, 바로 테이블에 앉았다. 이윽고 홀리 동생을 데리고 홀리 어머니가 들어왔다. 나는 홀리가 회의의 서두를 먼저 시작하기를 기다리면서 홀리의 폴더를 어머니 앞으로 밀어놓았다. 나는 동생 쪽으로 몸을 향하며 아이의 손을 잡으면서 "애는 누구예요?"라고 물었다. 이윽고 홀리의 서두가 시작되었다.

　그녀는 엄마와 동생을 나에게 소개했다. 그러고는 곧장 자신이 그동안 해온 학습 활동에 대해 말하기 시작했다. "이게 내가 한 학습 활동 중에서 가장 잘한 것이에요." 홀리는 몇 장의 자료를 폴더에서 꺼낸 후에 각각에 대해 설명했다. 어머니는 몇 가지 질문을 했다. 그리고 "이거 네가 작성하던 때가 생각나"라든가 "결국은 잘 마무리했네." 같은 몇 마디의 코멘트를 했다. 홀리는 제일 잘한 과제들은 학교 폴더에 보관되었다가 학년 말에 집으로 보내질 것이라고 말했다.

그러고 나서 홀리는 스스로 작성한 자기평가서를 읽어주었다. 읽기를 마치고 나서 홀리와 엄마는 왜 홀리가 친구들 앞에서 발표하기를 원하지 않는지를 이야기하기 시작했다. 홀리의 엄마도 10대 때는 학급 앞에 나서서 발표하는 것을 원하지 않았다고 했다. 둘은 홀리가 쉽게 할 수 있는 것과 감당하기에 벅찬 것에 대해 이야기했다. 홀리는 자신이 TV를 보면서 숙제하는 것은 좋은 습관이 아니라는 사실을 인정했고, 이 때문에 둘은 웃음을 터트렸다. 엄마는 홀리가 스스로에게 너무 엄격하다는 점을 말하면서 다음 분기의 목표에 대해 의견을 나누었다.

교사인 나는 놀란 표정을 감추지 못한 채 그냥 앉아만 있었다. 내가 해야 할 말을 홀리가 다 했고, 내가 할 수 있었던 것 이상의 역할을 해주었다. 나는 그저 둘이 나눈 수많은 대화에 장단 맞춰주는 역할만 했다. 회의가 끝났을 때, 우리 셋은 웃는 얼굴로 일어섰다. 우리의 눈은 마치 "이것 참 좋은데요, 다음에도 이렇게 해요"라고 말하는 것 같았다.

예전의 교사-학부모 회의는 언제나 실망스러웠다. 회의에 중심 주제가 되는 학생들은 참가조차 하지 않았다. 우리는 이러한 회의를 뜯어고치기로 했는데, 학생들의 의견을 듣는 것에서부터 시작했다. 학생들은 이 회의에 참석하는 학부형들이 매년 비슷한 얘기를 듣는다는 사실을 지적했다. "집중만 조금 더 잘한다면 댄Dan은 훨씬 더 잘할 수 있을 거예요." "브라이언Brian은 학급 활동에 더 적극적으로 참여해야만 합니다." "제이미Jamie는 아주 잘하고 있어요." "앨리Ali는 자신의 숙제를 제대로 하지 않는군요." "팀Tim은 수업 시간에 친구들과 잡담을 너무 많이 해요." 학생들은 부모들이 회의에서 좋지 않은 소리를 듣고 오면 자신들을 들들 볶고, 잘하고 있다는 소리를 들으면 회의에 다녀온 사실조차 언급하지 않는다고 말했다. 학생들은 학부모나 교사가 대개는 학생들이 무엇을 더 해야만 하는지는 이미 알고 있으니, 변화된 회의에서는 자신들의 장점에 대해 말하는 것이 더 유익하지 않겠느냐고 제안했다.

교사들과 학생들은 교사-학부모 회의에서 학생들이 스스로 뽑은 "학습 활동 중에서 가장 잘한 것"을 중심에 둘 것과 학생들이 작성한 자기평가서 및 학습 목표를 회의 내용에 포함시킬 것을 결정했다. 학습 활동 중에서 가장 잘한 것은 5~6개의 학습 활동 자료들을 모아놓은 것인데, 이는 학생들 스스로가 자신의 기준에 따라 선정했다. 여기에는 학생들이 가장 좋아하는 것, 좋은 성적을 받은 것, 자신의 관심 분야, 또는 어려워 보이는 것들이 포함될 수 있다. 어떤 학생은 쓰기, 수학, 사회 또는 다른 과목들을 망라한 학습 활동 자료를 선택했다. 이것 이외의 다른 학습 활동 자료들은 회의 결과에 따라서 회의에서 함께 살펴보거나 집으로 보내졌다.

홀리의 예에서 본 것처럼 새로운 방식의 교사-학부모 회의가 기존의 회의와 구별되는 요인은 회의 전반을 관통하는 학생들의 직접적인 참여 및 역할이다. 학생들은 세 개로 구성된 회의용 폴더, 즉 1) 자기평가서, 2) 성적표, 3) 학습 활동 중에서 가장 잘한 것 중 어느 것을 가지고도 회의를 시작할 수 있었다. 그렇더라도 학생들은 회의가 진행되는 도중 어느 지점에선가는 반드시 어떤 것을 배웠는지를 설명해야만 하고, 학습 활동 중에서 가장 잘한 것을 중심으로 그와 관련된 자료들을 제시해야만 했다. 대부분의 회의에서 학부모는 추가 질문을 던졌고, 학생은 추가 정보를 제공했다. 자기평가서는 학생이 그 자리에서 소리 내어 읽거나 학부모가 읽을 수 있도록 제공되었다. 이와 함께 학습 목표도 반드시 논의해야만 했다.

교사는 꼭 필요할 때만 회의에 끼어들었다. 우리는 학생들이 자기의 강점과 약점에 대해 평가할 수 있는 능력을 갖추고 있음을 알게 되었다. 우리는 적지 않은 학생들이 너무나도 엄격하게 쓴 자기평가서를 좀 더 유연하게 만들어주어야만 했다.

학생과 학부모에게 이 회의는 학생의 학업에 대해 진지하게 얘기해볼 수 있는 몇 안 되는 기회였다. 대부분의 학생은 자신이 잘하는 것과 더 노력해야 할 것을 정확히 알고 있었다. 기존의 학부모-교사 회의에서 논의되었던 것들이 자기평가 및 학습 목표에 대한 논의를 통해 도출되었다. 그리고 새로운 회의 방식은 학생들에게 무엇을 어떻게 말할지에 대한 광범위한 재량권을 부여했다. 다양한 상황에서 누가 '파워'를 갖는지가 민주적인 교실을 만드는 데 중요한 역할을 한다.

우리의 경험을 뒤돌아보다

학생들과 함께 교육과정을 기획하기 시작한 지 벌써 두 해가 지났다. 배우는 이들을 참여시키지 않는 교육과정과 '우리' 학급 운영은 이제 상상할 수조차 없다. 학생들의 나이가 아무리 어리더라도 내 생각에는 변함이 없다. 매 학년마다 학생들은 자신들의 교육을 기획하고 계획해나가는 데 기꺼이 능동적으로 참여할 수 있음을 그리고 감당할 수 있음을 증명했다.

어떤 학생들은 교육과정을 구성하는 것이 너무 힘들다면서 "선생님들이 알아서 다 하면 안 돼요?" 하고 묻곤 했다. 우리가 학생들에게 요구한 것은 계획부터 평가에 이르기까지 교육의 모든 단계에 참여하는 능동적인 학습자가 되는 것인데, 대부분의 학생들은 이러한 요구를 받아본 적이 없었다. 교사의 역할 또한 바뀌었다. 교사는 여전히 정보의 전달자 역할을 하기도 했다. 하지만 그것보다는 우리 또한 학습자로서 또한 배움의 매개자 역할을 더 많이 담당했다.

교사와 학생은 이러한 새로운 역할을 규정하고 감당해내려고 노력했다. 의사결정에 교사만 참여해야 할 때와 학생과 함께해야 할 때를 구분하는 것이 반복되는 논의 주제였다. 학생들은 때로는 왜 그들이 의사결정에 참여해서는 안 되는지를 설명해달라고 요구했다. 많은 경우 우리는 별로 할 말이 없었다. 우리는 여전히 얼마나 많은 파워가 학생들에게 주어져야 하는지를 고민했다. 우리는 민주적 원칙을 실천에 옮기는 것이 얼마나 어려운 일인지를 몸으로 배우고 있다.

교사와 학생이 함께 교육과정을 구성하는 것은 혼잡스러운 과정이다. 수업에 활용할 체계화된 교육과정 지침서나 교과서는 기대하기 어렵다. 하나의 주제로 묶일 수 있는 여러 가지 유의미한 주제들을 발굴해내는 데는 많은 시간이 필요하다. 하지만 여러 주제들을 하나로 묶어낼 수 있는 중요한 주제를 찾아내지 못한다면 개별 주제는 학생들의 배움의 욕구를 충족시키지 못하는 단편적인 정보의 나열에 그칠 수도 있다. 교사들은 적절한 교재와 수업 재료를 찾는 데 많은 시간을 짜내야만 한다. 다행히도 우리는 이러한 일을 수행할 수 있는 충분한 계획 시간을 확보할 수 있었다.

우리의 이러한 노력에 대한 동료 교사들의 반응은 천차만별이었다. 어떤 이들은 우리가 아무런 준비 없이 학생들이 하자는 대로 한다고 생각했다. 어떤 이들은 우리가 도대체 가르치기는 하는 것인지 의아해하기도 했다. 어떤 이들은 우리가 하는 일에 대해 잘 알지만, 얼마나 많은 가욋일을 해야 하는지 알기 때문에 결코 따라 하지 않을 거라고 말했다. 어떤 사람들은 우리 얘기를 들어보지도 않고 우리의 일에 대해 다른 이들에게 설명하려 들기도 했다. 학교 경영진은 우리의 일을 방해하지는 않았지만, 그렇다고 해서 다른 교사들에게 우리가 하는 일에 대해 진지하게 고민해볼 것을 제안하지도 않았다.

내가 처음 이 노력에 동참하려 했을 때, 나는 이 일이 민주적 교실을 만들려는 시도라고는 생각하지 않았다. 나는 그저 학생들이 교사들과 함께 재미있고, 풍부하고, 의미 있는 교육과정을 만들기를 원했다. 어린 학생들이 배울 수 있고, 배우기를 원한다는 사실을 나 스스로 확인하고 싶었다. 나는 이 노력이 어떤 결과를 가져올지 알지 못했고, 지금도 많은 질문을 던지고 있다. 그렇지만 중요한 것은 이론보다 실천이다. 그리고 이제는 과거로 돌아갈 수 없다.

우리 반을 거쳐 간 학생들에게 가장 기억에 남는 것이 무엇인지 물었다. 그들은 자신들이 배운 것에 대해 발표할 수 있었던 것, 한 주제에 대해 깊게 배울 수 있었던 것, 모둠으로 배울 수 있었던 것, 계획에 없던 것이라 할지라도 배움의 주제로 제기하는 것이 가능했다는 것, 정치에 대해 언급할 수 있었다는 것, 그리고 일상적인 학급 일들에 대한 결정에 참여할 수 있었다는 것들을 꼽았다.

결국 우리가 함께했던 시간은 여러 가지 면에서 관계된 거의 모든 사람들에게 더할 나위 없이 성공적이었다. 논의가 끝난 후 한 학생은 우리 모두가 느꼈던 것을 이렇게 표현했다.

"우리는 특별한 아이들이 아니에요. 다만 상황이 우리를 특별하게 만들었지요."

후기: '상황'을 유지하기

이 글이 처음 쓰인 이후로 내 경력에 몇 가지 변화가 있었다. 이 '상황'이 벌어졌던 마켓 중학교에서 일 년을 더 가르친 후에 나는 박사학위를 마치려고 휴직을 했다. 내 학위 논문의 제목은 「교육과정 통합에서 교사의 의사결정」이다. 이 논문에서 나는 교육과정 통합 과정에서 교사의 의사결정에 영향을 미치는 요소들을 특정해냈다. 이 요소들은 교육과정 통합에 대한 신념, 협력 교사들, 학부모를 포함한 외부의 기대, 학교구나 주정부 차원의 교육과정 지침·기준 그리고 행정, 학습 재료의 가용성, 학생 집단 간의 차이 등이다.

학위 논문을 마치고 나는 대학에서 자리를 잡을지 다시 학교로 돌아갈지를 결정해야 했다. 학교 현장으로 돌아가야 한다는 마음이 강력했다. 그래서 나는 다음 '상황'을 만드는 데 필수적인 요소들을 학교이념으로 들고 있는 한 중학교에 자리를 잡았다. 그 후 6년 동안 나는 이 장에서 소개한 것과 같은 학급을 만드는 데 전념했다. 그사이 4명의 교장이 바뀌었는데, 4번째 교장선생님이 나에게 학교의 교육과정에 대한 조율을 담당하는 직책을 제안했다. 나는 그 제안을 받고 학교 전체를 '상황'으로 만들어야겠다고 결심했다.

지난 10년을 돌아보면 내가 학위 논문의 제목으로 삼았던 '교육과정 통합에서 교사의 의사결정'에 영향을 미치는 것들이 우리 학교를 민주적 교수-학습 공동체로 만들었던 요소들이었음이 분명해졌다. 이것은 놀라운 일이 아니다. 내 학위 논문에 따르면 이 요소들은 한 세기가 넘는 기간 동안 교사와 그들의 교실, 교장과 학교에 영향을 미쳐왔기 때문이다. 민주적인 교실과 학교를 만드는 것은 여전히 아주 힘든 일이다. 그럼에도 매우 중요하고 가치 있는 일이다.

교장과 동료 교사의 중요성

앞서 소개한 대로 내가 근무하던 학교의 교장선생님들은 민주적인 실천에 거의 도움을 주지 않았다. 그것은 민주적 가치에 대한 신념이 부족해서라기보다는 그들이 민주적인 학교에 대한 경험이 없고 어떻게 또는 어디서부터 그런 학교를 시작해야 할지에 대해 '훈련'을 받아보지 못해서일 것이다.

지금 근무하는 학교의 교장선생님은 내가 가진 민주 교육의 이상을 많은 부분 공유하고 있다. 나는 교장, 교감선생님이 나와 같은 교육적 이상을 가지고 있을 때 민주적 학교를 만드는 힘든 과업이 얼마나 수월해질 수 있는지를 체험을 통해 확실히 알게 되었다. 새로 부임한 교장선생님은 특수 교사 출신이고, 학급 담임 경력이 별로 없고, 중학교에서 가르쳐본 적도 없는 데다, 그녀의 정치적 성향은 알려진 것이 없었다. 하지만 오래지 않아 특수 아동들과 흑인 학생들을 다루는 방식 및 그들을 위한 프로그램 등에 중요한 변화가 있으리라는 사실이 명확해졌다. 교장선생님은 교사들과 학생들에게 높은 기대치를 가질 것을 요구했다. 그녀는 또한 민주적인 실천을 뒷받침할 만한 교육철학을 제시했고 학교의 모든 구성원들에게 그것이 학교가 나아갈 방향임을 천명했다. 우리 학교는 모든 이들을 포용하는 학교가 되어야 한다는 철학을 공유하는 새로운 직원들을 채용했다. 그들은 어떤 교육 활동이 이 학교에서 용납되지 않으리라는 것, 모든 직원들이 같은 목표를 향해서 일해야 한다는 것을 알고 있었다. 이러한 리더십이 교사들이 내리는 의사결정에 영향을 미쳤다.

이 교장선생님의 리더십 아래에서 우리 학교는 학교를 혁신하는 데 필요한 3년 치 예산을 요청했고, 승인을 받았다. 예산 승인을 위한 계획서에 반영한 우리의 원칙과 실천 방법들은 다음과 같다. 즉, 질적으로 의미 있는 관계 맺기, 평등, 포용적 교육, 질 높은 교수-학습, 강력한 교사 연수, 민주적 리더십, 통합적 교육과정, 강력한 학부모 및 지역사회의 참여 등이다. 우리 학교의 리더십 위원회는 이러한 민주적 실천의 한 예인데, 위원회는 학교 공동체 구성원을 대표할 수 있도록 구성되었다. 위원회는 교사 연수 및 학교 분위기를 향상시키는 일들을 계획하고 결정한다.

'상황'에 대한 글을 작성한 이후 나는 4명의 티칭 파트너와 협력하게 되었다. 그들은 민주적 교실을 만드는 것에 대한 다양한 수준의 신념을 지녔다. 그들이 우리 학교의 다른 곳 혹은 다른 학교로 옮겨 가게 되었을 때도 그들은 이곳에서 익숙해진 민주적인 실천들을 계속해서 유지했다. 그 결과 더 많은 학생들이 더욱 풍부한 교수-학습 경험을 하게 되었고, 그들의 아이디어와 질문들이 교육과정의 일부가 되는 경험을 했으며, 학교의 일상적인 부분에서 통합된 단원을 경험하게 되었고, 학부모-학생-교사 회의, 포트폴리오 관리, 자신의 학습 목표 수립, 자기평가를 주도하게 되었다.

지금 내가 근무하는 학교에서도 민주적인 교육 실천은 활발하게 진행되고 있다. 대부분의 티칭 팀들이 학년 초에 학급공동체를 만드는 데 도움이 되는 활동을 하고, 그것에서 어떻게 한 해를 서로 협력하면서 지낼 것인지에 대해 때로는 합의를, 때로는 학급 헌장을 도출해낸다. 많은 팀들이 통합 단원을 계획할 때 학생들의 아이디어를 구하고,

학생들의 의견을 들으려고 노력한다. 많은 학생들이 배움에 대해 반추하고, 포트폴리오를 관리하며 학부모-학생-교사 회의를 주도한다. 이런 사정에도 불구하고 교사들이 민주주의에 대한 믿음과 신념이 없다면 이런 교육이 가능하지 않으리라는 것 또한 분명하다. 교사들이 이러한 일이 일어날 수 있도록 결심해야 한다. 그리고 그것을 지키기 위해 끊임없이 최선의 노력을 다해야만 한다.

교재와 수업 자료

내가 이와 같은 일을 시작하던 초창기에는 학습에 걸맞은 수업 자료를 구하기가 어려웠다. 학술지에 게재된 논문이나 단행본으로 출간된 자료들이 없었던 것은 아니지만, 내가 수업에 유용하게 사용할 수 있는 풍부한 역사적인 유산으로 존재하는 공통의 지식은 존재하지 않았다. 청소년 교수-학습 활동에 대해 비슷한 철학을 공유하는 사람들이 서로를 찾아 나섰고, 전국적인 지원 네트워크를 구성했다. 오래지 않아서 메인 주, 펜실베이니아 주, 버몬트 주, 플로리다 주 등지에서 앞서 소개한 우리 학급과 닮은 학급들이 생겨났고, 그 무수한 사례들이 출간되기 시작했다.

이러한 출판물 및 주 단위 및 전국 단위의 학회에서 이루어진 발표들은 다른 교사들에게도 자극이 되었다. 이들은 2~3명의 교사로 구성된 작은 팀을 이루어 일을 할 수 있는지와, 학급 헌장을 만드는 법, 학급회의를 개최하는 방법, 학생들의 포트폴리오를 제작하는 방법, 학생들이 학부모-학생-교사 회의를 이끄는 법, 학생들의 관심과 의문을 바탕으로 주제 중심 단원 구성하기, 교육청이나 주 교육부가 제시한 성취 기준 매칭하기 등을 배울 수 있었다. 이들은 다른 교사들에게 학생 및 그 가족들과 어떻게 하면 좋은 관계를 유지할 수 있는지를 가르쳤고, 학급의 일상생활과 교육과정에서 학생들이 자기 목소리를 낼 수 있는 기회를 만들기 위해 교사들이 어떻게 의도적인 노력을 기울여야 하는지를 몸소 보여주었다.

인터넷은 최근 생겨난 수많은 웹사이트와 검색 엔진 등을 갖추고 있어 여러모로 교사들에게 도움이 되었다. 교사들은 인터넷을 이용해 민주적인 학급 만드는 일을 하면서 비슷한 생각을 지닌 동료들과 쉽게 소통했다. 교사들이 지금 하고 있는 일을 공개하는 것 자체가 더 많은 교사들이 다른 방식의 교육에 대해 알 수 있는 기회를 제공하는 것이다. 십 년 전이라면 교사들이 온라인에서 이러한 일을 할 생각조차 못했을 것이다. 지금은 수많은 웹사이트 덕에 교사들이 민주적 교수법을 뒷받침하는 철학적 배경을 구성하는 것에 도움을 받을 수 있고, 실천에 필요한 실질적인 아이디어를 찾을 수 있으며, 다른 교사들도 이러한 일에 동참하고 있음을 확인함으로써 힘을 얻고 있다. 이제는 민주교실이 어떤 모습인지를 '보고 듣는' 것이 가능하다.

외부의 기대와 필수적인 의무

지난 몇 년 동안 내가 근무하는 곳을 포함해서 수많은 학교구들이 특정한 성취 기준을 기반으로 한 교육과정 교재 사용을 의무화하고 있다. 이 교육과정들은 해당 교재들을 만드는 출판사가 지시하는 대로 수행하게끔 되어 있다. 이러한 조치들은 보다 통합적인 교육 실천을 훼방 놓거나 지연시킴으로써 교사들의 결정에 영향을 미친다. 만약 교사들이 계속해서 통합적인 교육 실천을 유지하기를 원한다면, 그들은 학교구가 부과한 교육과정이 무엇을 담고 있는지를 파악하는 데 많은 시간을 들여야만 한다. 그리고 의무적으로 부과된 교육과정을 '가르치는' 것 말고 다른 일에 대해 자신감이 부족한 교사가 많다.

주정부에서 실시하는 일제고사high-stake test[18]는 많은 교사들에게 위협이 되고 있다. 이로 인해 많은 교사들이 학생을 위해 옳다고 여겨왔던 것에서 멀어져갔고, 자신들이 해왔던 최선의 실천들을 포기하고 있다. 대신에 이들은 보다 전통적인 방식의 접근법에 의존하고 있다. 또한 시험을 위한 교육만을 행하는 경우도 적지 않다. 그렇게 해서 교사들은 모든 학생들이 시험에 통과할 수 있도록 보장하려 한다. 학생들의 의견을 듣고 그것을 교육과정에 담아내려는 시도는 뒷전으로 밀리고, 수업과 관련된 결정은 "시험을 위한 수업"이라는 렌즈를 통해 이루어진다.

학부모의 영향력은 민주적이고 통합적인 교실을 만드는 데 부정적으로 혹은 긍정적으로 작용한다. 내가 근무하는 학교에서 그랬던 것처럼 교실이 점점 다양한 학생들로 구성되면서 저소득층이나 유색인종 학생들도 교육과정에 동일한 접근권을 갖게 되었다. 예전에는 경제적으로 부유한 학생들에게만 제공되었던 교수법과 교재들이 이제는 모두에게 제공되었다. 여태껏 혜택을 누려왔던 학생의 부모 중에는 자녀가 더 이상 '우등생'의 지위를 누리지 못할까 봐 걱정하는 이들도 있었다. 그런가 하면 저소득층이나 유색인종 학부모 중에는 기존 방식과는 다른 교수-학습 방법을 자녀가 따라가지 못할까 봐 걱정하는 이들도 있었다.

---

18 high-stake test는 시험의 결과에 따라 학생 및 학교의 운명(교사 배정에서의 차등, 학교 운영 자금 등의 차등 배분 등)이 결정될 수 있는 시험을 말한다. 고부담 시험 등으로 번역될 수는 있으나 우리나라의 일제고사와 어느 정도 유사한 성격을 가지고 있다는 판단에 일제고사를 번역어로 사용한다.

그런데 곧 우리가 하는 일에 대한 좋은 평판이 돌았고, 우리가 하려고 했던 일들이 바람직한 것으로 받아들여졌다. 많은 학부모들이 자녀들을 우리 팀에 보내고 싶어 했다. 이는 우리가 기존의 수업 방식이 할 수 없었던 다양한 과제들을 수행하도록 했고, 더 많은 학생들이 더 많은 지식에 접근하도록 한다는 걸 학부모들이 알았기 때문이다. 나는 우리가 애써 조성했던 '상황'을 경험해본 학생과 학부모들이 다른 사람들에게 이러한 사실을 전파했기 때문이라고 생각한다. 그들은 그 '상황' 속에 있는 학생과 교사의 관계에 대해, 깊이 있는 프로젝트에 대해, 질 높은 내용에 대해, 문제 해결 중심의 주제 등에 대해 전파했다. 우리 팀은 우리 학교에서 민주적인 교육을 계속해나갈 것이다.

미래를 향하여

현재 우리 학교는 지속가능성 위원회를 운영하고 있다. 위원회에서는 우리가 믿고 있고 성취하려고 끊임없이 노력을 기울인 것들을 계속 유지하기 위해 양보할 수 없는 원칙과 실천들을 명료화하는 작업을 하고 있다. 우리는 현재 학교를 종합적으로 혁신하는 데 필요한 비용으로 받은 3년 치 예산 가운데 마지막 예산을 집행하는 3년 차에 있는데, 주정부의 예산 부족으로 삭감된 일반적인 교육 자료에 대한 예산을 타내기 위한 예산 요청서 작성에 몰두하고 있다. 우리는 또한 몇몇 특권을 가진 소수 학생들에게만 혜택이 돌아가는 특별반이나 프로그램 대신 모든 학생들의 평등을 강조하는 민주적 교육을 유지하기 위해 "싸우고" 있다.

비록 지금이 민주적인 교육을 하는 데 어려운 시기임에 틀림없지만, 나는 앞서 제시한 10여 년 전 일이나 오늘날 교사들이 벌이고 있는 비숫한 일들이 앞으로도 미국 땅 어디에선가는 계속되리라고 확신한다. 민주적인 교실을 구현하고자 하는 교사들은 언제나 그 길을 찾아 나설 것이다.

제5장
직업교육을 넘어서서
직업교육을 재구성하기

래리 로젠스톡Larry Rosenstock
안드리아 스타인버그Andria Steinberg

인문교육과 직업교육의 분리는 상류 문화의 지식을 일상생활의 지식보다 가치 있는 것으로 여기게 하고, 청소년을 육체노동 트랙과 대학에 가고 전문직에 종사할 트랙으로 분리시키는 등 여러 분야에서 반민주적인 목적에 복무해왔다. 이 장에서 매사추세츠Massachusetts 주 케임브리지Cambridge 시에 위치한 린지Rindge 직업학교의 교장 래리 로젠스톡(Larry Rosenstock과 아카데믹 코디네이터인 안드리아 스타인버그Andria Steinberg는 어떻게 한 학교가 전통적인 인문교육과 직업교육의 이분법을 넘어설 수 있었는지를 보여준다. 민주주의를 소비자의 선택으로 협소하게 규정하는 틀을 거부하고, 린지 학교의 교직원들은 학생들을 프로젝트에 참여시키고, 공동체의 요구를 반영하고, 교육과정상의 중요한 결정을 내릴 수 있도록 교직원들에게 힘을 실어주며, 공동체 중심의 프로젝트를 통해 인문 지식과 직업교육에 필요한 지식을 통합하는 프로그램을 구축했다. 물론, 이 프로그램은 성공적이었지만 전통적인 직업교육-인문교육 이분법에서 혜택을 받은 사람들로부터 비판을 받기도 했다.

직업교육에는 근본적인 모순이 있다. 직업교육은 한편으로는 학교교육을 받지 못할 학생들에게 아주 오랫동안 그리고 지금도 교육의 기회를 제공해왔다. 다른 한편으로는 저소득층과 고소득층이라는 이중 트랙을 제도화한다. 중·상층 자녀들이 고소득의 전문직 직업을 갖기 위해 상급학교로의 진학을 준비할 때 저소득층 자녀들은 그들과 구분되어서 취업 준비를 하게 되는 것이다.

린지 직업학교는 1888년에 매사추세츠 주의 첫 번째, 미국 전체에서는 두 번째 공립 직업학교로 개교했다. 지역의 사업가였던 프레더릭 린지Frederick Rindge의 기부금으로 설립된 이 학교에는 아직도 그의 숨결이 현관 앞 대리석에 새겨진 돌 속에 남아 있다.

"일은 우리에게 주어진 가장 위대한 축복들 가운데 하나다. 우리는 반드시 떳떳한 직장을 가지고 있어야 한다."

프레더릭 린지는 민주적인 동기에서 학교 설립을 추진했지만, 결과적으로는 "학생들을 그들에게 주어진 숙명에 따라서 배분하는Carnoy and Levin, 1985: 94" 메커니즘을 만들어내는 데 일조했다.

매사추세츠에서는 린지가 유산을 기부하기 50여 년 전에 직업교육의 기초가 마련되어 있었다. 호러스 만Horace Mann이 이끌었던 당시의 주 교육위원회는 공립학교가 모든 계층의 자녀들을 받아들일 수 있도록 확대되어야 한다고 역설했다. 시골의 가정들과 노동계급 가정들이 아직 자녀를 학교에 보내지 못하는 상황에 유의하여 지역의 교육위원회들은 다양한 유형의 학교 설립을 추진했다. 농업과 공업을 다루는 프로그램을 진행하는 직업학교의 등장은 아일랜드계 이민자와 시골 지역의 학생들이 취학할 수 있는 실용적인 이유를 제공해주는 것으로 인식되었다.

1880년대와 1890년대까지는 중등교육이 새로 등장하기 시작한 산업에서 중간 관리직을 얻을 수 있는 통로로 여겨졌다. 조직 조합의 힘이 점증하던 상황을 반영하여 재계는 학생들에게 신산업에 적합한 기술을 가르치는 동시에 사용자에게 충성하는 태도를 기르는 산업 경제 사회화 프로그램을 갖춘 학교 도입을 추진했다. 이러한 맥락에서 린지 학교는 이중 체제를 갖춘 첫 번째 학교로 출범했다. 이중 체제란 한편으로는 중간 및 상층 관리자를 교육하고, 다른 한편으로는 육체노동자와 단순 사무직을 훈련시키는 프로그램을 말한다.

직업학교는 편협하고 기능 중심적인 성격에 대한 비판에도 불구하고 여러 곳으로 확산되었다. 새롭게 형성된 전국제조업협회는 직업학교를 적극 지지했으며, 노동조합은 초창기에는 이를 반대했다. 1906년에 매사추세츠 주 산업기술 교육위원회는 보고서를 발표했는데, 이 보고서는 존 듀이John Dewey와 당시 매사추세츠 교육장관이던 데이비드 스네든David Snedden 사이에 논쟁을 촉발했다. 스네든은 이중 체제의 효율성을 옹호한 반면, 듀이는 자본가들이 선호하는 분리된 직업교육을 "학교를 비민주적인 사회 재생산의 보다 효율적인 도구로 만드는 계급 교육^{Westbrook, 1991: 175}"의 한 형태로 보았다. 듀이는 이 직업
교육의 문제를 민주주의의 미래 핵심으로 보았다. 그가 이 문제를 규
정한 방식은 오늘날에도 강한 울림을 준다.

직업교육을 올바로 발전시킨다면 다른 어떤 것보다도 대중 교육을 진
정으로 민주적으로 만드는 데 도움이 될 것입니다. 직업교육에 대한 잘
못된 접근은 학교 안팎에서 계급 분리를 강화시킴으로써 현재 우리가
가지고 있는 모든 비민주적인 경향들을 극대화하게 될 것입니다. 그들이
"열등한 계급"이라고 부르기를 즐겨 마지않는 사람들이 끊임없이 그 상
태를 유지하리라고 믿는 사람들은 그 계급이 분리되어 있는 학교를 자
연스레 좋아할 것입니다. 그리고 적지 않은 수의 고용주들은 분명히 그
들의 공장에 여분의 노동력을 제공해주는, 세금으로 운영되는 학교를
반길 것입니다. 이들 외의 모든 사람들은 시민교육과 종업원 교육을 분
리시키는 것, 지성 및 인성을 교육시키는 것과 산업적인 효율성만을 추
구하는 협소한 교육을 분리시키는 어떠한 시도에도 함께 맞서 싸워야만
합니다.^{Dewey, 1985: 102}

비록 직업교육의 방향에 대해서는 많은 사람들이 서로 자기의 주
장을 내세웠지만, 직업교육은 당시 폭넓은 지지를 받았다. 강력한 로
비 조직인 '직업교육 증진을 위한 전국 모임'은 교육자, 상공회의소, 전
국제조업협회, 미국 연합노조(직업교육의 불가피성을 감지하고 노동조합
은 직업교육이 가지고 있는 반노조 정서에 대항해서 자신의 목소리를 내고
싶어 했다), 주요 농장 조직들, 이민자 정착 지원자를 비롯한 다양한 집
단들로부터 지지를 받았다.

직업학교 확장 캠페인은 1917년에 통과된 스미스-휴즈Smith-Hughs 법안에서 정점에 달했다. 이 법안으로 말미암아 연방정부는 오늘날까지도 직업교육을 지원하고 있다. 직업교육의 근본적인 모순은 변치 않았다. 1888년에 14세에서 17세까지의 청소년 중 오직 6.7퍼센트만이 등록했던 고등학생 수가 1906년에 이르러서는 32.3%까지 늘어나는 급격한 변화가 있었지만Krug, 1969: 220. 매사추세츠 산업-기술 교육위원회 1906년 리포트를 인용함, 직업교육은 주류와 분리되어서, 이등시민을 길러내는 제도가 되었다(듀이가 옹호하고자 한 일원적 시스템은 많은 대가를 치르고 승리했다. 직업교육은 공교육 체제 속으로 통합되었다. 하지만 그 체제 속에서 별도의 트랙으로 존재했다).

직업교육의 분리는 당시에 함께 발생했던 두 가지 요소로 인해 강화되었다. 하나는 1923년에 제정된 의무교육법인데, 당시 직업교육 프로그램에 볼모로 잡혀 있던 많은 학생들이 이 법으로 인해서 학교를 가야만 했다. 다른 하나는 아이큐IQ나 비네Binet와 같은 지능검사인데, 이는 학생들을 직업교육 혹은 인문교육으로 분류하는 데 사용되었다.

칼 퍼킨스Carl D. Perkins 직업교육 및 응용기술법이 통과된 1990년에 이르면 의회는 상당히 달라진 형태의 직업교육 아이디어를 받아들인다. 직업교육을 받은 학생들의 취업률과 임금 수준에 대한 널리 퍼져 있는 불만족, '법과 교육 센터'[i]가 이끄는 전국 단위 단체들의 강한 압력은 현재와 같은 직업교육의 변화를 이끌었다. 직업학교 졸업자들 중에서 일주일에 하루라도 자신이 받은 교육과 관련된 일을 하는 이들이 전체의 오직 27%에 불과했기 때문에National Assessment of Vocational Education, 1987, 직업교육은 특정한 직업에 맞추어진 협소한 직업훈련에

서 벗어나 '산업 전반'에 대한 다양한 교육으로 그 방향을 전환하게 되었다.[ii]

설립된 지 약 1세기를 넘어선 린지 학교는 직업교육의 성격 규정에 다시 한 번 선도적인 역할을 담당했다. 우리 학교에는 풍부한 경험을 가진 교직원들이 있었고, 새 교장이 있었으며(전임 린지 학교 목공 교사이며, '법과 교육 센터'에서 변호사로 2년간 활동하다가 린지로 돌아온 로젠스톡 선생님), 새로운 아카데믹 코디네이터 안드리아 스타인버그, 그리고 케임브리지 학교구의 교육감 메리 로우 맥그래스Mary Lou McGrath의 전폭적인 지원이 있었다. 교육감 맥그래스는 우리에게 퍼킨스법을 준수하도록 했는데, 이를 위해 "프로그램을 완전히 바꾸어야" 한다고 말했다. 퍼킨스법에 등장하는 표현들과 듀이의 진보주의를 린지 학교의 일상생활 속 실천으로 옮길 수 있도록 교직원들을 돕는 것은 우리의 몫이었다.

시티웍스CityWorks

"어떤 사람들은 린지 학교를 불편해하는 것 같아요. 그들은 언제나 린지 학교를 무시하고 우리를 편견을 가지고 대하지요. …… '린지 학교의 아이들은 멍청하다', '걔들은 대학에 진학하지 않을 거야', '그들은 자퇴를 할 거야', 나는 더 이상은 이런 취급을 참을 수 없어요! …… 린지 학교의 신입생으로서 나는 내가 대학에 진학할 거라고 확신하며, 내가 확신하는 수많은 것들은 나의 선생님들로부터 온 것입니다. 린지 학교의 학생들은 열심히 공부하고 있고, 열정을 보여주고 있으며, 많은 성과를 보여주었습니다. 우리는 머리뿐 아니라 손도 똑똑하지요. 우리는 학문적인 마인드뿐 아니라 첨단 기술의 마인드도 가지고 있고 앞으로도 갖게 될 것입니다. 우리는 (다른 사람들을) 존중해요. 고로 우리도 (다른 이들로 부터) 존중을 기대합니다. 이것이 바로 성공의 요건입니다!"

1993년 3월, 폴리나 모라스Paulina Mauras는 우리 고등학교 교지에 이 글을 발표했다. 그녀의 분노는 놀라운 것이 아니다. 케임브리지 시의 종합고등학교 직업교육 부문 9학년 학생으로서 폴리나는 직업교육과 그 프로그램에 입학한 학생들에게 따라붙는 낮은 위상으로 인해 힘들어했다. 특기할 만한 것은 14살의 소녀가 이러한 편견을 극복하려고 행동에 나섰다는 사실이다.

폴리나의 행동은 참여민주주의의 정수를 보여주었다. 그녀는 자신이 부당하다고 생각하는 것에 항의하는 시위에 참여했고, 거기서 대중연설을 했다. 이를 통해 계급 편견에 저항했고, 스스로와 노동계급 동료에 대한 신뢰를 보여주었으며, 자신이 공동체의 일원임을 일깨웠다.

손과 마음을 하나로 묶어내고 그 과정을 통해 자신의 기술을 발전시킨다는 폴리나의 생각은 그녀가 린지 학교 9학년 과정의 핵심 프로그램인 시티웍스에 참여한 경험에서 나온 것이다. 학생들이 지역공동체, 도시의 시스템, 사람들, 그리고 도심 공동체를 구성하는 필수 요건에 대한 조사를 실시하기 시작하면서 케임브리지 시는 학생들에게 살아 있는 교재가 되었다. 학생들은 케임브리지 시에 대한 수많은 자료들을 만들었고, 그것들을 통해 자신들이 속한 공동체의 요소를 교실로 가져왔다. 학생들이 만든 자료는 시에 관한 지도, 사진, 테이프, 구술사, 3차원 모델 등이었다.

다음의 몇 가지 특징들이 이 시티웍스 프로그램을 특별하게 만든다. 첫째, 시티웍스는 프로젝트 접근법, 장인-도제 관계, 벽 크기의 도시 지도 만들기와 선별적인 랜드마크 조명하기 등과 같은 직업교육 프로그램 핵심 요소들을 인문교육의 정수와 결합시킨다. 학생들은 지도를 펼쳐놓고 이 도시의 모든 인종 및 종족 공동체로부터 청소년들을 끌어모으게 될 청소년 센터를 어디에 세울 것인지를 결정하는 것과 같은 문제 해결에 몰두한다.

둘째, 시티웍스는 협력적 프로젝트 추진을 위해 특별히 디자인된 공간에서 진행된다. 실습실과 교실을 넘어서는 대안을 모색하면서 우리는 디자인 학교에서 사용하는 공간이라는 개념을 빌려왔다. 스튜디오 한쪽 끝에는 전시 및 공연과 같은 대규모 그룹 활동을 위한 열린 공간이 있다. 하지만 대부분의 공간은 스튜디오들로 작게 구획되어 있는데, 이곳에서는 교사들이 작은 규모의 모둠과 함께 프로젝트를 진행한다. 이와 같은 공간 구성은 참여자들에게 모둠을 만들고, 헤쳐모이며, 프로젝트가 진행됨에 따라 필요한 도구나 자료들을 빌려 쓰는 데 유연성을 제공해주었다.

셋째, 학생들이 수행한 프로젝트는 지역공동체의 대표들에게 개방되었고, 이들의 방문은 학생들이 프로젝트에 심혈을 기울이게 되는 계기를 마련해주었다. 시의 여러 행정기관이나 프로그램을 운영하는 사람들은 학생들에게 현재 시가 필요로 하지만 아직 그 필요가 충족되지 않은 것들은 무엇인지, 그리고 그중에서 어떤 것을 학생들이 제기해볼 수 있을지를 구체적으로 소개해주었다. 또한 이들은 학생들이 완성한 프로젝트의 결과물과 발표들을 경청하는 훌륭한 청중이 되어주었다. 최근에 있었던 학생들의 전시회에서는 여러 학생 모둠이 디자인한 유산 박물관heritage museum 청사진과 모형을 전시했다. 모든 모둠이 이 박물관을 어디에, 어떻게 지을지에 대해 자신들만의 독특한 의

견을 제시했다. 학부모, 시청 공무원, 지역 사업가들이 전시회로 몰려
드는 가운데 각 모둠은 자신들이 만든 모델 옆에 앉아서 그들의 아이
디어를 설명했다.

모델을 제작하는 과정에서 학생들은 시청 관광국의 요청을 반영했
는데, 관광국은 박물관 건축 기금을 마련하는 중이었다. 전시회 6주
전에는 관광국장이 학교를 방문해서 시티웍스 프로젝트를 진행하는
학생들에게 강연을 했고, 학생들의 프로젝트에 관광국이 도움을 줄
만한 게 있는지를 물었다. 매년 수많은 사람들이 이 도시를 방문한다
는 점을 고려할 때, 학생들이 관광산업에 대한 이해를 갖고 지역민들
의 요구를 반영해서 이 분야의 발전을 위한 계획 수립에 도움을 주는
것은 중요한 일이 아닐 수 없다.

박물관 프로젝트에 참여하지 않는 다른 모둠들도 이 도시를 방문
하는 사람들이 주로 무엇을 하고 무엇을 보는지에 대한 질문을 이어
갔다. 한 모둠은 케임브리지 시 구시가지와 하버드Harvard 대학을 중심
으로 구성된 기존의 브로슈어를 거부하고 10대들이 방문하기 좋은 장
소를 중심으로 하는 브로슈어와 투어를 디자인했다. 또 다른 모둠은
이 도시 최고의 디저트를 찾는 이들을 위해 '스위트 투어' 브로슈어를
제작했다. 세 번째 모둠은 '지역 영웅'들의 노력을 조명하는 아이디어
를 내놓았다. 이들은 케임브리지 시의 유색인종연합NAACP 지부 설립
자인 존 기튼스John E. Gittens와 인터뷰하고 이를 동영상에 담았다. 인
터뷰에서 학생들은 그가 새로운 놀이 공간(운동장)을 시로부터 얻어내
기 위해 지역 주민을 조직하는 노력을 선도했다는 걸 알게 되었다. 새
로운 운동장은 길거리에서 놀다가 차에 치여 사망한 어린이의 이름으
로 명명되었다. 이 모둠이 만든 브로슈어는 운동장과 이의 설립 유래

를 부각시켰다. 이 모둠들이 만든 세 개의 브로슈어와 또 다른 모둠이 디자인한 티셔츠는 이후 케임브리지 시 관광국이 배포하고 판매할 아이템으로 채택되었다.

시티웍스 프로젝트의 목적은 학생들이 자신이 속한 공동체와 그 공동체의 요구에 대해 이해하도록 돕는 것이다. 그래서 궁극적으로는 학생들이 공동체에 영향을 미칠 수 있는 사람으로 스스로를 인식하게 하고, 그리고 이들이 그곳에 살거나 일하는 다른 사람들과 스스로를 위한 새로운 기회를 만드는 것이다. 공동체의 발전이라는 렌즈를 통해 학생들은 직업학교 학생으로서 아주 다양하고 보다 긍정적인 비전을 가질 수 있었다. 여기서 중요한 점은 단지 어떤 것을 만들어내고, 새로운 기술을 익히고 취업을 하는 것이 아니라, 팀 속에서 함께 협력하고 다양한 청중들과 원활히 소통할 수 있는 문제 해결자가 되는 것이다.

학교에서의 참여민주주의를 향해

만약 폴리나가 4년 전에 린지 학교에 입학했다면 학교에서 진행된 프로젝트는 시티웍스와는 사뭇 달랐을 것이다. 4년 전 프로그램은 오히려 학교의 설립자인 린지가 최초로 학교를 열었던 1888년의 모습과 좀 더 유사했을 것이다. 사실 미국의 수많은 고등학교들이 아직도 그런 프로그램을 학생들에게 제공하고 있다. 직업학교 신입생은 학교가 제공하는 금속공예, 목공 등과 같은 다양한 전공 실습실을 순환한다. 교사들은 자신의 실습실이나 교실에서 자율성이라는 명분 속에 고립되어 있다. 학생들에 대한 기대치는 낮고, 학생들에게 제공되는 수업은 최저 수준이다.

직업학교의 이러한 모습은 백여 년 전에 산업혁명을 지원하기 위해 최초로 시스템이 디자인된 이래로 이제껏 변한 적이 없는데, 이 시스템은 저소득층 출신의 15세 청소년은 반드시 그들이 장래에 무슨 직업에 종사할지를 알고 있어야 한다는 비민주적이고 시대착오적인 가정에 근거하고 있다.Rosenstock, 1991 (우리 중 누가 15세 때 지금 자신이 하고 있는 일을 할 거라고 예측할 수 있었을까?) 간단히 말하면 9학년 프로그램은 학생들을 사회적인 계층으로 구분하는gate keeping 메커니즘으로 기능한다. 이 메커니즘은 직업학교에 오는 학생들을 계급, 인종, 성, 언어 능력에 따라서 주류 사회와 분리하기 시작한다.

우리는 시티웍스를 선택하면서 오늘날 미국 고등학교에 팽배해 있는 소비자로서의 민주주의라는 개념을 거부했다. 그 개념은 다음과 같이 요약할 수 있다. 즉 가장 많은 코스와 실습을 제공하는 학교가 최고의 학교다. 비록 여기서 제공되는 수업들이 피상적인 것들로 깊이가 없고 학생들을 특정한 트랙에 강제적으로 배정하는 것이라 할지라도. 우리의 목표는 교사들이 학생 및 학교의 공동 이익을 위해 함께 노력하는 보다 참여적인 모델을 지향하는 것이다. 이 모델 아래에서 학생들은 프로그램에 흥미를 가지고, 학습 활동 및 공동체의 능동적인 참여자가 된다. 또한 학부모와 지역민들은 학교 프로그램 운영에서 실질적인 역할을 맡게 될 것이다. 우리는 새로운 사명을 발견했다. 경험적이며, 맥락을 중시하는 학습, 팀 티칭, 협력 학습, 수행평가 등을 중시하는 직업교육의 접근법을 활용하여 직업교육 학생들에게 인문교육의 기본 및 심화 과정을 가르친다. 이를 통해 모든 학생들이 진학을 위한 학습뿐 아니라 직업을 위한 학습도 함께하는 게 가능해진다.

1990년에 우리는 9학년 프로그램 개발에 많은 사람들이 참여해서 직접 계획을 수립하는 접근법을 시도했다. 이는 단순히 본능적으로 시작한 일이었다. 우리가 일을 시작하기 전에 미처 깨닫지 못했던 것은 시티웍스를 만들어내는 과정 자체가 프로그램 못지않게 민주적 문화를 만들어내는 데 중요한 역할을 한다는 사실이었다. 교사들이 프로그램을 계획하는 과정에서 영향을 받았던 것이다.

프로그램을 재계획하는 과정에 합류하면서 우리는 3가지 원칙을 수립했다. 첫째, 우리가 하고 있는 일을 우리 부서의 모든 이들이 알게 한다. 둘째, 참여하기 싫어하는 일에 참여하는 일이 없도록 한다. 셋째, 참여하기를 원치 않는 사람이 자신이 참여하지 않은 일을 방해하도록 허용치 않는다. 프로그램 재계획을 위한 팀을 꾸린다는 공지가 나가자 6명이 자원했다.

교사들이 주도하게 하다

이 팀은 1991년 가을까지는 시티웍스에 대한 전체적인 윤곽을 잡았다. 이를 위해 전례 없이 교사모임이 매일 소집되었다. 이윽고 새 프로그램을 수행할 공간이 디자인되었고, 리모델링이 시작되었다. 우리는 한 달 정도 진행할 수 있는 학습 활동거리만을 가지고 새 학년도를 시작했다. 나머지는 시티웍스 모임을 통해 제공될 것이었는데, 그 모임에는 코스를 담당하는 모든 교사가 참가하게 된다. 아직 시티웍스 프로그램 계획이 마무리되지 않은 것이 조금은 우려되었지만, 우리는 깔끔하게 마무리된 교육과정을 교사들에게 던져주는 것은 실수라는 걸 알고 있었다.

교사들은 학생들과 마찬가지로 외부에서 뚜껑을 열고 지혜를 쏟아부을 수 있는 빈 항아리가 아니다. 린지 학교의 직업교육 교사들은 수년 동안 전공에 특화된 기술을 가르쳐왔다. 그들 대부분은 그렇게 하는 것이 직업교육 교사의 역할이라고 믿었다. 주정부에서 부과하는 의무적인 교육과정도 이런 믿음을 강화시켰다. 직업교육 교사들은 주정부가 제공한 지침서를 가지고 있다. 지침서에는 학생들의 일과를 가득 채우게 될 교사의 임무와 과업을 열거해놓았다.

만약 우리가 학교를 모든 학생이 민주적인 문화 속에서 능동적인 참여자가 될 수 있는 장으로 만들고자 한다면, 모든 교사 또한 그렇게 할 수 있는 프로그램을 만들어야만 할 것이다. 우리는 교사들에게 현재 자신이 수행하는 일의 근거를 논리적으로 살펴볼 수 있도록 권장해야만 한다. 그리고 경제적·사회적 현실의 변혁이라는 관점에서 그들의 현재 실천을 돌아보게 해야만 한다. 즉 우리는 교사들을 존중하고 그들을 업무의 집행자로서뿐 아니라 자신이 집행하는 일에 대해 생각할 수 있는 사상가로서 대해야만 한다.

우리는 린지 학교의 교사들이 일종의 인지적 부조화를 경험하고 있을 수도 있다고 생각한다. 분명히 그들이 가르치는 것은 학교 밖의 세상은 물론 자신들의 전공 영역에서도 한참 동떨어져 있다. 우리는 이와 같은 사실을 시티웍스의 입안 초기에 이루어진 한 교사와의 대화를 통해 알게 되었다. 그는 린지 학교에서 오랫동안 목공을 가르쳤다. 그는 많은 직업교육 교사들이 흔히 하는 것처럼 학교 밖에서 독립적인 사업을 하고 있다. 그는 사업을 숙련된 목공인 아들들에게 물려주고 싶다고 했다. 문제는 아들 중 누구도 목공 기술 이외에 사업을 성공적으로 해나갈 수 있는 기술, 예컨대 견적 내기, 계약서 작성하기, 재무관리, 고객 및 하도급업체 관리, 지역토지위원회에서 토지 용도 변경 승인 받기 등과 같은 일을 잘 모른다는 것이었다. 직업학교에서는 이런 것들을 거의 가르치지 않는다.

이 교사는 자신의 경험을 통해 변화가 필요함을 깨닫고 있었다. 그가 가르치는 학생들은 못을 잘 박는 능력에 만족해서는 안 된다. 대신 그가 자신의 아들들이 가졌으면 하는 능력, 즉 부모로서, 시민으로서, 소규모 사업자로서 알아야 하는 기술들을 배워야만 한다.[iii] 이 교사의 사례에서처럼 학교의 리더십을 맡고 있는 우리가 해야만 했던 일은 교사들이 경험을 공유하고 자신들의 실천을 돌아볼 수 있도록 권장하는 직업문화를 만들어내는 것이었다. 이를 위해 몇 가지 접근법이 특히 중요했다.

공동 계획 시간

우리가 학교에 가져온 가장 기본적인 변화는 교사들에게 공식적으로 또는 비공식적으로 함께 일할 수 있는 기회를 제공하는 것이다. 시티웍스에서 그들이 보여준 물리적인 밀접한 접촉은 협동 프로젝트의 가능성을 열어놓았다. 매일 소집되는 시티팀cityteam 회의는 그러한 가능성이 구체적으로 논의될 수 있는 공간을 마련해주었다.

매일 소집되는 모임 시간을 확보하려면 교사들은 실습실을 얼마간 닫아놓을 수밖에 없었다. 이는 우리 학교의 교사들뿐 아니라 다른 학교에서 선택 과목 수강을 위해 우리 학교에 오는 학생들에게도 환영받을 만한 일이 아니었다. 하지만 매일 열리는 회의를 위해 시간을 확보하는 것은 우리가 하려는 일에서 매우 중요한 의미가 있었다. 회의 시간은 시티웍스에서 일어난 일에 대해 회고하고, 그 일을 점검해보며, 수립된 계획을 수정하고, 새로운 교육 활동을 제안하고, 보다 일반적으로는, 서로에 대해 알아가고 협력의 가능성을 탐색해가는 자리였다.

'외부 인사' 참여시키기

시티웍스를 기획한 직업학교 교사들은 일에 대해 다양한 견해와 경험을 가진 외부 인사들과 처음부터 함께했다. 외부 인사는 인문교육 교사, 폴라로이드사 직원, 이중언어 수업 보조원, 상담사들을 망라했는데, 이들은 처음에는 교육과정을 계획하는 데서 교사들을 도왔고, 이후에는 모둠 내의 관계들과 조직 발전의 이슈에서 도움을 주었다. 교사들과 학생들은 학교 밖 세상이 그들에게 요구하는 새로운 관계를 이해하고 그 경험을 얻어야만 했다.

이러한 혼합 구성은 우리가 수행하고 있는 시티웍스를 점검할 수 있는 토론의 장을 만들어주었다. 우리는 이 장을 통해 현재 존재하는 전제들을 다시 살펴보았고, 특정한 직업이나 교과와 관련된 특정한 기술을 넘어서서 모든 학생이 알아야 하고 할 수 있어야 하는 중요한 것으로 나아가는 길을 모색했다. 예를 들어 직업교육 교사들이 기술 특화라는 이름으로 협력 프로젝트를 거부했던 매우 중요한 순간이 있었는데, 이때 폴라로이드사 직원들이 자기 회사는 물론 다른 잘나가는 회사들이 가지고 있는 기술 협력의 관점을 얘기해주었다.

진정한 상호 의존 관계 만들기

교육과정 통합은 그 자체만으로도 교사들의 관계에 중요한 변화를 가져온다. 예전에는 자신들의 실습실에서 틀어박혀 있고, 때로는 학생들을 유치하려고 서로 경쟁하던 교사들이 이제는 교육과정을 통합하는 프로젝트를 함께 진행한다. 결과적으로 교사들은 개별 학생의 성장 정도뿐 아니라 전체 학생들의 성장에 더욱 집중할 수 있게 되었다.

매일 열리는 교사회의는 생산적이었는데 이는 필연적인 것이었다. 모든 교사들은 당장 내일부터 시티웍스에 참여해서 가르쳐야 했다. 문자 그대로 그들은 함께 살든지 함께 망하든지 해야 했다. 만약 프로그램이 성공적이라면 프로그램에 등록하는 학생 수가 증가할 것이고 보다 많은 학생들의 관심을 끌게 될 것이다. 만약 그렇지 않다면 다른 직업교육 프로그램에서 보는 것과 같이 린지 학교도 교직원의 정원 감축으로 어려움을 겪게 될 것이다. 각 전공과목 간에 존재하던 오래된 경쟁 관계가 쉽게 사라지길 기대할 수는 없었고, 실제로 새로운 구조에서도 큰 걸림돌로 작용했다. 하지만 새로운 구조를 경험하면서 교사들은 새로운 아이디어를 지지해주고, 서로의 발전을 도우며, 프로젝트에 대한 서로의 아이디어와 전략에 관심을 가져주는 것이 경쟁보다 전체에게 훨씬 도움이 된다는 것을 알게 되었다. 교사들은 이러한 성찰을 공유할 수 있었고, 그럼으로써 린지 학교에서 새로운 수준의 동료관계를 형성할 수 있었다. 새로 형성된 관계를 바탕으로 교사들은 더욱 자주 수업에 대해 의견을 나누었다. 그들은 수업 자료들을 함께 기획하고 제작했다. 또한 서로의 수업을 참관하고, 기꺼이 도움을 주고받았다.

기대 수준을 바꾸어내기

많은 변화들이 교직원들의 공식/비공식 회의에서 감지되었다. 시티 웍스 초창기에는 회의에서 교사들이 의견을 낼 때면 의견에 앞서 반 드시 이런 사족을 달곤 했다. "내 말이 모두에게 적용된다는 건 아니 에요." "이건 제 경우에만 한정된 것입니다." "모든 사람들이 자신만의 방식이 있다는 걸 압니다."

이런 언급이 얼마나 자주 등장하는지에 따라 교사집단이 공유하 고 있는 특정한 가치를 엿볼 수 있는데, 이는 '상호 불간섭'이라고 표 현된다. "나는 당신이 하고 있는 것을 너무 자세히 들여다보거나 당신 에게 무엇을 하라고 요구하지 않겠습니다. 당신도 내게 그렇게 해주세 요."Little, 1992: 49 전통적 학교의 폐쇄성과 교수 여건이 교사들이 스스 로를 엄격하게 독립성을 유지하는 장인으로 여기게끔 만들었다. 이런 경향은 직업교육 교사들에게서 더욱 두드러지게 나타나는데, 이는 학 교 내에서 한 직업 분야의 장인으로서 고도로 전문화된 그들의 업무 특성에 기인한 바 크다.

린지 학교 교사들은 과거에는 전공의 분리를 옹호했다. 그들은 각자 의 전공이 다르며 전공마다 요구되는 특유의 기술이 있음을 역설했다. 전공의 자율성은 자연스럽고 필요한 것으로 직업교육의 기본조건으로 보이기까지 했다. 그런데 이러한 자율성의 대표적인 부작용은 학생들 을 확보하기 위한 경쟁이며, 이보다 심한 부작용도 있다. 그것은 교사 들이 학생들의 폭넓은 교육적 요구에 둔감하다는 것이며, 이러한 요구 를 전공 영역 속에 반영할 실질적인 수단도 갖고 있지 못하다는 점이 다. 그들은 특정한 기술 영역에서 학생들의 관심을 끄는 데 온통 집중

하고 있었다. 하지만 그들은 모든 학생들에게 요구되는 교육적 필요, 즉 보다 나은 문제 해결자가 되고, 의사소통자가 되며, 읽기와 쓰기의 단단한 기초를 다지고 수리적·과학적 논리력을 갖추는 일에 대해 책임을 느끼지 못했다.

마침내 린지 학교에 변화가 일어났다. 언제부터인지 특정할 수는 없지만 2년여의 팀 미팅이 진행되고 나서, 이 팀 구성원들 사이에는 이전에는 볼 수 없었던 교육에 대한 광범위한 책임감이 공유되고 있다는 게 확연하게 느껴졌다. 교사들은 이제 정보를 공유하고 있으며 학생들의 진로가 진학이냐 취업이냐에 관계없이 그들에게 어떤 역량이 요구되는지를 찾아내는 데 적극적이다. 교사들은 팀을 구성해서 정기적으로 여러 전공이 함께하는 프로젝트를 진행했다. 어떤 때는 자신들의 전공 특기가 전혀 들어가지 않는 학급 프로젝트를 디자인하기도 했다.

시티웍스를 계획하던 초창기에 이 팀은 "이건 절대로 잘될 수가 없어"라는 냉소주의와 "조금만 더 하면 돼!"라는 비현실적인 열정 사이를 오가는 경향을 보였다. 이제는 교사들이 팔을 함께 걷어 올리고 변화를 만들어내고 있다. 그 결과 우리는 모호성에 대해 이전에 비해서 눈에 띌 만큼 더 큰 관용을 보이게 되었다. 팀원들이 집단적으로 문제를 해결하기 위해 기꺼이 자신의 문제를 팀에 가져왔다. 교사들은 또한 동의가 이루어지지 않은 의견들을 건설적으로 다루는 방법을 찾게 되었고, 어떻게 함께 일할 수 있는지를 배우게 되었으며, 불가피한 위기에 대처하는 데 필요한 언어를 발전시켰다. 이 중에서 가장 중요한 것은 아마도 우리가 무엇을 할 수 있고 무엇이 될 수 있는지에 대한 상을 갖게 되었다는 점일 것이다. 이런 조건 속에서 교사들은 상호의존적이고 생산적인 일터를 만들어냈으며, 자신의 임무에 모든 열정을 집중시킬 수 있는 능동적인 참여자가 되었다.

회의에 투여된 엄청난 시간과 교사들이 수행한 일의 강도 때문에 때때로 우리가 너무 어른 중심으로 일하고 있는 게 아닌가 하고 자문 하곤 했다. 이와 관련해 학교운영위원 한 사람이 이렇게 밝힌 적이 있 다. "린지 학교에서 교사들이 얼마나 행복한지를 듣는 것에 이젠 신물 이 나요. 애들은요?" 다행히도 학생들은 이렇게 느끼는 것 같지 않다. 린지 학교에서 무엇이 가장 인상 깊었는지 혹은 중요한지를 묻는 질 문에 대부분의 신입생들은 이렇게 대답을 시작한다. "여기 선생님들 은 정말로 우리를 위해줘요." 물론 교사들은 언제나 학생들을 위해왔 다. 그러나 교사들이 학생들을 위하는 정도에는 언제나 다양한 간극 이 존재했으며 학생들은 그것을 귀신같이 알아차렸다. 과거에 교사들 은 학생들에 대해서 참을성이 부족했다. 자신이 무엇이 되고 싶은지 결정할 준비가 되어 있지 않은 학생이나 전공에서 요구되는 모든 기술 을 배울 자세가 되어 있지 않은 학생을 교사들은 견뎌내지 못했다. 이 런 학생들을 대할 때 교사들은 숙련된 기능인으로서 자신의 정체성 이 사라져버리고 바람직하지 않은 정체성, 즉 '낙오 학생 돌봄이'로 자 신의 정체성이 변화하는 느낌을 받았다.[Little, 1992: 26]

그런데 시티웍스 및 여타 통합 프로그램들은 교사들에게 새로운 정 체성을 제공했다. 학생들이 특정한 직업에 대한 관심을 표명하지 않더 라도 교사들은 더 이상 자신들을 단순한 학생 돌봄이로 여기지 않게 되었다. 자신들이 학생의 진학이나 취업에 쓰일 수 있는 역량, 관심, 태 도 등의 개발을 도울 수 있다는 것을 알게 되었다. 학생들은 교사들의 상승된 자기 효능감을 곧 알아차렸다. 몇몇 신입생은 학교를 방문한 기자와의 인터뷰에서 이런 말을 해서 기자들을 놀라게 했다. "린지 학교의 선생님들을 특별하게 만드는 것은 그들이 하고 있는 일을 좋아하는 것"이라고 말이다.

학생들은 교사들의 변화에 학교생활에 더욱 열중하는 모습으로 화답했다. 그들의 '창의적인 주스'는 고갈되지 않았고, 교사들은 학생들이 최선을 다하는 모습을 보게 되었다. 이렇게 교사가 학생을 위하는 마음과 학생이 교사를 존경하는 마음은 교실 안에만 머물지 않았다. 예를 하나 들어보자. 시티웍스가 시행되는 9학년을 막 끝낸 일군의 학생들이 여름방학 동안 교사들의 요청을 받아들였다. 교사들은 신입생이 학교에 잘 적응할 수 있는 방법을 찾아달라는 요청을 했다. 이 요청을 받아들인 학생들은 린지 학교의 약자RSTA를 이용해서 자신들을 "책임감 있는 학생들이 행동을 취하다Responsible Students Take Action, RSTA"라고 불렀다.

폴리나와 동기들이 린지 학교에 들어왔을 때 이들은 새롭게 제작된 학생용 핸드북을 제공받았다. 이 책에는 자기가 신입생이었을 때 누군가 가르쳐주었으면 좋겠다고 생각했던 내용들이 담겨 있다. 신입생들은 또한 그들이 필요로 할 때 RSTA의 학생 멘토로부터 즉각적인 도움을 받을 수 있다. 멘토는 복도에 책상을 갖다 놓고 잘 맞지 않는 사물함 열쇠에서 학교 폭력에 이르기까지 신입생들이 필요로 하는 모든 것을 도왔다.

학생들의 이러한 노력에 고무되어 교사들도 학생들의 참여를 위한 포럼을 기획할 만큼 적극적으로 나섰다. 린지 학교는 아마도 미국에서 유일하게 학생과 교사 동수로 구성된 학교혁신위원회를 운영하는 학교일 것이다. 위원회는 시티웍스가 포드재단으로부터 혁신 상을 받은 직후인 1991년에 만들어졌다. 시티웍스는 전국에서 제출된 1,700개의 신청서 중에서 선택된 10개의 지방정부 혁신 프로그램 가운데 하나이다. 혁신 상의 부상으로 프로그램을 '확장하고 심화'하는 데 사용하도록 10만 달러가 주어졌다.

교사들은 이 상금을 삼등분해서 3년 동안 사용하기로 했다. 이 기금은 3년 동안 케임브리지 시에 있는 다른 학교들의 혁신을 위해 배분될 것이고, 이들이 이루어내는 혁신은 시티웍스가 이루고자 하는 일을 더욱 심화시킬 것이다. 기금이 사용되는 모든 과정은 교사와 학생 동수로 구성된 위원회가 점검하며, 위원회의 의석 몇 석은 지역민 대표에게 할당되었다.

모임 초기 위원회는 위원회 정강을 가다듬고 일의 우선순위를 정하는 일에 집중했다. 이 모임들에서 학생위원들이 목소리를 높였다. 예를 들어 학생들은 위원회에 제출될 모든 제안서에는 적어도 교사 1인 학생 1인의 참여를 보장해야 한다거나, 프로그램 수행에 학생들을 참여시키는 방법을 상술해야 한다는 것 등을 주장했다. 이듬해 봄, 위원회는 학교구 전체에서 제안된 24개에 이르는 제안서를 읽고 평가했다. 최종 후보자를 고르고 인터뷰를 진행한 후에 위원회는 9개의 제안서를 선정했다. 이 제안서들은 학생들이 운영하는 새로운 라디오 프로그램에서부터 이중언어 학생들을 위한 특별한 여름학교 프로그램까지 다양한 영역에 걸쳐 있었다. 동료 교사들과 학생들은 왜 상금을 린지 학교에 더 많이 사용하지 않는지를 물었다. 이 질문에 대해 위원회에 참여한 학생위원들은 직업교육 프로그램이 견지해온 고립성 탈피가 절실함을 역설하는 것으로 답했다. 그들은 상금이 학교구 전체의 학생들과 교사들이 손과 마음을 결합하는 새로운 교육 방법을 시도하는 데 쓰이기를 원했다. 폴리나가 학교에 대해 쓴 글의 마지막 부분은 학생위원들의 희망을 잘 정리하고 있다.

"우리는 (다른 사람들을) 존중해요. 고로 우리도 (다른 이들로부터) 존중을 기대합니다. 이것이 바로 성공의 요건입니다!"

변화를 밖에 알리기

학교를 혁신하려는 노력을 기울이는 교육자들은 일반적으로 그들이 하고 있는 일을 외부에 알리기를 꺼린다. 그들은 자신들의 일이 외부에 알려진다면 학부모(심지어는 교육위원들)에게 아이들을 대상으로 실험을 벌이고 있다는 비난을 받을지도 모른다고 여긴다. 고립된 상황에서도 얼마간은 변화를 이루어낼 수 있을 것이다. 하지만 혁신을 장기적으로 그리고 실질적으로 보호할 수 있는 유일한 길은 그들이 하려는 일의 가치를 혹은 그 일의 불가피성을 핵심 관계자들에게 설득하는 것이다. 린지 학교의 변화는 비밀에 부쳐진 적이 없었다. 교사들과 학생들은 '학부모의 밤' 행사에서 그들이 하고 있는 일에 대해 발표했다. 또한 이 학교에 지원할 중학생을 대상으로 설명회를 개최했고, 외부 인사 수백 명이 참여한 가운데 학생 작품 전시회를 개최했다. 지역공동체가 시티웍스에 보여준 관심은 새로운 프로그램이 잘 작동하도록 하고 다른 이들에게 이에 대해 좀 더 잘 설명해줄 수 있는 동기를 제공했다. 우리가 하고 있는 일의 유명세는 지역 정치에 문제를 야기하기도 했다. 소수이지만 강력한 발언권을 가진 몇몇 학부모의 의견을 대표해서 한 교육위원이 우리를 비난했다. 비난의 골자는 린지 학교가 노동계급의 자녀들에게 그들에게 '필요한' 육체노동 훈련 대신 인문교육을 제공함으로써 학생들을 호도하고 있다는 것이었다. 이 비난은 지역신문 편집자에게 보낸 편지 형식으로 이루어졌는데, 이로 말미암아 린지 학교의 사소한 일상의 문제까지도 학교운영위원회에 꼬투리를 잡히는 계기가 되었고, 주정부의 학교 선택 프로그램 아래에서 학생들이 이 학교를 떠나 교외에 있는 직업학교에 등록하도록 부추기는 역할을 했다. 이 외에도 주정부에 3년 연속으로 린지 학교를 감사해달라는 요청이 들어왔고, 심지어는 주정부에게 우리 프로그램에 대한 승인을 취소하라는 요구도 나타났다.

현재까지 이러한 공격은 적지 않은 시간과 에너지를 앗아갔다. 하지만 이로 인해 교사, 학생, 학부모들은 새로운 프로그램을 지지하며 더욱 끈끈한 관계를 형성해갔다. 다행히도 우리가 하고 있는 일에 대해 우리 학교구뿐 아니라 미국 전역에서 답지하는 긍정적인 피드백도 많이 있었다. 퍼킨스법에 대해 많은 사람들이 알기 시작하면서 우리 프로그램을 방문하겠다거나 워크숍 리더나 강사로 우리 학교 교사들을 보내달라는 요청이 쇄도했다. 실제로 이러한 요청 건수가 너무 많아져서 우리는 이를 조정할 자체의 메커니즘을 만들었다. '손과 마음의 협력Hands and Minds Collaborative'이라고 이름 붙인 이 기구는 월러스-리더스 다이제스트Wallace Reader's Digest 재단과 모트Mott 재단의 지원을 받아서 린지 학교가 '법과 교육 센터Center for Law and Education'와 함께 만든 기구다.

다른 교사들 및 다른 학교 시스템과의 교류는 우리 교사들에게 커다란 유익을 주었다. 다른 학교 교사들이 우리에게 던진 질문, 코멘트 및 그들이 우리를 대하는 태도 등을 통해 린지 학교 교사들은 자신들이 성취한 것을 평가해볼 수 있었다. 또한 이러한 교류는 직업교육 교사들을 다른 교사들로부터 구별 지었던 '물리적, 사회적, 교육적 분리'를 완화시킬 수 있었다.Little, 1992: 6

1993년 6월에는 전국 단위의 직업교육 교사 리더 회의가 있었다. 이 회의는 '법과 교육 센터', 매사추세츠 공대MIT, '손과 마음의 협력'이 후원했는데, 12명의 린지 학교 교사들이 워크숍의 리더로 이 회의에 참여했다. 워크숍의 리더들은 200여 명의 참가자들이 자신들의 학교에서 퍼킨스법을 적용하기 위한 프로젝트 개발을 돕는 역할을 맡았다. 마지막 세션에서 참석자들은 워크숍에서 배운 대로 하면 전공 관련 세부 기술 훈련 시간이 부족해질 것이라는 우려를 표명했다. 이에 대해 린지 학교의 전기 전공 교사인 톰 리비도티Tom Lividoti는 이렇게 목소리를 높였다.

"처음에는 나도 여러분과 같은 걱정을 했어요. 아마도 제가 전기 전공 실습 시간이 줄어드는 것에 대해 가장 많이 불평한 사람일 거예요. 하지만 지금 우리가 하고 있는 것은 내가 전에는 학생들이 가지고 있으리라고 생각조차 하지 못했던 '창의적인 주스'를 뽑아내는 일이에요. 전에는 가능할 거라고 전혀 생각해보지 않았던 인문교육에서 눈에 띄는 진전을 보고 있지요. 지금 나는 2년 차의 숙련된 전기공 훈련생을 배출하지 못할 수도 있을 것입니다. 그러나 우리는 모든 분야를 두루 섭렵한 학생들을 배출하고 있습니다."

시티웍스 프로그램과 함께하고 있는 인문교육 교사들도 그들의 동료와 나눌 수 있는 중요한 메시지를 이 프로그램에서 발견했다. 시티 시스템스의 교사인 알리프 무하마드Alif Muhammad는 케임브리지 교사들을 위해 '실천을 과학과 수업에 되돌리기'[19]라는 제목으로 워크숍 시리즈를 만들었다. 린지 학교의 인문교육 교사인 로브 리오던Rob Riordan

은 미국인문사회학회American Council of Learned Societies가 후원하는 전국 회의에서 인문학 교사와 학자들에게 다음과 같은 연설을 했다.

"나는 인문학을 직업교육에 접목하는 것이 나의 임무라는 생각으로 이번 학년도를 시작했습니다. 그런데 지금 나는 직업교육의 방법론을 인문학에 적용해야 한다고 믿고 있습니다."

남아 있는 딜레마와 도전

우리가 우리 자신을 재창조하기 시작했을 때, 우리는 학교의 여러 층위 그리고 모든 면에서 학교가 민주적으로 바뀔 수 있기를 원했다. 학교 행정과 교사들 간의 관계는 가능한 한 평등해야 하고, 교사들은 의사결정 과정에서 의미 있는 참여를 보장받아야 한다. 교사들이 자신의 역할을 다양화할 수 있는 기회가 보장되어야 하며, 정례적인 공동 계획 시간이 확보되어야 한다. 교사-학생 관계 역시 민주적이어야 한다. 교사들은 뒷짐을 지고 있는 강의자라기보다는 코치 겸 조언자로서 행동해야 한다.

교육과정과 교수법도 민주적이어야 한다. 학생들을 특정한 트랙으로 분리하는 일이 없어야 하며, 모든 학생들에게 동일하게 높은 기대치를 가지고 있어야 한다. 교사들이 디자인한 시험 대신에 학생들이 제안한 프로젝트가 평가의 중심이 되어야 한다. 학교-지역사회의 관계도 민주적이어야 한다. 학교는 학생들이 지역사회의 실질적인 필요

---

19 직업교육의 성과를 과학과 수학에 접목시키자는 취지.

에 부응할 수 있는 것을 조사하고 찾아내는 기회를 제공해야 한다. 마지막으로 우리의 직장인 학교의 물리적 공간을 가능한 한 민주적으로 만들어야 한다. 미국 고등학교의 전형적인 물리적인 구조, 즉 공장의 집단노동 모델을 반영한 구조 대신에 우리가 가지고 있는 민주적 목표를 심화시킬 수 있는 방식으로 공간을 디자인하고 이를 실현해야 한다.[iv]

하지만 직업교육의 근본 문제는 여전히 해결되지 않았다. 아직도 많은 이들이 직업교육에서 원하는 것은 저소득층 자녀들에게 적합한 것이라고 여겨지는 '군더더기 없는 교육'이다. 반면에 우리와 같은 사람들은 듀이가 말한 것처럼 직업교육이 중등교육을 변화시켜서 모든 학생들이 '똑똑해'질 수 있는 학교를 만드는 데 중요한 매개체라고 생각한다.

린지 학교에서 우리가 경험한 가장 어려운 요소 가운데 하나는 누가 직업교육에 참여해야 하고, 거기에 가서는 무엇을 해야 하는지에 대한 뿌리 깊은 사회적 편견이다. 린지 학교의 현재 모습에 비판적인 어떤 이는 이렇게 썼다. "린지 학교는 배관공이 아니고 르네상스(인문 교양) 사람들을 길러낸다." 이 사람이 자기 자녀들에게 어떤 교육을 제공하고자 할 것인지는 굳이 말할 필요가 없을 것이다. 그럼에도 불구하고 그는 여전히 협소한 기술교육이 저소득층 자녀들에게 유익한 것이라는 의견을 고집했다.

이러한 편견은 근대학교의 모순적인 기원과도 관련된다. 해서 이 문제는 케임브리지 시나 다른 어떤 특정한 지역의 문제로 국한되지 않는다. 듀이조차도 이 편견에 대해 언급하고 있는데, 그는 반어법을 사용해서 다음과 같이 적었다.

"공적 자금으로 누구나 만족할 만한 보다 더 풍부한 교육을 모든 어린이들에게 제공하려는 시도들이 있었다. 일부 성공한 지도자들은 이러한 시도를 비민주적이라고 폄하했는데, 교육의 역사를 돌이켜 볼 때 이보다 더 마음을 감동시키는 언급은 없었다."Westbrook, 1991: 178

린지 학교에서 실험을 통해 얻으려고 하는 것을 요약하면, 교육을 직업훈련으로 단순화하는 것에 반대하는 것이다.Davis et al., 1989: 109 교육을 직업훈련으로 단순화하면 저소득층 자녀들이 보다 높은 수준의 교육을 받는 것, 모든 학생에게 창조적이고 지적인 능력을 확충하는 것에 더 많은 장벽을 세우게 될 것이다.Rosenstock, 1992

시티윅스 돌아보기

린지 학교의 수업과정으로서의 시티윅스는 더 이상 존재하지 않는다. 평범을 거스르는 학교 혁신은 혁신을 주도했던 사람들이 떠나가거나 학교 혹은 교육청의 리더십이 바뀌면 지속되지 못한다. 린지 학교도 바로 그 경우에 해당한다. 하지만 린지 학교가 표현한 혁신에 대한 아이디어는 오늘날에도 살아 있어 멀게는 네덜란드의 유트레히트에서 (이곳에서는 시티윅스 교육과정이 네덜란드어로 번역되어 있다), 가깝게는 미 전역에 산재해 있는 학교 리더들, 학생들, 그리고 공동체 파트너들의 손에서 실천으로 옮겨지고 있다. 한편 이 장에서도 소개된 직업교육에 대한 논쟁은 학교 단위는 물론 교육청, 주정부 및 연방의회와 백악관 수준에서도 계속되었다.

시티윅스 프로그램이 탄생한 1990년대 초반은 고등학교 재구성기라고 이름 붙여진 보다 더 큰 시기의 초창기에 해당한다. 이처럼 시티웍스는 특정한 시기의 산물이었지만 이 프로그램은 호러스 만과 존 듀이까지 거슬러 올라가는 직업교육과 인문교육에 기반을 둔 혁신 요구의 영향을 받았다. 시티웍스가 이룩한 기여는 한 세기 동안 나뉘어 있던 이 두 가지의 흐름을 어떻게 하나로 통합할 수 있는지를 보여준 것이었다. 이 프로그램은 직업교육에 매력을 느끼는 학생들에게 매우 중요한 요소인 실질적인 기술교육을 제공하면서도 그들이 자신들의 관심을 자극하고 공동체와의 관계를 변화시키며, 작문 능력, 문제 해결력, 소통 기술 및 여러 기술들을 발전시킬 수 있는 문제들과 아이디어들에 천착하는 실험을 대표한다.

시티웍스에서 배양된 아이디어들은 캘리포니아 주 샌디에이고에 위치한 하이테크 고등학교High Tech High, HTH에서 가장 잘 실현되었다고 할 수 있다. 래리 로젠스톡이 린지 학교를 떠난 직후 설립한 이 학교는 학교가 해결해야 할 첫째 과업은 학생들을 가치 있는 일에 몰두하도록 하는 것이라고 여긴다. 그리고 다음 과업은 학생들이 여기서 이룬 성과를 바탕으로 주 교육 기준, SAT 요구 사항, 그리고 학교 밖 세상의 기대치를 충족시키는 것이다. 학생들은 사람의 힘으로 작동하는 잠수함, 수륙양용정, 키보드를 대체하는 장갑, 지금도 존재하는 고대 도시에 대한 영화 등을 만드는 프로젝트를 학교 일과의 일환으로 수행한다. HTH의 건물구조는 '기능을 중시하는 형태'라는 철학을 대표적으로 보여준다. 예를 들어 학교의 공간들은 모둠 활동에서 개인별 활동으로, 소크라테스적 접근법에서 프로젝트 구성 접근법으로의 빠른 전환을 용이하게 한다. 린지 학교 건축 전공 교사 출신으로 시티웍스 스튜디오 공간을 디자인하고 교육과정을 함께 설계한 경력이 있는 데이비드 스티븐David Stephen이 디자인한 이 공간은 우리가 시티웍스를 통해 발견했던 가능성, 즉 다양한 학생들에게 인문교육 및 직업 관련 교육을 동시에 증진하려는 가능성을 실현에 옮기는 데 도움을 주었다.

개교 6년째를 맞고 있는 HTH는 학생 전원을 대학에 진학시켰다. 그중 60%는 가족 중에서 처음으로 대학에 진학한 경우이고, 70%는 4년제 대학에 진학했다. HTH는 같은 주에 있는 다른 학교들과 비교했을 때는 물론 비슷한 사회-경제적 환경을 가진 학교들과 비교했을 때도 매우 좋은 성과를 거두었다. 이와 같은 성공의 원인은 학교들이 진정한 의미에서 통합되었고, 계급, 인종, 성, 언어 능력, 학업 능력 등에 따라서 트래킹하지 않았던 데서 찾을 수 있다. 함께 프로젝트를 진행하고 배움으로써 학생들은 사회-경제적 계층을 뛰어넘어 친구가 되고 지적인 동료가 될 수 있었다.

시티웍스에서 교사들의 참여를 위해 개발된 모델을 이용해서 HTH는 교사들의 팀별 모임으로 하루를 시작했다. 교사들이 자신들의 팀 속에서 리더십을 행사하면서 그리고 많은 교사들이 몇 년 후에 새로운 HTH를 운영하기 위해 다른 곳으로 옮겨 가면서 교사와 행정직원 사이의 경계선이 모호해졌다. HTH는 현재 샌디에이고에서 초등 1개교, 중등 2개교, 고등 3개교를, 레드우드Redwood 시에서 고교 1개를 운영하고 있으며, 미 전역에 흩어져 있는 자매 학교들의 네트워크를 지원하고 있다.

비록 HTH는 하나의 특정한 모델을 대표하고 있지만, 이는 더 큰 규모의 소학교 운동의 일부로 이해할 수 있다. 소학교 운동은 전국적으로 수많은 소학교들과 소규모 배움공동체를 탄생시켰다. 이 운동을 통해 교사들은 가장 민주적인 상황에서 학생, 학부모, 지역사회 성원들과 결합할 수 있었으며, 새로운 학교나 대규모 학교 내에서 소규모 배움공동체를 디자인할 수 있는 기회를 가졌다. 이러한 사정을 감안할 때 교사들이 때때로 그래픽 아트, 보건 관련 직업, 생명공학, 그리고 공공 서비스 등과 같은 직업에 중점을 둔 주제들을 다루었다는 것은 놀라운 일이 아니다. 이것은 10여 년 전만 해도 상상할 수도 없는 규모로 일어났다. 이러한 현상은 수많은 청소년들이 학교에서 느끼는 소외감에 대한 사회적 인식이 확대되고 있음을 반영함과 동시에, 실생활과 관련 있는 교육과정이 학생들에게 줄 수 있는 동기부여의 힘을 이용할 필요가 있다는 사회적 인식의 확대를 반영한다. 청소년들이 실생활 경험과 문제들을 기반으로 한 교육과정에 훨씬 더 흥미를 느낀다는 것은 잘 알려져 있다. 또한 그들이 만나는 어른들이 자신들을 흥미롭고 보수가 좋은 직장으로 인도할 수 있다는 것을 확신할 때 그들에 대해 관심을 가질 뿐 아니라 학교가 그들을 잘 대해준다고 느낀다.

시티웍스에서 그랬던 것처럼 위에서 언급한 많은 학교들이 학습에서 경험과 맥락을 중시하는 팀 티칭, 서비스 학습, 수행평가, 전시회 등과 같은 접근법을 사용한다. 교사들의 공동 계획을 위한 시간이 마련된다. 종종 충분치 않은 시간이지만 교사들이 협력해서 교육과정을 디자인하려고, 그리고 그들의 실천 속에서 잘되었던 것과 그렇지 않았던 것들에 대해 얘기를 나누기 위해 주중에 시간을 마련한다. 시티웍스에서와 마찬가지로 교육청과 학교가 요구하는 수많은 교육 기준을 수행하는 과정이 교사들의 공동 계획 시간의 중요한 위협 요소이다.

이 학교들은 분명 좁은 의미에서 '직업학교'가 아니다. 대부분의 학교들은 직업교육을 위해 연방정부가 제공하는 예산을 수령하지 않는다. 직업 전공 관련 교과를 가르치는 교사들을 포함해서 모든 교사들은 그들의 임무가 학생들로 하여금 대학 진학, 취업, 그리고 민주시민 양성에 필요한 폭넓은 지식 및 (기술)능력을 배양할 수 있도록 하는 것이라고 생각한다. 어떤 학교에서는 특정한 코스를 마치면 해당 분야의 취업에 필요한 자격증을 딸 수 있는 기회를 제공한다. 이러한 코스는 인턴십을 포함하는데, 학생들이 이 기회를 활용해서 그들이 배운 것에 대해 연구를 진행하고 깊이 있는 보고서를 작성한다.

이러한 학교들이 존재한다는 것이 현재 고교까지의 교육에서 직업교육이 어떤 위상을 가져야 하는지에 대해 지속되는 논쟁에 크게 영향을 미치지는 못했다. 별도로 분리된 고등학교나 교육 프로그램을 통해 청소년들에게 취업을 위한 기술을 가르친다는 아이디어는 정치적으로, 특히 도심의 저소득층 지역을 대표하는 의원들 사이에서 인기가 높다. 또한 직업교육은 높은 청년실업률을 유지하고 있는 대도시 지역에서 청소년들과 그 가정들에게 지속적으로 호소력을 가질 것이다. 예를 들어 뉴욕 시에서 이루어진 여론 조사에서는 응답자 10명 중 9명이 자신의 자녀들에게 취업과 관련된 기술교육을 더 늘려줄 것을 희망하는 것으로 나타났다.

하지만 현행 직업교육이 고등학교 학생들에게 '좋은 일자리'에 필요한 지식, 기술 및 특성들을 잘 갖추게 할 수 있는 통로인지에 대해서는 이견이 남아 있다. 승진 기회가 제공되는 일자리와 가족을 부양할 만큼의 소득 기회를 제공하는 일자리는 현재 고등교육 이상의 학력을 요구한다. 이러한 현실이 의미하는 것은 일반 고교에서 운영하는 직업

기술교육CTE 프로그램은, 인문교육 프로그램이 그러한 것처럼, 반드시 학생들에게 취업과 진학을 분리하지 않고 동시에 준비시켜야 함을 뜻한다. 그럼에도 불구하고 현재 CTE 내에서 우려스러운 일이 벌어지고 있는데, 그것은 프로그램 자체 내에서 트래킹을 만들어내는 흐름이 존재한다는 것이다. 이 트래킹은 CTE 내에서도 대학 진학을 직접 목표로 하는 프로그램과 역사적으로 저소득층 자녀들, 특히 특수교육 등의 지원이 필요한 학생들을 위한 트랙으로 기능했던 시스템의 유산을 이어가는 프로그램을 나뉜다.

시티웍스의 교훈 중에는 우리가 그 프로그램을 디자인하던 때보다 지금 더 적절한 것도 있다. 즉, "손의 사용을 마음의 사용에서 분리하는 이분법은 거짓이다"라는 교훈이다. 존 듀이는 1916년에 다음과 같이 적고 있다.

"모든 진정한 지식과 의미 있는 이해는 실천의 결과물이다. 우리가 무엇을 알아내기 위해서는 사물에 무엇인가를 실천해보아야 한다. 우리는 여러 가지 조건들을 바꾸어보아야 한다. 이것이 바로 실험실 방법이 우리에게 주는 교훈이다. 그리고 이것이야말로 모든 교육이 배워야만 할 교훈이다."Dewey, 1916: 275

듀이의 이와 같은 언급에도 불구하고 머리와 손의 분리는 오랫동안 우리의 학교와 공동체를 규정해온 사회 계급적 분리의 표지로 남아 있다. 이러한 분리는 부모의 교육 수준과 사회경제적 지위에 따라 예측 가능한 분리라는 점에서 비민주적일 뿐 아니라 비효율적인 것이다. 우리는 생각할 수 있고, 동시에 생산할 수 있는 시민을 필요로 한다. 공교육은 최악의 경우 사회적 불평등을 재생산해낸다. 하지만 그 반대의 경우도 있을 수 있다. 공교육은 학생들을 격려하고 그들에게 필요한 도움을 제공할 수 있다. 이를 통해 학생들은 자신이 처해 있는 경제적으로 불리한 상황과 교육적으로 불리한 여건을 뛰어넘어 자신의 잠재력을 온전히 발휘할 수 있게 된다. 이런 과정에서 공교육은 학생들을 통해 사회를 변혁할 수 있다.

i   '법과 교육 센터'는 매사추세츠 주의 케임브리지 시와 워싱턴 시에 근거를 두고 있다. 이 단체는 미국 전역에서 저소득층 학생들과 학부모들의 교육권을 옹호하는 활동을 하고 있다. 이 단체의 공동의장인 폴 웨크스타인Paul Weckstein은 퍼킨스 법안이 요구하는 새로운 방향에 대한 지지자이면서 이에 대한 핵심적인 이론가들 중의 하나였다.

ii   퍼킨스 법안은 모든 직업학교 학생들로 하여금 그들이 진입하게 될 산업 전반에 대한 이해에 있어서 강력한 경험을 가질 것을 의무화했다. 이러한 이해들에는 금융, 계획, 경영, 기술의 바탕이 되는 원리, 기술, 노무관계, 지역사회 현안, 보건 및 안전 이슈, 그리고 환경 이슈 등이 있다.

iii   "가장 지혜로운 부모가 그의 자녀들을 위해 하고 싶어 하는 것은 공동체가 모든 자녀들을 위해 하고 싶어 하는 것이어야 한다." 듀이의 『학교와 사회』에서(*The School and Society*, Chicago: University of Chicago Press, 1900, p. 7).

iv   조립라인 구조물은 조립 라인 방법론과 교육과정에 의해서 유지된다. 참조 Steinberg, [Beyond the Assembly Line], The Harvard Eduaton Letter 9(2) (1993): 1.

Carnoy, M., and H. Levin. 1985. *Schooling and Work in the Democratic State*. Stanford, CA: Stanford University Press.

Davis, J., J. Huot, N. Jackson, R. Johnston, D. Little, G. Martell, P. Moss, D. Noble, J. Turk, and G. Wilson. 1989. *It's Our Own Knowledge*. Toronto: Ontario Federation of Labor Conference on Education Training.

Dewey, J. 1916. *Democracy and Education*. New York: Macmillan.

_____. 1985. "Some Dangers in the Present Movement for Industrial Education." In *The Middle Works: 1899-1924*, edited by Jo Ann Boydston, 98-103. Carbondale: Southern Illinois University Press.

Krug, E. 1969. *The Shaping of the American High School, 1880-1920*. Madison: University of Wisconsin Press.

Little, J. W. 1992. "Work on the Margins: The Experience of Vocational Teachers in Comprehensive High Schools." Berkeley, CA: National Center for Research in Vocational Education.

National Assessment of Vocational Education. 1987. Washington, DC: United States Department of Education.

Rosenstock, L. 1991. "The Walls Come Down: The Overdue Reunification of Vocational and Academic Education." *Phi Delta Kappan* 72(6): 434-36.

_____. 1992. "Easing Students' Pressure to Predict the Future" [Letter to the editor]. *New York Times*, Dec. 10, p. 20.

Westbrook, R. 1991. *John Dewey and American Democracy*. Ithaca, NY: Cornell University Press.

제6장
센트럴파크 이스트 중고등학교

데보라 마이어Deborah Meier
폴 슈워츠Paul Schwarz

관료주의의 과도한 규제가 가져온 엄중한 현실에 직면해서 많은 중고등학교 교육자
들은 보다 진보적이고, 민주적이며, 학습자 중심인 학교들을 위한 공간을 만들기 위
해 노력해왔다. 공교육 체제 내에서 이러한 노력들은 다음의 두 가지 형태를 포함한
다. 하나는 온전한 형태의 대안학교이고 다른 하나는 학교 속의 학교인데, 이는 대규
모의 인문학교 내에서 그 학교와 여러 가지 자원들을 공유하는 형태이다. 이 두 가지
경우 모두 다 전통적인 학교보다는 작은 규모여서 대규모 학교를 특징짓는 비인격적
인 익명성을 극복하고 좀 더 민주적인 학습공동체를 형성하는 데 유리하다. 센트럴파
크 이스트 중고등학교Central Park East Secondary School, CPESS의 공동 교장인 데보라 마이
어Deborah Meier와 폴 슈워츠Paul Schwarz는 이 장에서 미국에서 가장 유명한 대안학교인
뉴욕 시에 위치한 CPESS를 소개하고 있다. 이 장을 읽으면서 염두에 둘 것은 CPESS
는 학생들에게 이 장에서 소개하고 있는 "마음과 일, 감정의 습관" 외에 주에서 실시
하는 시험도 잘 준비시키고 있다는 점이다.

센트럴파크 이스트 중고등학교Central Park East Secondary School, CPESS
는 센트럴파크 이스트 초등학교의 지난 25년간의 뛰어난 교육 환경
이 확장되어서 만들어진 대안학교다. 이 학교는 커뮤니티 스쿨보드 넘
버 4Community School Board #4와 뉴욕 시의 대안고등학교 위원회, 그리
고 전국 단위의 고등학교 네트워크인 이센셜 스쿨 연합the Coalition of
Essential Schools이 협동으로 만들었다.

CPESS는 1985년 가을에 80명의 7학년 학생들로 문을 열었다. 이 학
교에는 현재 7학년부터 12학년까지 450명의 학생이 재학 중이다. 현재
학교는 자체적인 규모를 확장하지는 않았지만, 뉴욕 시 전역에 걸쳐
11개의 새로운 협력학교를 가지고 있다. CPESS에 출석하는 학생들은
대부분 학교가 위치한 이스트 할렘 지역에 거주하는 학생들이다. 85
퍼센트의 학생들이 아프리카계이거나 남미계이고 특수교육 대상 학생
이 20퍼센트를 상회한다. 이사를 가는 학생이나 전학을 가는 학생을
포함해서 우리의 학생들을 면밀히 추적한 결과 우리는 CPESS에 출석
했던 학생들의 97.3퍼센트가 고등학교를 졸업했고 졸업생의 90퍼센트
가 대학에 진학했음을 알 수 있었다.

CPESS의 기본적인 목적은 학생들이 자신의 마음을 잘 사용하도록 가르쳐서 그들로 하여금 생산적이고, 사회적으로 유용하며 개인적으로 만족스러운 삶을 영위할 수 있도록 준비시키는 데 있다. 이 학교의 학습 프로그램은 지적인 성취를 강조하며, 중요한 몇몇 과목을 숙달하는 것에 비중을 두고 있다. 이 학습 프로그램은 학습하는 방법, 합리적으로 생각하는 방법, 그리고 협력과 개인적인 책임감이 요구되는 복잡한 과제들을 어떻게 연구해나가는지를 강조하는 접근법과 짝을 이룬다.

이 학교의 졸업장은 교실에서 보낸 시간, 즉 카네기 유닛에 의해서 결정되는 것이 아니다. 대신 이 학교에서는 모든 학생이 졸업위원회에서 자신이 준비한 14개의 포트폴리오를 발표해야 하는데, 이를 통해 자신의 학업 성취를 증명하고 그에 따라 졸업장이 수여된다. 이 학교는 높은 기대 수준, 신뢰, 개인의 훌륭한 품성, 그리고 다양성에 대한 존중을 높이 평가한다. 이 학교는 모든 학생들에게 개방되어 있으며 학생들 개개인 모두에 대해서 높은 기대 수준을 가지고 있다.

이 학교는 테드 사이저Ted Sizer가 주도하는 '이센셜 스쿨 연합'의 원칙에 의해 운영된다. 연합의 원칙들은 다음과 같다.

1. 적게 가르치는 것이 많이 가르치는 것. 몇 가지를 깊게 아는 것이 여러 가지를 피상적으로 아는 것보다 낫다.
2. 개별 맞춤식. 비록 교육과정은 통합되어 있고, 보편적인 가치를 지향하지만, 교수-학습 활동은 개별 맞춤식으로 진행된다. 어떤 교사도 80명(CPESS의 경우는 40명)을 넘는 학생의 교과 지도를 맡거나 15명이 넘는 학생들의 담임교사 역할을 해서는 안

된다.

3. 목표 설정. 모든 학생들에게 높은 수준의 목표치를 설정한다. 학생들은 반드시 자신이 학업을 충분히 숙달했음을 보여야 한다.

4. 스스로 학습하는 학생. CPESS의 교사들은 학생들을 '코칭'하고, 학생들이 답을 찾아서 궁극적으로는 학생 스스로가 자신을 가르치도록 격려한다. 그 결과 학생들은 교과서나 교사들이 하는 말을 그대로 암기하는 것이 아니라 해답을 찾아내고 해결책을 제시하며 실천을 통해 학습한다.

마음, 공부, 그리고 가슴[20]의 습관들

1992년 5월 2일 금요일의 일이다. 우리 학생들은 한 주 동안 로드니킹 사건 판결과 L. A.폭동에 대해서 이야기하는 가운데 격한 감정을 추스르며, 무슨 일을 할 것인지에 대한 생각을 나누고 있었다. 얄궂은 운명의 여신의 장난처럼, 그날 미시간 주의 한 작은 도시에서 온 백인으로만 구성된 합창단이 우리를 위해 노래를 부르기로 되어 있었다. L. A.가 불에 타고 있는 동안, 아마도 두려움으로 죽을 만큼 겁에 질렸을 그 합창단은 여전히 폭동(항의)에 적극적으로 가담하고 싶어 하는 아프리카계와 남미계 청소년들 앞에 서야만 했다. 우리 학교의 고3 중 하나가 앞에 나섰다. 그리고 그는 자신이 생각하기에 이 상황에 도움이 될 만한 말을 한마디 해도 되겠느냐고 물었다. 순간 그곳의 공기는 긴장감으로 가득 찼다.

"내가 이렇게 앞에 나온 것은 순전히 개인 자격인데, 여러분에게 우리

---

20 마음과 가슴은 각각 mind와 heart의 번역어로 사용되었다.

가 그동안 겪어온 이야기를 전하고 싶어. 많은 학생들이 L. A.에서 무슨 일이 벌어지고 있는지에 대해서 얘기들을 하고 있고, 그 일이 이들을 아주 많이 힘들게 한다는 얘기는 나도 들어서 알고 있어."

"내가 말하고 싶은 것은 단순해. 이곳에 있는 어느 누구도 우리의 적이 아니야……. 그리고 우리는 하나가 되어야 해."

"…… 그리고 여기에……. 미시간에서 온 사람들이 있지? 그렇지?"

학생들이 웃음을 터트렸다.

"미시간 말이야, 캘리포니아 말고, 맞지?"

학생들에게서 더 많은 웃음이 터져 나왔다.

"그들이 이곳에서 할 일은 우리를 위해 하는 일이야. 그들은 우리를 기분 좋게 만들려고 이곳에 있는 게 아니야. 그들이 이곳에 있는 것은 그들이 노래하는 것을 좋아하기 때문이며, 그들이 여기에 있는 것은 그들이 가진 것을 우리에게 보여주기 위해서야."

"그렇다고 그들이 우리의 적은 아니야. 이 방에 있는 어느 누구도 우리의 적이 아니야. 우리가 만일 하나가 된다면, 그리고 서로 함께한다면 우리가 다른 어떤 이들이 하는 것처럼 분열되지 않았다는 것을 우리는 세상 사람들에게 보여줄 수 있을 거야."

학생들의 환호성이 실내를 가득 메웠다.

"너희들은 너희들이 해야 하는 것을 해야만 해. 하지만 너희들의 분노를 이 합창단에게 드러내는 것은 여기에 있는 우리 누구에게도 도움이 되질 않을 거야."

만약 세금으로 운영되는 공립학교의 존립 근거와 가장 중요한 책임이 한 세대의 동료 시민들을 길러내는 것이라면, 학교는 반드시 학생들이 민주주의의 고갱이를 이루는 마음, 공부, 그리고 가슴의 습관을 배우는 장소가 되어야만 한다.

사람은 자신이 전혀 경험해보지 못한 것에 대해서는 제대로 학습할 수 없기 때문에 학교에서 그러한 민주적인 습관들을 경험할 수 있어야 한다는 주장은 매우 일리 있는 지적이다. 이것은 다음과 같이 간단하고 또 복잡하기도 한 것이다. 한 번도 실제로 벌어지는 게임을 보지 못한 사람은 그 게임을 배우지 못한다. 음악가들의 그룹 속(그중에 그 분야의 최고가 있는)에 위치시켜보지 않고는 어느 누구도 음악가를 길러낼 생각을 하지 못한다.

CPESS에서 우리의 임무는 이런 생각을 다시 한 번 진지하게 고민해보는 것이다. 그리고 우리의 아이들을 길러내는 현재의 교육 체제를 그 원칙들로 되돌리는 것이다. 지금껏 우리 교육은 아이들이 공평하게 무식해지게 만들었다. 지금껏 우리의 학교제도는 초보 교사들이 숙련된 교사들로부터 경험을 전수받을 수 있는 기회를 제공하지 않았다. 또한 교사들이, 전문가이건 초보이건 관계없이, 그들이 할 수 있는 것을 몸으로 실천하는 대신에 말로만 풀어내도록 조장했다. 우리는 이러한 현재의 시스템 자체를 갈아엎기 위해 노력했다.

이 글을 쓰고 있는 우리 둘은 모두 유치원에서부터 교직을 시작했는데, 우리는 유치원에서 이루어지는 교육의 발상을 고등학교까지 (가능하다면 그 이후까지도) 계속 견지하고 있다. 좋은 유치원 교실이 그런 것처럼, 우리는 학교 건물이 자연스럽게 학생들이 즐거워할 수 있는 곳이기를 바란다. 우리는 미리 정해진 특정한 방식의 수업의 틀을 벗어나 보다 유연한 수업 시간 동안 학생들과 교사들이 함께 즐거워할 수 있는 학습 주제와 교재를 가지고 수업을 진행하기를 바란다. 우리는 초보 교사들이 경험이 풍부한 베테랑 교사들의 수업을 참관할 기회를 가질 수 있고, 배운 것을 자신들의 속도에 맞추어서 실행해볼 수 있는 기회를 갖기를 원한다. 우리는 학교를 구성하는 모든 사람들이 다른 이들이 수행하는 구체적인 일들을 면밀히 관찰함으로써 그들이 무슨 일을 하는지를 알기를 원한다. 이러한 과정을 통해 우리는 서로를 이해할 수 있을 것이며, 이는 진정으로 협력적인 환경일 것이다.

따라서 우리가 추구하는 교실은 작은 규모여야 하고, 학생들이 다양한 나이대로 구성되어야 하며, 아주 친밀하고 재미있어야 한다. 가정과 학교는 어린이들을 양육하는 책임을 공유하고 있기 때문에 서로 연대할 필요가 있다. 이 두 기관 사이에서 우리는 성장한다는 아이디어가 모든 사람을 끌어들일 만큼 멋지고 흥분되는 일로 보이게 만들 수 있는 방법을 찾아내야만 한다.

이것이 바로 좋은 학교교육이 할 수 있는 일이다. 하지만 이것은 그럴듯한 명분만큼이나 그에 걸맞은 세부 내용을 분리해서 보아야 한다. 그것은 바로 우리 둘이 유치원 교실을 매일 정리하고 배치할 때 했던 일이다. 우리는 매일 블록 코너나 모래 상자는 어디에 배치할지, 어떤 책을 어떻게 선정할지, 연필이나 물감은 어디에 두고, 학생들 작품은 어디에 게시할지를 결정해야 했다. 그러한 결정에는 언제나 특정한 아이들에 대한 고려가 수반되었고, 특정한 교육 목적이 게재되었다.

그렇게 해서 우리는 CPESS의 구석구석을 많은 얘기들과 공동의 목표들로 가득 채웠다. 우리는 학생과 학생이, 학생과 교사가, 그리고 교사와 교사가 그리고 그 가족들이 서로의 생각을 나누며 함께 의사결정을 할 수 있는 구조를 만들었다. 우리는 이센셜 스쿨 연합이 설립 목적으로 표방하고 있는 '마음을 잘 활용하기'가 무엇을 의미하는지 분명히 할 필요가 있었다. 민주적 시민을 규정하는 마음의 습관이란 무엇일까? 우리는 '좋은 시민들'로 여겨지는 친구들을 머리에 떠올리고 그들의 공통점이 무엇인지를 생각해내려 애썼다. 분명한 것은 마음의 습관이 어떤 구체적인 사실이나 정보를 회상하는 능력을 의미하는 것은 아니라는 것이다. 우리가 생각하는 이상적인 시민상을 규정하는 마음의 습관이 있는 것으로 보이는데, 그것은 공감 능력과 회의주의이다. 이 두 가지 마음의 습관은 사람들로 하여금 상황을 제3자의 시각에서 바라볼 수 있게 해주고, 우리가 접하게 되는 상황의 가치에 대해 의문을 품게 하는 경향이다.

우리는 우리 학교의 졸업생이라고 부르는 것을 자랑스러워할 만한 사람을 '사려 깊은 사람'으로 꼽았다. 우리가 규정하는 사려 깊은 사람이란 여러 가지 방법으로 다음의 다섯 가지 질문에 대해서 답할 준비가 되어 있는 사람이다.

- 당신이 무엇인가를 알고 있다는 것을 어떻게 알 수 있는가?(증거)
- 누구의 관점에서 이 사실이 제시되고 있는가?(관점)
- 어떻게 이 일이 다른 이들과 연결되어 있나?(관계)
- 만약에 조건들이 다르다면 무슨 일이 생길까?(전제)
- 왜 이것이 중요한가?(자신과의 연관성)

우리는 이 다섯 가지 질문에 대한 답을 찾는 습관을 가진 사람이 적절한 상황이 주어진다면 자신의 마음을 잘 사용할 거라는 생각을 바탕으로 교육과정 및 평가를 구성했다. 물리 교과가 다르고 문학 교과가 다르듯이 마음의 습관을 위해 사용하는 뉘앙스, 어휘, 도구들이 과목에 따라 그 모습을 달리했다. 그렇지만 이 질문들이 올바른 것이라면 그 질문들은 운동장이든 직장이든 어느 곳에서든 적용될 수 있어야만 한다. 물론 이러한 질문들은 진공 상태에서 배울 수 있거나 활용될 수 있는 것이 아니다. 이 질문들은 각 교과에 적절한 모습으로 녹아들어 있다. 따라서 사려 깊은 사람이 되는 것은 학생들이 읽기, 쓰기, 논리력, 수리력, 연구, 과학적 질문으로 답을 찾기 등과 같은 기술들을 사용하는 능력에 달려 있다고 할 수 있다. 하지만 우리는 과목과 연령을 초월해서 적용할 수 있는 이 질문들의 일반성이라는 개념을 고수하고 있다. 이러한 다섯 가지 질문을 할 수 있는 학생들이 사려 깊은 사람이다.

우리가 내디뎠던 가장 큰 걸음은 사려 깊음이라는 개념을 14개의 활동 영역으로 구체화하고 이를 우리 학교의 졸업 기준으로 삼기로 결정한 것이다. 우리는 이 제도를 "포트폴리오로 졸업하기"라고 불렀다. 우리의 포트폴리오는 학생들의 작문만을 모아둔 것이 아니라 우리가 구체화해놓은 졸업 기준을 만족시키는 것이라고 학생들이 생각하는 모든 것을 모아둔 것이었다.〈14개의 포트폴리오 영역: 학생들과 학부모들을 위한 개괄〉참조

졸업위원회가 새롭게 구성되었는데, 박사논문 심사위원회와 흡사했다. 각 위원회는 적어도 2인 이상의 교사, 해당 학생이 선정하는 성인 1인, 그리고 동료 학생 1인으로 구성되었다. 위원들은 포트폴리오를 읽고, 발표를 듣고, 심사를 했다. 그리고 수정 의견을 내거나 졸업을 승인했다. 처음 이 제도를 시작할 때는 이런 절차 및 과정은 생각하지도 못했다. 하지만 지금은 다음에서 소개하는 것과 같은 이야기들이 많은 시간을 요구하는 포트폴리오로 졸업하기를 지속하게끔 우리의 의

지를 다잡아주고 있다.

졸업위원회 미팅 사례

9월의 어느 따스한 금요일, 모니크Monique의 졸업위원회가 첫 모임을 가졌다. 모니크의 어머니가 도착하기를 기다리면서(모든 학생은 위원회 위원으로 1명의 성인을 선택할 수 있었는데, 모니크는 자신의 어머니를 선택했다. 지역사회의 지혜를 빌리자면 그것은 언제나 위험한 선택이다), 모니카는 너무나 긴장해서 차분히 앉아 있질 못했다. "화장실에 다녀올게요." 그녀가 말했다. 이것으로 15분 만에 세 번째 화장실을 다녀오는 것이었다.

마침내 우리 모두는 내 사무실의 테이블에 둘러앉았고, 모니크는 발표를 시작했다. 그녀는 병원 내에서 벌어지는 AIDS 차별에 관한 보고서를 발표 주제로 선택했다. 그녀는 보고서를 거의 보지 않고 발표를 이어갔다. 처음에 그녀의 얼굴은 창백했다. 평상시의 청소년 특유의 늘어진 모습과는 달리 꼿꼿이 앉아 있었고, 거의 모든 문장은 "나는 ~을 여기에 포함했습니다"로 시작했다. 예를 들어 "나는 주요 업무가 AIDS 관련이 아닌 의료인들이 AIDS에 대해서 가진 생각을 알아보기 위해 응급실에서 일하는 간호사를 인터뷰했고, 그 내용을 여기에 포함시켰습니다."

모니크는 발표를 끝내고 질문이 있는지를 물었다. 그녀는 질문이 있을 것을 예상하고 있었다. 이 미팅은 위원회가 모니크가 CPESS의 졸업 기준인 다섯 가지 마음의 습관을 갖추었는지를 알아보기 위해 마련된 자리였다. 우리는 그녀가 제시한 정보의 출처를 묻는 것으로 부드럽게 시작했다. 그녀는 이 질문들을 어렵지 않게 받아냈다. 학생들은 항상 자신들이 겪었던 졸업위원회에서의 경험을 친구들과 나눈다. 따라서 모니크는 정보의 출처에 대한 질문을 예상하고 있었지만, 질문들은 곧 훨씬 예상치 못한 것들로 바뀌었다. 내가 물었다.

"모니크, 환자들의 동의나 인지 없이 HIV바이러스 검사를 한 의사들에 대해서 얘기했잖아. 넌 이런 행위를 나쁘다고 했어. 사생활 침해라고 말이야. 지난 일요일에 나는 쿠바에서 쿠바 사람들이 AIDS 확산에 대처하는 것을 다룬 TV 프로그램을 봤어. 쿠바에서는 모든 사람들을 검사하더라고. 동의를 구하지 않고 말이야. HIV 양성 반응자가 나오면 그 사람을 격리시켜. 이 사람들은 좋은 음식과 훌륭한 의료 서비스가 제공되는 곳으로 보내져. 하지만 그들은 거길 벗어날 수 없어. 절대. 그렇게 한 결과 쿠바에서는 AIDS 확산 속도를 현저히 낮출 수 있었대. 만약 미국에서도 같은 일을 한다면 어떨까?"

모니크는 이제 온전히 혼자다. 분명 그녀는 이러한 질문을 예상하지 못했고, "나는 ~을 여기에 포함했습니다"라는 말로 대답할 수 없었다. 그런데 바로 이 순간에 사건이 일어났다. 신체에 변화가 일어난 것이다. 나는 졸업위원회 미팅에서 이런 일이 일어나는 것을 종종 보아왔다. 모니크는 망설이지 않았다. 그녀는 몸을 곧게 펴고 앞쪽으로 약간 기울이더니 내 눈을 똑바로 바라보았다. 그러고는 이렇게 말했다.

"우리 아빠가 AIDS로 죽었어요. 그래서 나는 이 보고서를 첫 발표로 선택한 거예요. 이건 나에게 아주 중요한 문제예요. 나는 AIDS를 예방할 수 있거나 전염 속도를 조금이라도 늦출 수 있다면 어떤 조처라도 환영이에요. 하지만 당사자에게 알리지 않고 검사하는 것에 대해서는 잘 모르겠어요. 나는 질문이 가진 양 측면에 대해서 잘 알고 있어요. 하지만 내가 그중 하나를 선택하고 싶지는 않아요. 제 생각에는 이 문제는 투표로 결정해야 할 문제 같아요."

"누가 투표를 하지?"

내가 묻자 그녀가 즉각 답했다.

"모든 사람이요. 아주 작은 어린이조차도요. 이 문제는 너무나 중요한 문제라서 모두가 투표할 수 있어야 해요."

졸업위원회 미팅은 한 시간 정도의 발표와 질문 후에 끝났다. 위원들은 CPESS에서 우리가 만든 평가지를 작성했다. 이 평가지는 주요 포트폴리오를 평가하기 위한 것인데(우리 포트폴리오는 여러 개의 보고서 및 과제들의 모음이다), 발표된 포트폴리오에 점수를 줄 수 있는 양식을 포함하고 있다. 이번에 평가한 것은 그녀가 발표할 7개의 주요 포트폴리오 중 첫 번째 것이었다.

내가 모니크에게 채점 결과를 알려주고(아주 만족스러운 점수) 위원회에서 생각한 보고서의 강점과 보완할 점을 알려주는 동안 그녀의 입은 귀에 걸렸다. 다시금 어린 나이에 걸맞은 자신으로 돌아간 것이었다. 그녀는 우리 얘기를 듣는 둥 마는 둥 하다가 위원회에 양해를 구하고 복도에서 그녀를 기다리고 있던 절친 유이자Yuiza와 프란시스Frances에게로 달려갔다.

나는 보고서, 양식들, 평가지들을 치워두고 다음 졸업위원회 미팅을 준비했다. 카를로스Carlos가 문학 포트폴리오를 발표하기로 되어 있었다. 어쩌면 카를로스는 포트폴리오가 아니라 마음의 습관을 잘 사용하는 사람의 예로서 그 자신을 발표하는 것일지도 모른다. 그는 이 습관들을 문학 분야에서 그가 수행한 작업들을 통해 보여줄 예정이었다.

방과 후에 나는 학교 친구들을 만났다. 그들은 내게 왜 그렇게 기준을 '높이' 세우고 있는지 물었다. 그 이유는 내가 때때로 모니크의 발표회에서와 같이 우리가 함께한 일의 결과를 직접 목격하기 때문이다. 나는 그토록 많은 교사, 학부모, 학생들이 배움에 쏟아부은 드러나지 않은 시간과 노력들을 잘 알고 있다. 위원회 미팅은 우리의 최종 평가일 뿐 아니라 결실을 확인하는 시간이기도 하다. 즉, 그토록 오랫동안 그리고 열심히 생각하고, 쓰고, 읽고, 연구했던 것들에 대한 확실한 보상인 셈이다.

그리고 나는 가끔씩 마술을 본다. 눈속임으로 하는 마술이 아니라 아이들이 첫걸음을 떼고, 첫마디 말을 하는 것과 같은 마술이다. 이 마술은 연습해서 성취될 수 있는 마술이고, 학생들이 사색할 수 있는 사람으로 자라나고, 자신감을 갖게 되며, 그들의 마음을 세상에 자랑할 수 있게 되는 그런 마술이다. 이 마술은 또한 어린이들이 내 눈앞에서 자신감 있고, 사려 깊고, 역량 있는 여성으로 자라나는 마술이다.

우리가 한 선택들

위에서 묘사한 것과 같은 개인적이면서도 동시에 높은 수준의 졸업 위원회를 어떻게 만들 수 있었을까? 어떻게 우리는 유아교육 교사들이 하는 것과 같이, 아주 사소한 것까지 교사들이 참여하는 학교 조직을 만들 수 있었을까? 우리가 이룩한 변화들은 우리로 하여금 중

량감 있는 선택을 강요하게 했고, 각각의 변화에는 많은 희생들이 포함되어 있다.

하루의 반은 주제 중심 수업

CPESS는 일과 중 절반은 수학/과학, 그리고 또 다른 절반은 인문학(미술, 역사, 사회, 문학)의 두 개의 중요 영역을 중심으로 구성된 공통 핵심 교육과정을 7학년에서 10학년까지 운영한다. 각 수업은 한 주제를 중심으로 구성된다. 예를 들어 수학/과학과 인문학의 두 주제가 있다고 하자. 이 두 개의 주제는 모두 9, 10학년(이 두 학년을 묶어서 디비전 2라고 한다)에서 취한 것이다.

가. 정의 justice

법과 정부 시스템: 적어도 2개의 전혀 다른 정의의 개념을 1년 동안 다룬다. 하나는 동의 가능한 정의이고 다른 하나는 적대적인 정의이다. 공정함, 갈등 해결, 평등에 대한 개념들이 면밀히 검토되고 서로 다른 두 진영의 전통에서 이 개념들이 제시된다. 미국의 사법체계와 중요한 판례들이 면밀히 검토되며, 학생들은 사례를 준비하고 그것을 변호해보는 것을 통해 직접 경험을 쌓게 된다. 학생들은 또한 배심원 제도 및 증거의 특성을 살펴본다. 여기서 제기되는 주요 질문들은 다음과 같다. 권위는 어떻게 정당화되는가? 어떻게 갈등이 해소될 수 있는가? 정의, 도덕성, 공정함은 같은 것인가?

나. 에너지의 움직임과 힘

이 주제는 2년짜리 주제인데 다음과 같은 핵심적인 질문에 의해서 추동된다. 어떻게 사물은 움직이는가? 어떻게 에너지는 다른 형태로 바뀌는가? 에너지는 만들어지거나 없어지는 것인가? 이러한 질문들에 대한 조사에서 학생들은 놀이공원의 타는 놀이기구를 디자인해보거나 분석하고 날아가는 것의 궤적(예를 들어 날아가는 야구공이나 창)에 대한 과학적 분석을 수행한다. 학생들은 날아가는 물체의 모습 및 충돌을 분석하고 모델링하기 위해 다양한 상업적 소프트웨어를 사용한다. 이 주제는 통계와 확률의 과학적 방법과 기술에 중점을 두고 있다. 학생들은 또한 산술, 측정, 좌표, 묘사 등에 대해서 배우는데, 이러한 것들은 학생들을 보다 심화된 형태의 대수, 기하, 삼각함수, 수학적 변형, 벡터, 행렬 등의 세계로 이끌게 될 것이다.

7~10학년 동안 1교시는 2시간이며, 각 교사는 일반 학교에서 5개 교시를 가르치는 것과는 달리 하루에 2개 교시를 가르친다. 이러한 변화는 수업 구성에 있어서의 재개념화를 가능하게 했다. 2시간으로 구성된 1개 교시는 교사들로 하여금 전체 그룹 수업, 소그룹 협력 학습, 도서관 자료 찾기, 체험 학습을 통한 문제 해결 등과 같은 다양한 전략을 수립하도록 했다. 2시간 동안을 강의식 방법으로 학생들을 지루하게 만들 수는 없는 노릇이기 때문이다.

우리는 11~12학년을 고학년이라 불렀는데, 여기에는 약간 다른 접근법이 사용된다. 전환의 단계에 있는 이 학생들은 그들 일과의 상당 부분을 지도 교사와 함께하는데, 졸업과 그 이후의 단계를 준비하면서 대학, 박물관, 인턴십, 그리고 독립적인 연구 등 건물 밖에서 이루어지는 수업을 더 많이 받는다.

소규모 학급

두 번째로 중요한 것은 교사들이 가르치는 수업 시수만을 줄이는 것이 아니라 학급 규모도 줄이는 것이다. 이 목표를 달성하려고 우리는 배정되는 자원 중 상당량을 핵심 과목 수업에 집중했다. 1985년에 우리 학교는 1개 학년 1개 학급으로 구성되어 있었고, 개교 1년 차여서 7학년만 있었다. 그러던 것이 지금에 와서는 모든 학년을 갖추며 거대해졌고, 우리는 이 문제를 해결하기 위해 교사당 학생 수에 우선순위를 부여했다. 우리는 상담 교사, 체육 교사(방과 후 체육 프로그램을 운영하고 있긴 하지만), 음악 교사가 없으며 오직 한 명의 미술 교사가 전체 학년을 담당한다. 우리는 교과부장 및 학년부장이 따로 없으며, 사회복지사는 한 명뿐이다. 교사당 학생 수를 20명 이하로 맞추는 대신 일반 교사들이 위에서 언급한 자리를 나누어서 겸직했다. 모든 교사들은 15명 이하로 구성된 학생 그룹의 지도 교사로 이 그룹을 2년간 지도했다. 이 그룹은 한 주에 서너 시간씩 모임을 가지며, 그룹의 지도 교사는 모든 학생의 가족들과도 폭넓고 심도 깊은 관계를 형성한다.

비판적 친구들

우리 학교에서 이루어지는 교육이 가지는 강력한 힘은 우리로 하여금 암기와 진도를 강조하는 일반 교육과정 및 평가라는 개념을 낯선 것으로 생각하게 했다. 이 교육이 추구하는 배움은 개인적인 것으로 학생 개개인의 내면화를 요구한다. 이 교육은 그저 어렵기만 한 아이디어가 아니라 학생들의 적극적인 역할을 전제로 한다. 그리고 다른 모든 창조적인 활동들이 그러하듯이 이 교육도 예측 불가능하고 놀라

운 일로 가득 차 있으며, 이 교육에서는 교수-학습 활동을 한쪽으로
만 편향되게 몰아갈 교과서나 표준화 시험이 설 자리가 없다. 교사들
은 교육과정을 끊임없이 재구성하기 위해 함께 협력해야만 하고, 지식
을 소개할 새로운 형식을 만들어내야만 하며, 학교가 학생에 대하여
다음과 같은 말을 할 수 있는 때를 결정해야만 한다. "이 학생은 충분
합니다. 이제 졸업장을 주어도 되겠습니다." 이런 정도의 확신이 가능
하려면 졸업 기준에 대한 끊임없는 논의와 그를 통한 위원회 위원들
의 동의가 필요하다.

우리가 비판적 친구들이라고 부르는 외부의 동료들은 우리 스스로
를 비판적으로 바라볼 수 있도록 해주는 중요한 역할을 한다. 자율
성이 프라이버시와 동의어가 될 수는 없다. 오히려 그 반대다. CPESS
와 우리가 한 일에 대한 정보는 언제나 대중에게 공개되어 있다. 우리
는 일 년에 수차례씩 전문가들을 모셔서 기준 수립과 교육과정에 도
움을 받았다. 예를 들어, 지역에 있는 대학교수들은 포트폴리오 작문
의 질에 대해서 검토해주었고, 우리 교사들이 수행한 평가에 대한 검
토를 해주었다. 심지어 어떤 비판적 친구는 온종일 걸리는 졸업위원회
의 포트폴리오 검토에 참여한 적도 있었다. 비판적 친구들은 뉴욕 시
의 일반고 교사들, 주 교육부 공무원들, 인문고 교장들, 자매학교 교장
들과 교사들, 사회단체 관계자들, 그리고 기타 외부 전문가들이다. 이
들은 다양한 질의 포트폴리오를 보았고, 학생들과 그들이 공부한 것
에 대한 얘기를 나누었으며, 학생들의 발표를 녹화한 비디오를 시청했
다. 그들은 우리 및 교사들과도 만나서 사고에 자극이 될 만한 말들과
비평, 그리고 우리 학교 건물의 구조 문제에서부터 우리 학교 학습 요
구조건에 이르는 다양한 주제들에 대한 조언을 해주었다. 우리 프로

그램을 이와 같이 외부의 검토에 열어놓음으로써 우리는 우리가 무슨 일을 하고 있는지를 대중들에게 투명하게 알리는 책임을 다할 수 있었다. 이는 또한 우리 학교 교사들에게 풍부한 협력의 기회를 제공하는 일이기도 했다.

계획, 협력, 평가를 위한 시간

이러한 협력을 가능하게 하려면 우리는 또 다른 사항을 우선순위 목록의 상위에 두어야만 했다. 교사들의 시간이 그것이다. 우리 교육이 요구하는 새로운 종류의 계획, 협력 및 평가를 위해는 교사들의 시간을 업무 시간 안에서 확보해야만 했다. 매주 월요일 오후 3시부터 4시 30분까지 전체 교사가 모임을 가졌다. 금요일에는 수업을 오전 8시부터 시작해서 오후 1시에 마쳤다. 그리고 교사들은 오후 1시 30분부터 3시까지 모임을 가졌다. 이렇게 확보된 주당 3시간 동안 전체 교사들이 모두 모여서 학교 전체의 안건을 다뤘다. 우리 학교의 모든 교사는 인문학 교사 팀과 수학/과학 교사 팀으로 분류되는데, 주당 3시간 중 일부의 시간은 이 팀들의 모임에 할애된다. 여기서 교사들은 7학년부터 졸업까지의 학습 범위, 진도 기준 등에 대해서 논의한다. 적어도 한 달에 한 번 모든 교직원들은 한자리에 모여서 인종, 계급, 성에 관련된 사항들을 논의한다. 또한 한 달에 한 번은 학부모 간담회, 보고서 및 보고서 작성, 그리고 다양한 하부 그룹에서 나온 제안들에 대해 논의하기 위해 모임을 갖는다. 한 해에 몇 차례는 학생들이 제출한 과제를 검토하거나 교육과정 개발을 위한 공청회를 갖기 위해 주말에 모임을 갖는다. 교사들이 협력 프로젝트를 위해 방학 기간인 7월에 일할 경우도 있는데, 우리는 이런 경우 교사들에게 임금을 지급하기 위해 얼마간의 기금을 마련하기도 했다.

이에 덧붙여서 우리는 같은 학생들을 가르치는 교사들의 모임을 위해 주당 3시간을 확보했다. 이를 위해 우리는 학생들(7~10학년)의 지역공동체 봉사 활동을 교육과정에 담았다. 봉사 활동은 하루에 80명이 배정될 수 있도록 조직되었는데, 이 80명을 담당하는 모든 교사들은 이들이 봉사 활동을 하는 시간 동안 함께하는 모임을 가질 수 있었다. 학생들은 자신의 지도 교사에게 오전 9시까지 출석 점검을 하고 봉사 활동지로 간다. 학생들은 정오에 학교에 돌아와서 점심을 먹고, 체육 활동이나 도서관 이용 등의 선택 시간을 갖는다. 이렇게 해서 교사들은 1시까지는 함께 계획할 시간을 확보할 수 있다. 학생들은 이 시간을 활용해서 어린이집에서부터 박물관, 병원, 양로원 등에 이르는 다양한 곳에서 그들이 학교에서 배운 것을 실천해볼 수 있는 기회를 가진다.

이처럼 하루 일과 중에서 확보하는 공식적/비공식적 모임이 바로 "교사들의 발전"이 일어나는 장소다. 이러한 모임에서 신참 교사는 자신의 전문성을 숙지하게 되고, 고참 교사들은 밀어두었던 해묵은 주제들을 다시 살펴볼 수 있는 기회를 갖게 된다. 비록 모두가 이따금씩 탈진하고 마는 것에 대해 불평하지만(그래서 가끔씩 이런 저런 모임들을 빼먹는다) 탈진 자체를 불평하지는 않는다. 누구도 결코 우리를 가전제품처럼 취급하지 않는다. 우리는 우리가 하는 일에 대한 통제권을 행사하고 있다.

이처럼 다양한 형태로 얼굴과 얼굴을 맞대는 모임을 통해 학교의 거버넌스가 활성화된다. 의사결정은 그 결정을 실행에 옮겨야 하는 사람들에게 의해서 내려진다. 하지만 의사결정에 대한 승인은 보다 넓은

범위인 교사, 학부모, 학생의 공동체에 귀속되어 있다. 이 공동체는 이미 내려진 의사결정에 대해 재고, 옹호, 설명을 요구할 수 있다. 이처럼 공개적이고 참여가 보장된 접근법을 통해 교사들과 학생들은 민주주의의 복잡성을 배우게 된다. 그들은 민주주의의 한계와 제도로서의 민주주의가 직면해야만 하는 절충이라는 불가피한 현실에 대해서도 배우게 된다. 그리고 그들은 이 제도를 어떻게 하면 더 잘 운영할 수 있을지를 생각해보게 된다. 우리는 우리가 학생들에게 요구했던 그 마음의 습관들을 활용해서 끊임없이 보다 나은 거버넌스 구축을 위해 노력한다.

14개의 포트폴리오 영역: 학생들과 학부모들을 위한 개괄

고학년 학생들이 감당해야 할 책임은 이 문서에 열거되어 있는 14개의 포트폴리오 요구 사항을 완수하는 것입니다.

이 포트폴리오들은 CPESS 특유의 마음과 일의 습관뿐 아니라 각 영역의 축적된 기술과 지식을 반영하고 있습니다. 학생들은 자신들의 졸업위원회에 심의와 승인을 받기 위해 14개의 포트폴리오 영역에 대해서 발표하게 됩니다. 학생들은 7개의 '주요' 포트폴리오를 선택하고 이를 위원회에서 발표합니다.

여기서 2가지를 유념할 필요가 있습니다. 1) 포트폴리오를 준비하는 과정에서 지도 교사 및 다른 이들과 협력할 것, 2) 포트폴리오를 발표하고 방어할 것. 어떤 경우엔 포트폴리오 작업이 위원회의 최종 승인을 위해 연장, 수정, 재발표될 수도 있습니다. 학생들은 보다 높은 평점을 받기 위해 재발표를 신청할 수도 있습니다.

한 가지 기억해야 할 사실은 포트폴리오와 관련해서 수행된 과제는 고학년 기간 동안에 이루어진 수업, 세미나, 인턴십, 그리고 독립학습 등의 결과물이어야 한다는 점입니다. 물론, 고학년에 들어가기 전에 완료되는 학습(외국어 포트폴리오 등)인 경우는 예외입니다.

포트폴리오는 14개의 영역을 포함합니다. 7개의 '주요' 포트폴리오와 7개의 '일반' 포트폴리오를 발표하게 되는데, 발표에는 유일한 방법이라는 것은 존재하지 않습니다. 사람이 제각기 다른 것처럼, 포트폴리오들도 이러한 개인들의 다름을 반영할 수 있을 것입니다. 여기서 포트폴리오로 지칭되는 용어는 학생들이 자신의 지식, 이해, 기술들을 보여줄 수 있는 모든 방법들을 포괄합니다. CPESS는 가급적이면 통합 교과적 학습을 권장합니다. 따라서 한 영역의 요구 사항에 맞추기 위해 제작된 포트폴리오가 다른 영역의 요구 사항을 맞추는 데에도 활용될 수 있습니다.

비록 최종 승인 여부는 개인의 성취에 달려 있지만, 거의 대부분의 포트폴리오 요구 사항은 다른 이들과의 협동 작업으로 제작된 것(그룹 발표를 포함해서)도 허용하고 있습니다. 우리 학교는 이와 같은 협동 작업을 장려하고 있는데, 이는 이와 같은 협동 작업이 학생들로 하여금 훨씬 더 복잡하고 흥미로운 프로젝트에 관여하도록 할 수 있기 때문입니다.

졸업위원회가 평가의 기준으로 삼은 대강은 학생이 보여주는 이해의 질과 깊이, CPESS의 5대 마음의 습관 활용 정도, 각 영역을 충분히 습득하고 있음을 입증할 수 있는 설득력 있는 발표 능력입니다. 하지만 포트폴리오 과제는 내용과 스타일에서 모두를 만족시켜야 합니다. 작문을 예를 들면, 모든 작문은 철자법, 문법, 가독성에서 고교 졸업생에게 기대되는 수준을 반영하는 깔끔한 영어로 작성되어야 합니다. 오류가 있다면 졸업위원회에서 발표하기 전에 수정되어야 합니다. 작문은 일반적으로 타입된 형태로 제출됩니다. 작문 이외의 모든 다른 형태의 포트폴리오의 준비와 발표에서도 작문에서와 동일한 수준의 주의가 요구됩니다. 포트폴리오는 한 학생의 최선의 노력을 대변해야만 합니다. 이는 발표에서도 적용되는 원칙입니다.

각각의 포트폴리오 영역에 따라서 서로 다른 것들이 요구될 수 있습니다. 예를 들어 각 과목은 학생들을 돕기 위해 그 과목 고유의 채점 기준을 개발했을 수도 있습니다. 이런 경우 졸업위원회는 객관적으로 이 기준을 활용합니다. 장기적으로는 새로운 평가 기준을 개발하고 졸업생들의 승인 수준과의 비교를 통해 보다 온전한 기준이 마련되며, 학생들도 새로운 평가 기준과 졸업생들의 과제 샘플을 통해 평가 항목에 익숙해집니다.

졸업위원회가 개최하는 회의들에서 학생들은 포트폴리오의 내용뿐 아니라 그들의 컴퓨터 관련지식 및 특정한 분야에서의 성장에 대해서도 논의할 준비를 해야 합니다. 다음은 14개의 포트폴리오 영역들입니다.

1. 졸업 이후 계획
2. 과학/기술*
3. 수학*
4. 역사와 사회 교과*
5. 문학*
6. 자서전
7. 학교 및 지역사회 봉사 활동과 인턴십
8. 윤리와 사회 이슈들
9. 미술/미학
10. 실질적 기술
11. 미디어
12. 지리
13. 외국어/이중언어
14. 체육

고학년 프로젝트

위 영역 중에서 한 가지 영역은 고학년 프로젝트로 별도로 평가됩니다. 모든 학생은 이 중 7가지 영역을 '주요' 영역으로 선정, 발표해야 합니다. 이 주요 영역 7가지에는 별표가 된 4가지 영역을 반드시 포함해야 하고, 그 외에 반드시 지도 교사와 협의하여 3가지 이상의 영역을 결정해야 합니다. 성적은 우수, 만족+, 만족, 만족-로 표시됩니다. 7개의 '일반' 포트폴리오는 통과/실격으로 평가되며, 통과는 지도 교사의 추천과 위원회의 승인으로 결정됩니다.

학생들은 지도 교사에게 점수를 요청할 수도 있습니다. 이 경우에 학생은 위원회가 관련된 자료를 충분히 검토하고 논의할 수 있는 시간을 주어야 합니다. 이 경우 성적은 위원회 전체 회의의 승인을 받아야만 합니다.

변화된 인식

우리는 유치원 교사 때의 경험을 살려서 아이들을 그들 가족의 일원으로 바라보았다. 또한 우리는 학교교육이 어떻게 그들 자신에 대한 그들의 생각과 가족들의 생각을 바꾸어놓았는지를 되돌아보았다. 한 어머니가 교사들에게 이런 종류의 학교교육이 그녀의 가족을 어떻게 변화시켰는지를 다음과 같이 묘사했는데, 여기에는 우리가 학교교육에서 기대하는 바를 잘 담고 있다.

"우리 가족이 동료 학생들로 구성된 지원 그룹의 비평을 받기 위해 우리 애의 작품을 제출하는 절차에 익숙해지면서 우리 가족도 이에 참여하게 되었어요.

뉴저지 주에서 경찰의 총에 숨진 10대 청소년인 필립 파넬Philip Parnell에 관한 포트폴리오 프로젝트를 수행할 때가 기억나네요. 나는 딸과 함께 도서관에 가서 (상세한) 연구를 수행했지요. 딸이 무엇을 찾아야 할지 내게 말해주었어요.

딸은 뉴욕 시의 경찰관인 제 외삼촌을 인터뷰했답니다. 이 인터뷰를 통해 딸은 이런 일이 생길 때 경찰들은 어떤 기분인지 알 수 있었다고 해요. 딸은 자신이 준비하는 전시물이 편견에 사로잡히지 않기를 원했지요······.

나는 딸이 자신의 설문을 구성하는 것과 사람들을 인터뷰하는 것을 지켜보았어요. 또한 우리 애가 모든 정보를 뽑아내서 자기가 발표할 수단으로 활용할 연극에 담아내는 것을 수년간 지켜보았답니다.

그리고 딸이 친구들을 집으로 불러들이는 것과, 연출가가 되는 것을 지켜보았어요. 그리고 나는 우리 애가 친구들에게 만약 그들이었다면 어떻게 느꼈을지 묻고 친구들이 하는 얘기에 귀 기울이는 것을 보았어요.

아들도 이 학교를 다니는데, 그 애는 어릴 적에 생활했던 3개의 주에서의 경험과 그것이 오늘의 자기를 만드는 데 어떤 영향을 끼쳤는지에 대한 주제를 다루었지요.

그때의 경험이 그 애를 규정하는 데 영향을 미쳤다는 것은 우리 모두에게 감명 깊은 일이었어요. 제 누나는 인종차별과 관련해 경험했던 예화들에 대해 의미 부여를 해주었고, 우리 모두는 그 예화에 대해 가족 토론을 이어갔지요. 토론에서는 분노를 힘으로 바꿀 수 있다면 그것이 얼마나 우리를 강하게 할 수 있는지가 논의되었지요.

막내딸은 가족 역사를 정리해서 기록하기로 했어요. 가족사는 전체 미국사와 카리브해 지역사의 큰 그림 속으로 우리를 인도했어요. 막내딸은 구술사를 중심으로 한 연구에 집중했는데, 이 구술사는 내가 어릴 때 듣고 자랐던 것이지만 정리해서 기록해놓지 않았던 것이었기 때문에 나에게도 구술사를 기록으로 남기는 일은 중요한 것이었어요. 이 과정에서 막내딸은 우리 아이들이 습관적으로 하곤 했던 단순한 반복 작업 대신에 자신의 시간을 의미 있는 일에 사용할 수 있었는데, 그 애는 그걸 아주 재미있어했어요."

진보 교육의 역사는 유치원, 어린이집, 헤드스타트 센터 등 주로 어린이들을 위한 학교들에서 쓰였다. 진보 교육사를 대변하는 사람들은 어린이들을 연구하던 전문가였다. 몬테소리Maria Montessori, 피아제Jean Piaget, 듀이, 웨버Lilian Weber, 비버Barbara Biber 및 그들을 앞서간 수많은 교사들이 그들이다. 그들은 학생들이 배운 것을 그들의 삶에 밀접하게 연결시킬 수 있는 학교들을 설립했다. 그곳에서 사람들은 일하는 동시에 배울 수 있었다. CPESS에서의 우리의 성공은 이러한 구조를 재창조하는 것이며, 유치원생들보다 더 나이 많은 학생들이 배울 수 있는 환경 속에서 그 목표를 실현한 것이다. 이것은 성공인 동시에 도전이다.

우리는 학생들이 잘할 수 있는 것을 활용해서 마음을 잘 사용할 수 있는 방법을 배울 수 있는 구조를 만들어냈다. 우리는 교사들이 자신들의 전문적 직업의 삶에 대해 책임 있는 통제를 할 수 있고, 그들을 지원할 수 있는 전문적 직업공동체가 있는 학교를 만들었다. 우리는 표준화시험 없이도 우리 학생들이 높은 수준의 학습을 유지할 수 있도록 하는 평가 방법을 개발했다. 파편적인 정보 그 자체가 아니라 사고력을 위한 도구들에 집중할 수 있는 마음의 습관을 기반으로 한 교육과정을 만들었다. 이건 어렵지 않은 일이었다. 정작 어려운 일은 이제 막 시작되고 있었다.

CPESS 돌아보기

우리가 위의 글을 처음 쓴 지도 벌써 10년이 지났다. 그때는 데보라가 이 아이디어를 시 전체에 확산시키느라 바삐 움직이던 때였고, 폴이 워싱턴 시에 이 소식을 전파하기 위해 2년 동안 휴직하기 전이었다. 그때 이후로 많은 일들이 있었다. 현재 데보라는 시험pilot 프로젝트의 일환으로 보스턴에 세웠던 초등학교부터 중학교까지를 담당하는 학교에서 은퇴했다. 폴은 훨씬 더 어려운 시기에 CPESS의 핵심적인 방법과 아이디어를 꽃피울 환경들을 재창조하면서 뉴욕 시의 브롱크스 지역에 새로 문을 연 새날 아카데미New Day Academy의 초대 교장을 맡고 있다.

과거에 쓴 이 대담한 글을 읽으면서 우리는 이 글이 어떻게 세월과 함께했는지를 되돌아보며 행복해했다. 한편으로는 CPESS는 더 이상 존재하지 않는다. 그 십 년 동안 우리가 소개했던 실천들은 CPESS에서 점점 사라져가서, 마침내는 거의 남아 있지 않게 되었다. 하지만 이것은 놀라운 일이 아니며, 몇 가지로 설명 가능하다. 놀랍지 않은 이유는 우리가 공립학교에서 벌어졌던 혁신의 모범적인 사례들이 어떤 운명을 맞이했는지에 대해 역사에서 살펴보면 명확해진다. 이러한 혁신 프로그램들을 설립했던 리더들은 대체 불가능한 경우가 많은데, 이 '설립'의 리더들이 떠나가고, 여기에 다른 여러 가지 이유들이 덧붙여지면 이렇게 묻지 않을 수 없다. '보다 우호적인 환경'이 제공되었다면 보다 더 '평범한' 리더들이 성공할 수 있었을까? 혹은 보다 덜 우호적인 시간이었다면 이러한 프로그램들이 없어지는 대신에 약간의 충격만을 받는 것으로 끝났을까? 남아 있는 교사들이 설립자가 떠나가고 난 후에도 학교를 잘 유지할 수 있었을까? 우리는 이러한 의문들이 중요한 것이라고 생각한다. 그리고 성공적인 혁신과 장기적으로는 거기서 파생하는 또 다른 혁신들을 안착시키는 데 무엇이 필요한지를 이해할 때까지 우리는 바닥에서부터 다시 시작할 것이다.

CPESS에서 벌어진 일은 우리가 설립자가 떠난 이후에도 그 프로그램이 거두었던 성공적인 혁신을 유지시키고 싶어 한다면 어떤 일을 하지 말아야 할지에 대한 좋은 사례 연구거리가 된다. 물론 이 사례는 성공적인 혁신을 무위로 돌리고 싶어 하는 사람들에게도 좋은 연구거리가 될 것이다. 데보라가 보스턴으로 떠난 몇 년 후 폴이 CPESS를 떠났다. 이때 그는 학교가 튼튼한 기반 위에 있다고 생각했다. 그는 혁신 프로그램의 핵심이 되는 교사들 다수가 새로운 소규모 중등학교를 세우려는 의식적인 노력의 일환으로 몇 년 안에 학교를 떠나리라는 것을 알고 있었다. 이 노력은 뉴욕 시에서 가장 열악한 환경에 처해 있는 학생들이 학교 선택권을 행사할 수 있는 자치고등학교 네트워크를 만들려는 90년대의 애넨버그Anneberg 프로젝트로 알려져 있다. 학교 혁신을 추동하는 데 핵심이 되었던 30여 명의 교사들 중에서 우리 둘을 포함해서 약 3분의 1에 해당하는 인원이 1992~1996년 사이에 새로운 학교를 찾아 떠났다.

이와 동시에 주와 시 단위에서 일련의 정치적인 변화가 있었다. 시 교육감 및 고등학교의 리더십, 교사노조 리더십에 변화가 있었고, 무엇보다도 주지사와 주 교육장관이 바뀌었다. 이 변화는 CPESS와 같은 학교에 재앙적인 결과를 가져왔다. 신임 주정부 교육장관은 CPESS나 이와 비슷한 성향의 학교들의 삶을 보다 용이하게 만들었던 각종 면제 혜택(우리가 쟁취한 것이다)을 취소하고, 모든 과목을 포함하는 시험을 제도화했다. 또한 그는 학교의 특성을 감안하지 않고 한 정책을 모든 학교에 일률적으로 적용하는 정책을 밀어붙였다. 학교구의 교육감은 자신에게 닥친 문제를 해결하기 위해 CPESS를 선택하지 않은 학생 중 적지 않은 수를 이 학교에 강제 배정했다. 이로 인해 7학년 학생들이 대거 늘어나게 되었으며, 학생 수의 증가에 비례해서 CPESS의 시스템의 경험이 전혀 없는 적지 않은 수의 교사들이 새롭게 채용되었다. 이에 덧붙여 '위'로부터의 지원 시스템인 교육청 대안 고교 분과의 위상이 갈수록 약화되었고(종국에는 폐지되었다), CPESS의 역사를 통해 확보된 대부godfatehr들이 사망하거나 다른 곳으로 이주했다. 교사들 중에서 이 학교에 대한 경험이 있는 사람들이 점점 줄어들고, 대신 경험 없는 사람들이 점점 많아지면서, 또한 이 학교를 희망해서 오는 학생들보다 강제 배정으로 오게 되는 학생들이 많아지면서 학교는 급격하게 '정상으로' 돌아갔다.

중력은 언제나 개혁자들을 개혁 이전의 기준으로 끌어내린다. 도전 앞에서 주저앉는 것과 유연하게 대처하는(그래서 변화의 문을 열어두는) 것 사이의 차이를 인지하는 것은 의식적이고 사려 깊은 저항을 필요로 한다. 교육위원회가 제시하는 졸업 요건과 CPESS가 정한 졸업 요건 사이의 가치 차이에 대해서는 오랫동안 이견이 있어왔다. 새로운 리더십은 CPESS의 방식이 사라져야 한다고 생각했다. 결국 폴과 데보라가 CPESS를 떠난 지 거의 10년 후에 이 학교는 중앙집권력이 강화된 주 교육부에 의해서 두 개의 새로운 학교로 바뀌었다. 각각 400명을 정원으로 하는 중학교와 고등학교로 개편된 이 학교들은 CPESS와는 전혀 다른 원리 위해 운영되었다. 우리 학교로 학생들을 보내던 센트럴파크 이스트 I, II, 그리고 리버 이스트 초등학교의 졸업생들 중에 그들의 초등학교와 같은 원리로 운영되는 중등교육을 받고 싶은 학생들이 있다고 할지라도 이제는 센트럴파크 이스트 중학교와 센트럴파크 이스트 고등학교로 진학해야만 한다. 그리고 CPESS는 역사 속으로 사라졌다.

그렇지만 뉴욕 시 전체에서, 그리고 우리가 여행했던 많은 곳들에서 1985년에 우리를 사로잡았던 아이디어들은 여전히 살아 있다. 이 학교들은 각자가 처한 장소에서 우리가 던졌던 것과 같은 질문들을 자신들의 방식으로 묻고 답하며 존 듀이나 테드 사이저가 기울였던 노력을 현대에 변용시키고 있다. 우리는 많은 것들에 대해 다른 방법으로 접근할 수 있지 않았을까 생각하기도 하지만, 후회는 하지 않는다. 지금도 그 당시의 학생들이 전화, 편지, 혹은 이메일로 우리에게 매일 연락한다(우리가 이 글을 쓰고 있는 동안에도 한 통의 편지가 도착했다). 당시의 교사들은 다른 많은 학교들에 영향을 미치기 위해 다른 곳으로 옮겨 갔다. 그리고 CPESS의 첫 10년을 다룬 책이나 논문들이 우리의 기대치 이상으로 광범위하게 읽히고, 또한 사용되고 있다. 또한 우리는 CPESS에서의 경험을 통해 우리가 옮겨 간 곳에서는 첫날부터 어떻게 변화를 만들 것인지를 많이 생각하게 되었고, 어떻게 하면 우리가 떠나고 난 뒤에도 그 변화가 좀 더 성공적으로 안착될 수 있을지도 생각하게 되었다. 가장 특기할 만한 것은 다른 이들도 우리의 경험을 통해 배울 점이 있을 것이라는 점이다. 그래서 학교를 변화시키는 일은 지속될 수 있을 것이다. 앞서도 밝혔듯이 '핵심적인 부분'은 항상 남아 있을 것이고, 여기저기에서 새로운 '변화들을 만들어'낼 수 있을 것이다.

제7장
민주학교들이 주는 교훈들

마이클 애플Michael Apple
제임스 빈James Beane

우리는 민주주의라는 개념 자체가 그 뿌리에서부터 흔들리는 시대를 살고 있다. 우리 시대가 이해하는 민주주의는 필요한 모든 정보를 충분히 제공받은 평등한 구성원들이 능동적으로 참여해서 스스로의 정치적, 제도적 삶을 규정하는 체제가 아니다. 대신 이 시대의 민주주의는 점점 더 자유시장 경제에서 벌어지는 규제받지 않는 기업들의 활동으로 이해되고 있다. 이런 이해가 학교에도 적용되어 학교 현장에서는 사립학교에 혜택을 줄 수 있는 세금 감면과 바우처 제도의 추진, 사기업에 의해서 이루어지는 교육청 경영 활동, 교육 재료의 상품화, 심지어는 공교육의 이상 포기라는 현상들이 나타나고 있다.[Apple, 2006] 이러한 파괴적 현상은 결국 민간 컨설팅 업체가 다음과 같은 제언을 하는 지경으로까지 상황을 몰아갔다. 이들은 공공이 공교육에서 손을 떼야 한다고 주장한다. 왜냐하면 공공 주택 정책, 공공 도서관, 공영라디오, 공공 보조 프로그램 등 '공공' 자가 붙은 것은 하나같이 부정적인 것이 되었기 때문이란다. 언어 조작의 힘이란 이렇게 굉장한 것이다. 공공재에 대한 사회의 책임이 이제는 공공에 의한 재앙으로 취급되는 것이다.

이 책에 소개된 학교들은 우리가 교육 분야에서 이루어지고 있는 이러한 민주주의에 대한 재개념화를 되돌아보는 계기를 마련해준다. 이 학교들은 학교의 교육 경험에 대해 학부모, 지역 주민, 특히 학생들을 포함하는 모든 이들의 의미 있는 참여를 증진시킬 수 있는 실질적인 길을 모색하고 있다. 이 학교들은 각각의 학교 내에서 그리고 학교와 지역공동체 간에서 학습공동체를 건설함으로써 이 길을 찾아가고 있다.참조 Smith, 1993

여기에 소개된 모든 학교들의 교육과정은 지식에 대한 다음과 같은 믿음에 기초하고 있다. 지식은 오직 학생들이나 교사들이 중요하다고 여기는 것과 연결될 때만이 의미를 가진다. 높은 수준의 지식은 상징적인 기준이나 동의할 만한 유명세가 아니라 우리가 살고 있는 사회를 우리가 어떻게 이해하고 행동할지를 알려줄 수 있는 능력에 의해서 결정된다. 이 선구적인 학교들에서는 뚜렷한 변화가 나타나고 있는데, 그것은 대부분의 학교에서 사용하는 기계적이고 퇴행적인 표준 교육과정과는 전혀 다른 교육과정 및 평가가 만들어낸 변화들이다.

이 학교들에서는 주제 중심의 교육과정에 대한 아이디어가 지배적으로 나타나고 있는데, 그 이유는 이 교육과정이 단순히 학생들을 기쁘게 해주는 효과적인 접근법을 활용하기 때문이 아니라 이 접근법이 지식을 실생활의 문제들에 사용할 수 있도록 해주기 때문이다.Beane, 1997: 2005 린지 학교에서 '충족되지 못한 공동체의 요구'라고 불렸던 것에 초점을 두는 것, 프래트니와 버드 아카데미, 마켓에서 사회적·환경적 주제에 초점을 맞추었던 것, 또는 센트럴파크 학교에서 '중요한 질문들에 대한 해답 찾기'에 초점을 맞추었던 것은 지식을 기존과는 다르게 생각했기 때문이다. 여기서 다루는 지식은 학생들이 표준화 시험을 잘 보는 데 필요한(그리고는 곧 잊을) 개념, 사실, 기능들의 열거를 의미하는 것이 아니라 지역사회 및 실제의 삶과 긴밀하게 연결되어 있다. 그러한 지식을 배우는 학생들은 자신은 물론 다른 사람들의 삶에 변화를 가져온다.

지식에 대한 이와 같은 관점은 린지 학교가 직업교육을 혁신해야 함을 강조하는 데서 발견할 수 있다. 여기서 직업교육은 21세기에 요구되는 유연한 직업 기술들을 가진 미래의 노동자들에 대한 교육만을 의미하진 않는다. 왜냐하면 정치적·교육적인 수사에도 불구하고 미래의 경제에 대한 예측은 대부분 앞으로 만들어질 일자리들이 저기술, 파트타임, 저임금을 특징으로 하리라는 점에서 일치하고 있다.[Apple, 1996] 린지 학교의 직업교육은 모든 사람들이 자기가 살고 일하는 사회제도 안에서 중요한 결정을 내릴 수 있는 역량을 갖춘 능동적인 시민을 길러내는 것을 목적으로 디자인되어 있다. 지식에 대한 이와 같은 이해는 마켓, 프래트니, 버드, 센트럴에서도 발견된다. 이 학교들은 학생, 교사, 그리고 공동체가 가지고 있는 현재의 관심사와 미래의 꿈을 반영하는 교육과정 개발에 집중하고 있다.[Gutstein, 2006]

그렇다고 해서 대책 없이 낙관적으로 되자는 것은 아니다. 이 책의 저자들은 자신들이 직면한 도전들에 대해 솔직하다. 예산 삭감, 기업의 요구를 중심으로 교육의 목적을 재규정하려는 힘센 집단들의 압력, 교육 프로그램과 교재에 가해지는 극우보수집단의 공세, 교실 안에서 일어나는 일은 어떤 것이라도 계량화할 수 있다고 믿는 이들이 가하는 압력, 행정의 경직성, 공립학교는 제 몫을 할 수 없다고 믿는 사회적 편견 등이 이들에게 도전이 된다. 여기에 소개된 학교들과 관련해서 가장 인상적인 것은 이러한 도전에도 불구하고 이 학교들이 이루어낸 놀라운 성취이다. 실제로 이러한 도전들 때문에 일반 학교에서는 새로운 것을 시도하는 것은 고사하고 현상 유지도 어려웠던 것이 사실이다. 하지만 이와 비슷한 시기에도 이 학교들에서는 기존의 것을 바탕으로 진보를 이루어낸 프로그램들이나 새로운 가능성들이 적지 않게 나타났다. 따라서 장기적인 안목을 가지는 것이 필수적이다. 여기에 배울 점이 있다.

여기에서 분명하게 드러나는 사실 하나는 이 학교의 교육자들이 '세속적'인 일상에 대해 주목했다는 것이다. 이것은 민주주의가 그럴듯한 정치적 수사를 통해 만들어지는 것이 아니라 일상의 구체성을 통해 형성됨을 보여준다. 이 학교들에서는 교육과정의 개발, 교수, 평가, 그리고 실제로 학교가 돌아가게 만들기 위해 협력해야 하는 학생들과 교사들의 일상을 중요하게 받아들인다.

사람들이 이러한 일들에 대해 확신을 가지고 있음을 언급하는 것은 명확한 사실을 의미 없이 되풀이하는 것으로 보인다. 사실 교무실에서 이루어지는 '혁신'과 관련된 어떤 종류의 대화도 비슷한 주제를 담고 있다. 하지만 여기에 소개된 교육자들에게서는 놀라운 점이 발견된다. 그것은 이들이 학생들의 삶 속에서 실질적인 변화를 만들고 교육 경험을 구성하는 데에 외부의 압력(우리 모두가 겪고 있는 재정적인 어려움, 그리고 학교에 쏟아지는 거대한 사회적 요구와 압력)이 끼어들도록 내버려두지 않는다는 것이다. 시카고에서 그리고 보스턴, 매디슨, 밀워키, 뉴욕에서 모든 교육자들이 그들의 교육이 '실제적'으로 되는 데 관여했다. 이들은 주어진 도전을 자신들이 포기해야 할 변명으로 여기지 않고 해결해야 할 과제로 받아들였다. 그리고 그 과정에서 많은 사람들이 배워야 할 품성, 즉 비상한 용기를 보여주었다.

이 교육자들은 또한 훈육과 보살핌을 겸비한 교육을 보여주었다. 이들이 여기서 제시한 것은 학생, 교사, 행정가들에게 두루 통용될 수 있는 공식이 아니다. 이런 종류의 교육은 관련된 모든 이들의 노력이 뒷받침되어야 가능하다. 이 책을 쓴 저자들과 교류한 경험을 근거로 판단하건대, 이러한 과업은 설득력 있고, 보람 있는 일이지만, 언제나 진이 빠지는 일이다. 우리가 어떤 일을 하건 학교에서 일어나는 일들을 처리하고 일과가 끝날 때쯤이면 모든 힘이 소진된다는 것을 교육자라면 누구나 알고 있다. 하지만 이 책에 자신의 목소리를 담아낸 교사들은 다른 선택을 했다. 즉 자신들이 복무하는 공동체와 학생들로부터 유리된 행정업무, 교육과정, 수업, 평가 등에 대부분의 시간을 소비하는 대신에, 그리고 우리의 우수한 교사들과 행정직원들을 짜증 나게 만드는 근무 여건을 재생산하는 대신에, 그들은 돌파구를 만들 결심을 했다. 교육자로서의 삶을 자신들이 굳게 믿고 있는 민주적인 사회적/교육적 원칙을 중심으로 조직된 교육 활동에 헌신할 것을 결단했다. 다른 말로 표현하면 이들은 가치 있는 일을 해낸 결과로 완전히 탈진하기로 마음먹은 것이다.

　지금까지의 분석을 살펴보면 이 책의 이야기들 그리고 그 저자들은 '전통'으로 굳어진 관행에 대해 중대한 제동을 걸고 있는 것을 묘사하고 있다. 이것이 제동될 수 있을까? 답은 긍정이나 부정 둘 다일 수 있다. 만약 사람들이 말로만 민주주의를 앵무새처럼 되뇌지 않고 더욱 민주적인 학교를 건설하기 위한 실천적인 일을 기꺼이 감당한다면 어떻게 될까? 여기에 소개된 이야기들은 이럴 경우에 학교에서 어떤 일이 일어날 수 있는지를 보여주는 명백한 증거로 남을 수 있을 것이다. 하지만 우리가 첫 번째 장에서 언급한 것처럼 이 교실들과 학교들이 관행으로부터 온전히 떨어져 나온 것은 아니다. 따라서 이들도 과거로 돌아가기도 한다. 오늘날 진행되고 있는 학교 혁신 노력에서 눈에 띄는 비극 중 하나는 이들이 자신들과 비슷한 생각을 가졌던 사람들이 벌였던 노력의 길고 가치 있는 전통에 대해 거의 알고 있지 못한다는 것이다. 불행히도 교육자들과 일반 시민들 모두 민주적인 학교를 건설했던 성공적인 경우들에 대한 집단적 기억을 상실하고 있는 것 같다. 진보적인 학교 혁신의 역사는 수많은 교사, 행정가, 지역운동가 등이 교육적으로 그리고 사회적으로 보다 책임 있는 기관으로서의 학교를 건설하기 위해 그들의 직업 생활 전체를 바쳤다는 것을 증거하고 있다. 그들이 이루었던 성공, 그들이 어려움에 접근한 방법과 이를 극복한 방법에 다시 접속하게 되면 우리는 많은 것을 배울 수 있다. 진보 진영에 서 있는 모든 교육자들은 이러한 사람들의 어깨 위에 서 있는 것이다. 그들의 위대한 비전과 이를 이루기 위한 밤낮 없는 수고는 이 책에 소개된 교육자들이 현재 현장에서 하고 있는 일이 민주주의의 넓고 긴 강의 연장선 속에 있음을 보여준다. 교육자로서 우리의 임무는 이 강이 제대로 흐를 수 있도록 지키고 또한 이 나라의 모든 학생들이 이 과정에 참여할 수 있도록 보장하는 것이다.

우리는 이 책에서 민주학교에 대한 다섯 가지 사례를 소개했다. 세상에는 이 이외에도 반드시 공유되어야 하는 사례들이 훨씬 많이 있을 것이다. 도시의 빈민지역에서 혹은 시골 벽지 등에서 뜻을 가진 교육자들과 지역운동가들은 민주주의를 보다 적극적으로 실현하기 위해 힘을 모아왔다. 교육자들이 직면한 아주 실제적인 어려움 중 하나는 진보적인 교육이 영향력을 미치고 있는 학교들에서 무슨 일이 벌어지고 있는지를 알아내는 것이다. 문제의 일부는 단순히 시간 부족에서 기인한다. 진보 교육을 하고 있는 이들은 해야 할 업무가 너무 많아서^{Apple, 1986: 2000} 그들이 이룬 성취를 다른 이들에게 알릴 수 있도록 기록으로 남길 시간이 없을 뿐 아니라 다른 이들이 다른 학교에서 이룬 성취에 대해서도 읽을 시간이 없다. 하지만 우리의 이야기를 서로 나누는 것은 매우 중요한 일이다. 또한 서로에게 어떤 일이 가능할 수 있는지, 피해야 할 함정이 무엇인지, 더욱 책임 있는 학교를 건설하기 위한 노력이 마침내 결실을 맺었을 때 그 학교의 현실은 어떤 것인지에 대해서 가르쳐주는 것도 마찬가지로 중요하다.

교육자들이 자신들의 이야기를 들려주고 다른 이들의 경험을 들을 수 있는 장은 많이 있다. 밀워키에 있는 '학교 다시 생각하기' 오하이오 주에 있는 '교육 민주주의 연구소Institute for Democracy in Education', '사회적 책임을 다하는 교육자들Educators for Social Responsibility', '교육 활동가 전국 연합The National Coalition of Educational Activists' 등의 사회단체와 『관용 가르치기Teaching Tolerance』, 『학교 다시 생각하기Rethinking Schools』, 『민주주의와 교육Democracy and Education』, 『평등과 수월성Equity and Excellence』 등과 같은 정기 간행물 등이 그것이다.^{참조 Beane, 2005} 이러한 단체들과 간행물들은 교육자들이 서로 이야기를 나눌 수 있는 장을 제공하는데, 이것이 많은 교육자들이 지금과 같은 불확실한 시기에 어려움에 접하게 될 때 느끼기 쉬운 냉소주의와 패배의식에 맞서는 데 큰 역할을 할 것이다.

이 책을 편집하는 우리도 학교에서 무슨 일이 벌어지고 있는지를 배우고자 하는 사람들의 일원이 될 것이다. 왜냐하면 우리는 철학적인 명제가 오직 실제 학교의 경험의 조명을 받을 때만이 의미를 가지게 된다는 것을 알고 있기 때문이다. 독자 여러분께서도 이 책에 소개된 것과 비슷한 프로그램들을 건설했던 자신의 경험을 우리에게 들려주기를 바란다. 그러면 아마도 이 책은 민주학교들의 성장을 담은 큰 시리즈의 첫 번째 책으로 기록될 수 있을 것이다. 현재 우리의 학교들은 외부로부터 가해지는 압박에 시달리고 있다. 이 압박을 주도하는 것은 권위주의적 정치 의제를 가진 집단, 권력의 중앙집중화를 옹호하는 사람들, '교실에서 일어나는 모든 일은 측정 가능하다'는 믿음을 가진 사람들, 민영화가 공교육을 구원할 것이라고 믿는 사람들로부터 나온다. 이에 맞서 민주학교에 대한 우리의 이야기를 축적해가는 것은 그러한 압력에 맞설 수 있는 우리의 희망의 근거를 발견하는 일이 될 것이다. 이러한 이야기의 축적을 통해 우리는 제대로 기능하는 공립학교가 실현 가능하고, 이것은 진정한 민주주의를 학교에서 실현함으로써 가능해질 것이라는 메시지를 전할 수 있다. 이것은 우리 아이들의 삶과 미래가 걸려 있는 문제다. 다른 이들이 행동할 때까지 기다릴 일이 아닌 것이다.

Apple, M. W. 1986. *Teachers and Texts*. New York: Routledge.

_____. 1996. *Cultural Politics and Education*. New York: Teachers College Press.

_____. 2000. *Official Knowledge: Democratic Education in a Conservative Age*, 2d ed. New York: Routledge.

_____. 2006. *Educating the "Right" Way: Markets, Standards, God, and Inequality*, 2d ed. New York: Routledge.

Beane, J. A. 1997. *Curriculum Integration: Designing the Core of Democratic Education*. New York: Teachers College Press.

_____. 2005. *A Reason to Teach: Creating Classrooms of Dignity and Hope*. Portsmouth, NH: Heinemann.

Gutstein, E. 2006. *Reading and Writing the World with Mathematics: Toward a Pedagogy for Social Justice*. New York: Routledge.

Smith, G. A. 1993. *Public Schools That Work*. New York: Routledge.

학교, 민주주의, 그리고 임파워먼트

강희룡

1. 서론

2012년 대통령 선거가 끝나고 '국개론'이라는 것이 인구에 회자된 적이 있었다. 국민을 특정한 동물에 비유한 이 표현은 자신이 지지하는 후보에게 표를 던지지 않은 국민들에 대한 원망을 담고 있다. 선거에서 패배했다는 심리적 공황 상태('멘붕'이라는 말로 널리 표현되었다)에서 누군가에게 책임을 전가하고 싶어 하는 것은 인지상정일 수 있다. 하지만 필자가 생각하기에 '국개론'이 가지고 있는 문제는 이 표현이 선거와 관련된 특정한 시점의 '일시적'인 감정 해소 차원을 넘어서는 보다 근본적인 인식론과 연결되어 있는 것으로 보인다는 점이다.

'국개론'이 가지고 있는 인식론의 근저에는 '미성숙'의 담론이 담겨 있는 것으로 보인다. "어떻게 '그런' 후보에게"로 표현되는 '국개론'의 근저에는 '국개론'의 설파자가 가지고 있는 특정 후보의 '그런' 이력이나 품성, 신념 등에(주로 부정적인 것들) 대한 이해가 자리하고 있다. 즉 자신은 '그런' 것들을 이해하고 있는 반면, 비판의 대상이 되는 이들은 '그런' 것들에 대한 이해를 결여하고 있다는 인식인데, 이는 '미성숙(미개)'으로 표현된다.

따라서 '국개론'의 주창자들에게는 이러한 상황에 대한 해결책이 너무도 단순하다. 바로 이들을 '성숙(교육)'시키면 되는 것이다. 이러한 류의 논지 전개 방식은 역사적인 관점에서 보았을 때 전혀 새로운 것이 아니다. 인식론의 역사에서는 이를 계몽주의라고 이름 지은 바 있다. 계몽주의적 접근법에 대해서는 적지 않은 비판들이 이미 나와 있으므로 여기서 부연하는 것은 적절하지 않은 것으로 보인다. 다만 계몽주의적 접근법에 대한 '민중'들의 신랄한 비판은 다음과 같은 표현으로 간단하게 정리되어 있다.

"가르치려 들지 마라!"

계몽주의적 접근법은 엘리트주의를 전제하고 있고, 이러한 전제 자체에 대해서 계몽의 대상으로 분류되는 '민중'들의 반감은 널리 알려져 있다. 계몽의 대치점에는 '민중의 자율성'이 자리하고 있는 것으로 보이는데, 이는 민중 스스로 자신의 역사를 개척해갈 수 있다는 신념의 표현이라 할 수 있다. 따라서 어떠한 주장에 '계몽주의적'이라는 꼬리표가 붙으면 그 순간부터 그 주장은 민주주의의 근본정신(피지배자 스스로에 의한 지배)을 부정하는 '불순'한 것 혹은 적절치 않은 주장으로 인식되고, 그 주장의 영향력이 현저히 사라지는 경향이 있다. 그럼에도 불구하고 이러한 계몽주의적 주장은 '국개론'에서 보는 것과 같이 민주주의 역사에서 끈질긴 생명력을 보여주었는데, 이는 민주주의에서 계몽의 문제가 그리 간단한 문제가 아니라는 반증이 될 수 있다.

결국 문제를 계몽인가 민중들의 자율성인가의 이분법 구도로 놓는 것은 두 가지 점에서 또 다른 편향을 낳을 수 있다. 계몽을 주도할 것으로 보이는 리더(혹은 지식인)들의 역할이 민주주의에서 배제되어야 하는 것인가가 그 하나이고, 민중들은 저절로 민주주의를 체화할 수 있는 것인가라는 문제가 또 다른 하나이다. 민주주의에서 지식인들의 역할을 부정적으로 평가하는 입장은 옹색하다. 왜냐하면 한국을 포함한 많은 국가들의 민주주의에서 지식인들의 선도적인 역할이 있었음을 부정하기는 어렵기 때문이다. 민중의 자율성만을 강조하는 입장도 민주주의의 역사를 살펴보면 그 설득력이 떨어진다. 민주주의에 대한 제도화가 정점을 이루었다는 평가를 받는 2차 대전 이전 독일의 바이마르 공화국에서 특정한 방향으로 '지도'되지 않은 민중들은 전체주의 체제의 탄생을 후원했다. 따라서 민주주의의 성공적인 안착을 위해서는 지식인과 민중들의 역할과 상호 작용에 대해서 계몽주의와 자율성이라는 이분법을 넘어서는 좀 더 전향적이고 복합적인 이해가 필요하다.

　민주주의의 안착을 위한 지식인과 민중의 역할 및 상호 작용이라는 담론은 '학교'라는 상대적으로 독립된 하지만 전체 사회와 '유기적'으로 연결된 제도 속에서도 무척이나 유의미한 담론으로 보인다. '미성숙'을 전제하는 학생들과 이들을 '지도'하는 교사의 구도는 이 담론의 적용을 가능하게 한다. 또한 학교라는 공간에서 '미성숙'한 존재는 학생들로만 국한되지 않는 경우가 많다. 학부모들이 바로 그들인데, 이들은 '전문성'이라는 면에서 '지도'가 필요한 존재들로 인식되는 것이 현실이다. 이러한 '미성숙'한 존재들이 학교라는 공간에서 주체로 참여하는 민주주의가 가능할까? 특히 민주주의라는 이름으로 이러한 학생들에게 '자율성'을 부여해서 이들에게 지도하는 교사들과 같은 자격을 부여한다는 아이디어는 많은 사람들에게 익숙하지 않을 뿐 아니라 거부감을 줄 수도 있다.

하지만 우리가 기존 학교의 논리, 즉 지도하는 교사와 미성숙한 학생/학부모라는 구도를 그대로 추인한다면, 이 논리는 '국개론'에서 보는 것과 같이 얼마든지 사회 일반으로도 확장될 수 있다. 그리고 그것은 우리 사회의 민주주의 발전에 결코 바람직하지 않은 결과를 초래할지도 모른다. 따라서 학교에서 학생/학부모의 '미성숙'에도 불구하고 어떻게 그들을 '계몽주의적인 방법'이 아닌 다른 방법으로 민주주의의 실천 주체로 세워낼 것인가 하는 문제는 우리 사회의 민주주의의 핵심 과제와도 직접 맞닿아 있는 문제인 것이다.

『마이클 애플의 민주학교: 혁신 교육의 방향을 묻는다』는 이와 관련해서 중요한 시사점을 제공해준다. 역자는 이 시사점들 중에서 임파워먼트empowerment라는 개념에 주목한다. 이 개념은 학교라는 특정한 맥락을 전제로 할 때는 '학생/학부모들로 하여금 민주주의 실천의 주체가 될 수 있도록 필요한 능력을 배양할 수 있는 여건을 제공한다'는 의미를 가진다. 여기서 중요한 것은 이 개념이 '계몽적'인 접근법과는 그 결을 달리한다는 점이다. 즉 학생/학부모들에게 민주주의가 무엇인지를 가르치는 것이 아니라, 그들이 민주주의적인 실천을 하기 위해 필요한 여건을 조성하고, 여러 가지 능력들을 배양하게 한다는 것이다. 따라서 이 개념의 번역에는 '역량 강화'라는 용어를 사용할 수도 있을 것이다. 다만 필자는 '역량 강화'라는 용어가 '계몽적' 접근법의 어감을 완전히 탈피하지 못했다고 보고, 임파워먼트라는 개념을 그대로 사용한다.

2. 학교, 민주주의, 그리고 임파워먼트

이 책에 나타나는 임파워먼트는 크게 학교 거버넌스와 교육과정 계획으로 나누어서 살펴볼 수 있다.

거버넌스: 학부모 참여와 임파워먼트

많은 연구들은 학부모의 참여가 학교교육에서 차지하는 중요성을 강조하고 있다. 그렇지만 학부모의 참여가 무엇을 의미하는 것이고, 그것은 어떻게 이루어져야 민주적으로 유의미한 것인지에 대한 논의는 많지 않다. 일반적으로 학부모 참여에는 다음과 같은 몇 가지 전제가 깔려 있다. 학부모는 두 명으로 구성되어 있고, 그중 한 명은 '주부'이다. 따라서 학교 일과 시간에 학부모 회의를 개최하면 학부모의 참여가 (언제든지) 가능하다. 또한 학부모의 참여(가능하면 많은 수)하에 이루어지는 결정은 민주적인 것이다. 하지만 이와 같은 전제는 몇 가지 심각한 문제를 안고 있다. 우선 두 명으로 이루어진 학부모 구성 및 '주부'의 존재에 대한 전제는 재론의 여지가 없이 문제가 있다. 편부/모 가정 및 맞벌이 가정, 혹은 조손 가정 등 다양한 형태의 가정이 적지 않은 수를 차지하는 현실을 도외시하는 전제이기 때문이다. 또한 참여의 보장이 민주주의를 보장할 것이라는 가정은 '동의의 공학'이라는 개념에 비추어 볼 때 적지 않은 문제점을 안고 있다. 이 책의 편집자인 마이클 애플은 제1장에서 민주학교를 만들기 위해 반드시 피해야 할 것으로 '동의의 공학'을 지목한 바 있다. '동의의 공학'은 동의를 '사전 각본'에 의해서 도출해낸다는 의미를 가지고 있는 바, 이 개념은 다수의 참여자들을 들러리로 전락시킨다는 의미를 담고 있다.

그렇다면 이러한 문제 있는 전제들을 넘어서는 학부모의 참여는 어떻게 가능한가? 임파워먼트라는 개념은 이 질문에 대해 의미 있는 시사점을 제공해줄 수 있을 것으로 보인다.

제2장에 이와 관련된 상세한 내용이 다루어져 있다. 여기에서는 프래트니 학교를 다루는데, 프래트니 학교에서는 학부모들을 학교운영위원회에 '실질적'으로 참여시켜 학교의 거버넌스에 획기적인 전환을 이루고자 했다. 하지만 학부모의 참여라는 형식이 민주적인 학교의 운영을 담보하는 것은 아니다. 학부모들의 목소리들을 실질적으로 학교 거버넌스에 반영하기 위해 학교에서는 다음과 같은 일련의 조치들을 취했다. 우선 학교에서는 학교운영위원회에 학생들의 대부분을 차지하는 아프리카계나 남미계 학부모들 대신에 백인 학부모들이 주로 참여하는 것을 주목해서 아프리카계와 남미계 학부모들의 쿼터를 마련했다. 이는 학교 문화에 익숙하고 시간적으로 경제적으로 여유가 있는 소수 학부모들의 목소리만이 과대 대표되는 것을 막기 위한 제도적 장치이다. 이에 덧붙여 학부모들의 조직을 전문적으로 담당할 상근자를 학교에서 고용했다. 마지막으로 학부모들에게 수당을 지급해서 저녁 시간에 학부모 워크숍에 참석하도록 했다.

프래트니 학교에서 이루어진 일련의 조치들이 모든 학교에 적용 가능하다거나 민주주의를 위한 '학부모 참여'의 유일한 해결책은 아닐 것이다. 하지만 이 학교가 취한 일련의 조치들은 임파워먼트라는 관점에서 유의미한 것들이다. 학부모 조직을 담당할 상근자를 배치한다는 발상은 앞에서 지적했던 학부모에 대한 일반적인 전제를 넘어서는 것이다. 이 상근직의 신설은 학부모는 학교가 부르면 언제든지 올 수 있는 사람들이 아니라, 일정한 '관리' 및 '조율'이 필요한 사람들이라는 의미를 담고 있다. 또한 수당을 지급해서 학부모 워크숍에 학부모들을 참석시키는 일은 학부모들이 학교운영위원회 등의 활동에서 '의미 있는' 참여를 가능하게 하는 지원이다. 학교가 취한 일련의 임파워먼트 조치가 어떻게 학부모들의 의미 있는 참여를 이루어냈고, 그것이 어떻게 학교에서 민주주의를 만들어나가는 데 도움이 되었는지에 대한 내용은 제2장에 상술되어 있다.

교육과정: 학생들의 참여와 임파워먼트

교육과정은 전통적으로 교사들의 전문성이 강조되는 영역이다. 따라서 교육과정을 계획하고 구성하는 일에 학생들이 참여한다는 아이디어는 적지 않은 사람들에게 당혹스러운 일일 수 있다. 하지만 교육과정이 학교교육에서 차지하는 비중과 중요성을 감안할 때, 그리고 교육과정이 이를 배우는 학생들 자신의 삶에서 차지하는 중요성을 감안할 때, 학생들이 교육과정의 구성과 계획에 참여하는 것은 충분히 '민주적'인 일이라고 할 수 있다.

그럼에도 불구하고 교육과정의 구성과 계획에 학생이 참여하는 것에는 적지 않은 걸림돌이 있었다. 그중 대표적인 것이 바로 교사의 전문성 및 이와 짝을 이루는 학생들의 '미성숙' 담론이다. 이 담론은 어쩌면 학교에서 민주주의의 문제를 다룰 때 부딪칠 수 있는 가장 강력한 담론일 수 있다. 왜냐하면 교사와 학생의 정체성과 역할에 대한 문제가 교육과정을 둘러싸고 다루어질 수 있기 때문이다. '길'을 아는 교사와 제시된 길로 '인도'되어야 할 학생이라는 이분법이 이 담론의 근간을 이룬다. 이러한 견고한 전제들을 극복하고 학생들을 교육과정의 구성과 계획에 참여시킬 수 있는 방법은 무엇일까? 이 질문에 대한 해답도 일정하게 임파워먼트의 개념에서 생각해볼 수 있다.

이 책에 등장하는 거의 모든 사례들이 이 문제를 다루고 있는데, 그 중 제3장에서 소개한 사례를 살펴보자. 제3장에서는 버드 아카데미의 사례를 다루고 있다. 이곳의 학생들은 새로운 학교 건물을 당국에 요구한 일련의 캠페인을 벌였는데, 이 캠페인이 교육과정과 결합된다. 학생들이 캠페인을 주도했기 때문에 자연스럽게 이와 결합된 교육과정의 구성과 계획에도 학생들이 '주도적'으로 참여하게 된다. 학생들이 주도하는 교육과정에 대한 아이디어는 제3장의 필자가 말하는 것처럼 그렇게 참신한 아이디어는 아니다. 실제로 이것은 미국의 교사 양성 프로그램에서 적지 않게 논의되는 아이디어인 것이다. 하지만 제3장의 필자는 교사 양성 프로그램에서 제시하는 아이디어를 "주로 교사들이 상황을 만들어서 학생들로 하여금 자신들이 주체로 서 있다고 믿게끔 만드는 것"이라고 평가하고 있다. 이러한 경우에는 "교사들이 최종 산출물에 대해서 어느 정도 관여"를 하게 되며, 이를 통해 "교육자들이 자신의 학급에서 민주주의를 실현하고 있다"는 '환상'을 가지게 된다는 것이다.

버드 아카데미의 교사들은 이러한 '환상'을 넘어서는 실질적인 민주주의의 실현을 위해 임파워먼트적 접근법을 사용하고 있다. 여기서 임파워먼트적 접근법이란 학생들이 부딪히게 되는 문제를 해결할 수 있는 도구를 갖추어주는 일로 표현할 수 있다. 교사를 포함해서 누구도 행정당국에 '정치적'인 압력을 행사해서 이들을 움직여본 일이 없기 때문에, 이들은 캠페인을 벌이는 과정에서 다양한 문제들과 맞닥뜨리게 된다. 때로 학생들은 자신들에게 벅찬 수준의 글을 읽어내고 작문을 해야 했으며, 학교에서 아직 배우지 않은 과제들(인터넷 홈페이지 제작 등)을 해야 했다. 이러한 상황은 극복하기 어려운 난관이라기보다는 배움이 일어나는 기회teachable moment로 작용했다. 이러한 상황들은 교육과정으로 구성되었고, 학습한 내용들은 바로 실천으로 옮겨져 학습한 내용들에 대한 피드백을 가능하게 했다. 학생들이 '실질적'으로 주도한 교육과정이 학생들에게 어떤 학습 경험을 가져다주었는지에 대해서는 버드 학교를 다룬 제3장을 포함하여 이 책의 다른 예화들에도 자세히 소개되어 있다.

3. 결론

『마이클 애플의 민주학교: 혁신 교육의 방향을 묻는다』가 처음 출간된 것은 1995년도의 일이다. 마이클 애플과 제임스 빈이 편집한 이 책은 분명한 목표를 가지고 있었다. 학교 혁신을 통해 이룩한 민주학교의 모델을 제시함으로써 민주학교란 어떤 모습이어야 하고 이는 어떻게 달성할 수 있을지를 현장의 교육자들에게 전달하는 것이다. 마이클 애플은 다른 저작들과는 달리 이 책은 주요 독자층을 현장의 교육자들로 삼았기 때문에 두 가지 점에서 편집에 신경을 썼다고 말했다. 첫째는 사례 중심으로 구성해서 현장의 생생한 모습을 담아내는 것이고, 둘째는 너무 내용이 많지 않고, 무겁지 않아서 책을 읽을 틈이 없는 교육자들이 짬을 내서 틈틈이 읽을 수 있도록 하는 것이다. 그의 편집 의도대로 실제로 현장의 많은 교육자들이 이 책을 읽게 되었는데, 마이클 애플은 사석에서 약 50만 부 이상의 책이 판매되었다고 회고하곤 했다(마이클 애플의 책 중에서 가장 많은 판매 부수를 기록한 책이다).

『마이클 애플의 민주학교: 혁신 교육의 방향을 묻는다』의 원본인 제2판은 2007년에 출간되었다. 초판 발행 이후 10여 년이 지난 후 발행된 제2판에는 초판에 실었던 사례들과 그 사례들 및 그 사례를 일구어냈던 교육자들이 겪은 그간의 변화를 덧붙였다. 그 사이에 어떤 학교들은 문을 닫기도 했고, 어떤 학교들은 '민주학교'의 모습을 탈각하기도 했다. 학교 혁신을 주도했던 교육자들도 많은 변화가 있어서 어떤 이들은 은퇴하기도 했고, 어떤 이들은 학교 혁신을 많은 곳에 전파하기도 했다.

어쩌면 이 책은 우리가 기대하는 '영웅담'이 아닐 수 있다. 일부 헌신적인 교사들의 엄청난 희생을 통해 이룩한 흠결 없는 '위대한' 민주학교의 모델을 제시하는 것이 이 책의 목적은 아닐 수 있다. 만약 그랬다면 10여 년이 지난 후 이런저런 모양으로 '퇴색'한 민주학교들의 옛 영화를 '회고'하는 제2판을 굳이 출간할 이유가 없었을 것이다. 오히려 『마이클 애플의 민주학교: 혁신 교육의 방향을 묻는다』는 편집을 맡은 마이클 애플이 여러 저서에서 강조하는 진보적이고 비판적인 교육 실천에 대한 기록이라는 의미를 더욱 크게 가지는 것이라고 할 수 있다. 학자들이 감당해야 하는 중요한 역할의 하나로 진보적이고 비판적인 교육 실천에 대한 기록을 담당하는 비서 역을 강조하는 마이클 애플에게 있어서 이 책은 이러한 기록의 구체적인 사례라고 할 수 있다.

1995년의 미국과 2015년의 한국 사이에는 20년이라는 시간차뿐 아니라 미국과 한국이라는 문화적 간극이 존재한다. 이 책을 번역하면서 2015년이 아니라 1990년대 중반에 이 책을 번역했더라면 어땠을까

하는 생각을 했다. 그랬다면 아마도 당시의 한국 상황에 더욱 도움이 되었을 것이라는 생각을 해본다. 그 사이 한국에서도 소학교 운동이 있었고, 이러한 움직임들이 혁신학교로 제도화되면서 확산되는 일이 있었다. 이러한 변화를 경험한 우리에게 이 책에서 묘사하고 있는 학교 혁신의 많은 모습들은 그리 낯설지만은 않다. 한국에서 있었던 혁신 교육의 움직임 속에서 비슷한 사례들이 많이 시도되었고, 이미 기록으로도 적지 않은 사례들이 축적되어 있기 때문이다.

그럼에도 불구하고 『마이클 애플의 민주학교: 혁신 교육의 방향을 묻는다』는 앞에서 제시한 임파워먼트적 관점 외에도 중요한 시사점들을 2015년의 한국에 제시해준다고 보인다. 그중에서 두 가지만 간략히 소개해보면, 하나는 비판적이고 진보적인 교육운동의 크고 긴 강을 다시금 확인하는 것이고, 다른 하나는 제2판에 덧붙여진 회고적 진술이 현재 활발하게 전개되고 있는 혁신학교 운동에 주는 의미이다. 마이클 애플은 이 책을 마치면서 독자들이 이 책을 통해 희망의 근거를 발견할 수 있기를 염원했다. 민주주의와 우리 아이들의 미래에 대해서 신념을 가진 한국의 교육자들이 전개한 교육 혁신의 소중한 성과 위에 『마이클 애플의 민주학교: 혁신 교육의 방향을 묻는다』가 우리에게 제시하는 시사점을 잘 접목시킬 수 있다면 우리는 희망의 근거를 발견할 뿐 아니라, 많은 이들에게 희망의 방향을 제시할 수 있을 것이다.

삶의 행복을 꿈꾸는 교육은 어디에서 오는가?

미래 100년을 향한 새로운 교육 　혁신교육을 실천하는 교사들의 필독서

▶ 교육혁명을 앞당기는 배움책 이야기
혁신교육의 철학과 잉걸진 미래를 만나다!

한국교육연구네트워크 총서

01 핀란드 교육혁명
한국교육연구네트워크 엮음 | 320쪽 | 값 15,000원

02 일제고사를 넘어서
한국교육연구네트워크 엮음 | 284쪽 | 값 13,000원

03 새로운 사회를 여는 교육혁명
한국교육연구네트워크 엮음 | 380쪽 | 값 17,000원

04 교장제도 혁명
한국교육연구네트워크 엮음 | 268쪽 | 값 14,000원

05 새로운 사회를 여는 교육자치 혁명
한국교육연구네트워크 엮음 | 312쪽 | 값 15,000원

06 혁신학교에 대한 교육학적 성찰
한국교육연구네트워크 엮음 | 308쪽 | 값 15,000원

07 진보주의 교육의 세계적 동향
한국교육연구네트워크 엮음 | 324쪽 | 값 17,000원
2018 세종도서 학술부문

08 더 나은 세상을 위한 학교혁명
한국교육연구네트워크 엮음 | 404쪽 | 값 21,000원
2018 세종도서 교양부문

09 비판적 실천을 위한 교육학
이윤미 외 지음 | 448쪽 | 값 23,000원

10 마을교육공동체운동:
세계적 동향과 전망
심성보 외 지음 | 376쪽 | 값 18,000원

혁신학교
성열관·이순철 지음 | 224쪽 | 값 12,000원

행복한 혁신학교 만들기
초등교육과정연구모임 지음 | 264쪽 | 값 13,000원

서울형 혁신학교 이야기
이부영 지음 | 320쪽 | 값 15,000원

혁신교육, 철학을 만나다
브렌트 데이비스·데니스 수마라 지음
현인철·서용선 옮김 | 304쪽 | 값 15,000원

한국교육연구네트워크 번역 총서

01 프레이리와 교육
존 엘리아스 지음 | 한국교육연구네트워크 옮김
276쪽 | 값 14,000원

02 교육은 사회를 바꿀 수 있을까?
마이클 애플 지음 | 강희룡·김선우·박원순·이형빈 옮김
356쪽 | 값 16,000원

**03 비판적 페다고지는
세상을 변화시킬 수 있는가?**
Seewha Cho 지음 | 심성보·조시화 옮김 | 280쪽 | 값 14,000원

04 마이클 애플의 민주학교
마이클 애플·제임스 빈 엮음 | 강희룡 옮김 | 276쪽 | 값 14,000원

05 21세기 교육과 민주주의
넬 나딩스 지음 | 심성보 옮김 | 392쪽 | 값 18,000원

**06 세계교육개혁:
민영화 우선인가 공적 투자 강화인가?**
린다 달링-해먼드 외 지음 | 심성보 외 옮김 | 408쪽 | 값 21,000원

07 콩도르세, 공교육에 관한 다섯 논문
니콜라 드 콩도르세 지음 | 이주환 옮김 | 300쪽 | 값 16,000원

대한민국 교사, 어떻게 가르칠 것인가?
윤성관 지음 | 320쪽 | 값 15,000원

아이들을 어떻게 가르칠 것인가
사토 마나부 지음 | 박찬영 옮김 | 232쪽 | 값 13,000원

모두를 위한 국제이해교육
한국국제이해교육학회 지음 | 364쪽 | 값 16,000원

경쟁을 넘어 발달 교육으로
현광일 지음 | 288쪽 | 값 14,000원

혁신교육 존 듀이에게 묻다
서용선 지음 | 292쪽 | 값 14,000원

다시 읽는 조선 교육사
이만규 지음 | 750쪽 | 값 33,000원

대한민국 교육혁명
교육혁명공동행동 연구위원회 지음 | 224쪽 | 값 12,000원

독일 교육, 왜 강한가?
박성희 지음 | 324쪽 | 값 15,000원

핀란드 교육의 기적
한넬레 니에미 외 엮음 | 장수명 외 옮김 | 456쪽 | 값 23,000원

한국 교육의 현실과 전망
심성보 지음 | 724쪽 | 값 35,000원

▶ 비고츠키 선집 시리즈
발달과 협력의 교육학 어떻게 읽을 것인가?

생각과 말
레프 세묘노비치 비고츠키 지음
배희철·김용호·D. 켈로그 옮김 | 690쪽 | 값 33,000원

도구와 기호
비고츠키·루리야 지음 | 비고츠키 연구회 옮김
336쪽 | 값 16,000원

어린이 자기행동숙달의 역사와 발달 I
L.S. 비고츠키 지음 | 비고츠키 연구회 옮김
564쪽 | 값 28,000원

어린이 자기행동숙달의 역사와 발달 II
L.S. 비고츠키 지음 | 비고츠키 연구회 옮김
552쪽 | 값 28,000원

어린이의 상상과 창조
L.S. 비고츠키 지음 | 비고츠키 연구회 옮김
280쪽 | 값 15,000원

비고츠키와 인지 발달의 비밀
A.R. 루리야 지음 | 배희철 옮김 | 280쪽 | 값 15,000원

수업과 수업 사이
비고츠키 연구회 지음 | 196쪽 | 값 12,000원

비고츠키의 발달교육이란 무엇인가?
비고츠키교육학실천연구모임 지음 | 412쪽 | 값 21,000원

비고츠키 철학으로 본 핀란드 교육과정
배희철 지음 | 456쪽 | 값 23,000원

성장과 분화
L.S. 비고츠키 지음 | 비고츠키 연구회 옮김
308쪽 | 값 15,000원

연령과 위기
L.S. 비고츠키 지음 | 비고츠키 연구회 옮김
336쪽 | 값 17,000원

의식과 숙달
L.S 비고츠키 | 비고츠키 연구회 옮김
348쪽 | 값 17,000원

분열과 사랑
L.S. 비고츠키 지음 | 비고츠키 연구회 옮김
260쪽 | 값 16,000원

성애와 갈등
L.S. 비고츠키 지음 | 비고츠키 연구회 옮김
268쪽 | 값 17,000원

관계의 교육학, 비고츠키
진보교육연구소 비고츠키교육학실천연구모임 지음
300쪽 | 값 15,000원

비고츠키 생각과 말 쉽게 읽기
진보교육연구소 비고츠키교육학실천연구모임 지음
316쪽 | 값 15,000원

교사와 부모를 위한 비고츠키 교육학
카르포프 지음 | 실천교사번역팀 옮김 | 308쪽 | 값 15,000원

▶ 살림터 참교육 문예 시리즈
영혼이 있는 삶을 가르치는 온 선생님을 만나다!

꽃보다 귀한 우리 아이는
조재도 지음 | 244쪽 | 값 12,000원

성깔 있는 나무들
최은숙 지음 | 244쪽 | 값 12,000원

선생님이 먼저 때렸는데요
강병철 지음 | 248쪽 | 값 12,000원

서울 여자, 시골 선생님 되다
조경선 지음 | 252쪽 | 값 12,000원

아이들에게 세상을 배웠네
명혜정 지음 | 240쪽 | 값 12,000원

 행복한 창의 교육
최창의 지음 | 328쪽 | 값 15,000원

 밥상에서 세상으로
김흥숙 지음 | 280쪽 | 값 13,000원

 북유럽 교육 기행
정애경 외 14인 지음 | 288쪽 | 값 14,000원

 우물쭈물하다 끝난 교사 이야기
유기창 지음 | 380쪽 | 값 17,000원

 ## ▶ 4·16, 질문이 있는 교실 마주이야기
통합수업으로 혁신교육과정을 재구성하다!

 통하는 공부
김태호·김형우·이경석·심우근·허진만 지음
324쪽 | 값 15,000원

 미래교육의 열쇠, 창의적 문화교육
심광현·노명우·강정석 지음 | 368쪽 | 값 16,000원

 내일 수업 어떻게 하지?
아이함께 지음 | 300쪽 | 값 15,000원
2015 세종도서 교양부문

 주제통합수업, 아이들을 수업의 주인공으로!
이윤미 외 지음 | 392쪽 | 값 17,000원

 인간 회복의 교육
성래운 지음 | 260쪽 | 값 13,000원

 수업과 교육의 지평을 확장하는 수업 비평
윤양수 지음 | 316쪽 | 값 15,000원
2014 문화체육관광부 우수교양도서

 교과서 너머 교육과정 마주하기
이윤미 외 지음 | 368쪽 | 값 17,000원

 교사, 선생이 되다
김태은 외 지음 | 260쪽 | 값 13,000원

 수업 고수들 수업·교육과정·평가를 말하다
박현숙 외 지음 | 368쪽 | 값 17,000원

 교사의 전문성, 어떻게 만들어지나
국제교원노조연맹 보고서 | 김석규 옮김 392쪽 | 값 17,000원

 도덕 수업, 책으로 묻고 윤리로 답하다
울산도덕교사모임 지음 | 320쪽 | 값 15,000원

 수업의 정치
윤양수·원종희·장군 지음 | 280쪽 | 값 14,000원

 체육 교사, 수업을 말하다
전용진 지음 | 304쪽 | 값 15,000원

 학교협동조합,
현장체험학습과 마을교육공동체를 잇다
주수원 외 지음 | 296쪽 | 값 15,000원

 교실을 위한 프레이리
아이러 쇼어 엮음 | 사람대사람 옮김 | 412쪽 | 값 18,000원

 거꾸로 교실,
잠자는 아이들을 깨우는 수업의 비밀
이민경 지음 | 280쪽 | 값 14,000원

 마을교육공동체란 무엇인가?
서용선 외 지음 | 360쪽 | 값 17,000원

 교사는 무엇으로 사는가
정은균 지음 | 292쪽 | 값 15,000원

 교사, 학교를 바꾸다
정진화 지음 | 372쪽 | 값 17,000원

 마음의 힘을 기르는 감성수업
조선미 외 지음 | 300쪽 | 값 15,000원

 함께 배움
학생 주도 배움 중심 수업 이렇게 한다
니시카와 준 지음 | 백경석 옮김 | 280쪽 | 값 15,000원

 작은 학교 아이들
지경준 엮음 | 376쪽 | 값 17,000원

 공교육은 왜?
홍섭근 지음 | 352쪽 | 값 16,000원

 아이들의 배움은 어떻게 깊어지는가
이시이 준지 지음 | 방지현·이창희 옮김 | 200쪽 | 값 11,000원

 자기혁신과 공동의 성장을 위한
교사들의 필리버스터
윤양수·원종희·장군·조경삼 지음 | 280쪽 | 값 14,000원

 대한민국 입시혁명
참교육연구소 입시연구팀 지음 | 220쪽 | 값 12,000원

함께 배움 이렇게 시작한다
니시카와 준 지음 | 백경석 옮김 | 196쪽 | 값 12,000원

 교사를 세우는 교육과정
박승열 지음 | 312쪽 | 값 15,000원

 함께 배움 교사의 말하기
니시카와 준 지음 | 백경석 옮김 | 188쪽 | 값 12,000원

 전국 17명 교육감들과 나눈
교육 대담
최창의 대담·기록 | 272쪽 | 값 15,000원

 교육과정 통합, 어떻게 할 것인가?
성열관 외 지음 | 192쪽 | 값 13,000원

  들뢰즈와 가타리를 통해
유아교육 읽기
리세롯 마리엣 올슨 지음 | 이연선 외 옮김 | 328쪽 | 값 17,000원

 학교 혁신의 길, 아이들에게 묻다
남궁상운 외 지음 | 272쪽 | 값 15,000원

 학교 민주주의의 불한당들
정은균 지음 | 276쪽 | 값 14,000원

 프레이리의 사상과 실천
사람대사람 지음 | 352쪽 | 값 18,000원
2018 세종도서 학술부문

 교육과정, 수업, 평가의 일체화
리사 카터 지음 | 박승열 외 옮김 | 196쪽 | 값 13,000원

 혁신학교, 한국 교육의 미래를 열다
송순재 외 지음 | 608쪽 | 값 30,000원

 학교를 개선하는 교장
지속가능한 학교 혁신을 위한 실천 전략
마이클 풀란 지음 | 서동연·정효준 옮김 | 216쪽 | 값 13,000원

 페다고지를 위하여
프레네의 『페다고지 불변요소』 읽기
박찬영 지음 | 296쪽 | 값 15,000원

 공자뎐, 논어는 이것이다
유문상 지음 | 392쪽 | 값 18,000원

 노자와 탈현대 문명
홍승표 지음 | 284쪽 | 값 15,000원

 교사와 부모를 위한
발달교육이란 무엇인가?
현광일 지음 | 380쪽 | 값 18,000원

 선생님, 민주시민교육이 뭐예요?
염경미 지음 | 244쪽 | 값 15,000원

 교사, 이오덕에게 길을 묻다
이무완 지음 | 328쪽 | 값 15,000원

 어쩌다 혁신학교
유우석 외 지음 | 380쪽 | 값 17,000원

 낙오자 없는 스웨덴 교육
레이프 스트란드베리 지음 | 변광수 옮김 | 208쪽 | 값 13,000원

 미래, 교육을 묻다
정광필 지음 | 232쪽 | 값 15,000원

 끝나지 않은 마지막 수업
장석웅 지음 | 328쪽 | 값 20,000원

 **대학, 협동조합으로 교육하라**
박주희 외 지음 | 252쪽 | 값 15,000원

 경기꿈의학교
진흥섭 외 지음 | 360쪽 | 값 17,000원

 입시, 어떻게 바꿀 것인가?
노기원 지음 | 306쪽 | 값 15,000원

 학교를 말한다
이성우 지음 | 292쪽 | 값 15,000원

 촛불시대, 혁신교육을 말하다
이용관 지음 | 240쪽 | 값 15,000원

 행복도시 세종, 혁신교육으로 디자인하다
곽순일 외 지음 | 392쪽 | 값 18,000원

 라운드 스터디
이시이 데루마사 외 엮음 | 224쪽 | 값 15,000원

 나는 거꾸로 교실 거꾸로 교사
류광모·임정훈 지음 | 212쪽 | 값 13,000원

 미래교육을 디자인하는 학교교육과정
박승열 외 지음 | 348쪽 | 값 18,000원

 교실 속으로 간 이해중심 교육과정
온정덕 외 지음 | 224쪽 | 값 13,000원

 흥미진진한 아일랜드 전환학년 이야기
제리 제퍼스 지음 | 최상덕·김호원 옮김 | 508쪽 | 값 27,000원

 교실, 평화를 말하다
따돌림사회연구모임 초등우정팀 지음 | 268쪽 | 값 15,000원

폭력 교실에 맞서는 용기
따돌림사회연구모임 학급운영팀 지음 | 272쪽 | 값 15,000원

 학교자율운영 2.0
김용 지음 | 240쪽 | 값 15,000원

 그래도 혁신학교
박은혜 외 지음 | 248쪽 | 값 15,000원

 학교자치를 부탁해
유우석 외 지음 | 252쪽 | 값 15,000원

 학교는 어떤 공동체인가?
성열관 외 지음 | 228쪽 | 값 15,000원

 국제이해교육 페다고지
강순원 외 지음 | 256쪽 | 값 15,000원

교사 전쟁
다나 골드스타인 지음 | 유성상 외 옮김 | 468쪽 | 값 23,000원

 미래교육, 어떻게 만들어갈 것인가?
송기상·김성천 지음 | 300쪽 | 값 16,000원

인공지능 시대의 사회학적 상상력
홍승표 지음 | 260쪽 | 값 15,000원

 선생님, 페미니즘이 뭐예요?
염경미 지음 | 280쪽 | 값 15,000원

 시민, 학교에 가다
최형규 지음 | 260쪽 | 값 15,000원

▶ 교과서 밖에서 만나는 역사 교실
상식이 통하는 살아 있는 역사를 만나다

 전봉준과 동학농민혁명
조광환 지음 | 336쪽 | 값 15,000원

 교과서 밖에서 배우는 역사 공부
정은교 지음 | 292쪽 | 값 14,000원

 남도의 기억을 걷다
노성태 지음 | 344쪽 | 값 14,000원

 팔만대장경도 모르면 빨래판이다
전병철 지음 | 360쪽 | 값 16,000원

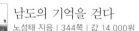 응답하라 한국사 1·2
김은석 지음 | 356쪽·368쪽 | 각권 값 15,000원

 빨래판도 잘 보면 팔만대장경이다
전병철 지음 | 360쪽 | 값 16,000원

 즐거운 국사수업 32강
김남선 지음 | 280쪽 | 값 11,000원

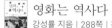 영화는 역사다
강성률 지음 | 288쪽 | 값 13,000원

 즐거운 세계사 수업
김은석 지음 | 328쪽 | 값 13,000원

 친일 영화의 해부학
강성률 지음 | 264쪽 | 값 15,000원

 강화도의 기억을 걷다
최보길 지음 | 276쪽 | 값 14,000원

 한국 고대사의 비밀
김은석 지음 | 304쪽 | 값 13,000원

 광주의 기억을 걷다
노성태 지음 | 348쪽 | 값 15,000원

 조선족 근현대 교육사
정미량 지음 | 320쪽 | 값 15,000원

 선생님도 궁금해하는
한국사의 비밀 20가지
김은석 지음 | 312쪽 | 값 15,000원

 다시 읽는 조선근대 교육의 사상과 운동
윤건차 지음 | 이명실·심성보 옮김 | 516쪽 | 값 25,000원

 걸림돌
키르스텐 세룹-빌펠트 지음 | 문봉애 옮김
248쪽 | 값 13,000원

 음악과 함께 떠나는 세계의 혁명 이야기
조광환 지음 | 292쪽 | 값 15,000원

 역사수업을 부탁해
열 사람의 한 걸음 지음 | 388쪽 | 값 18,000원

 논쟁으로 보는 일본 근대 교육의 역사
이명실 지음 | 324쪽 | 값 17,000원

진실과 거짓, 인물 한국사
하성환 지음 | 400쪽 | 값 18,000원

 다시, 독립의 기억을 걷다
노성태 지음 | 320쪽 | 값 16,000원

 우리 역사에서 사라진 근현대 인물 한국사
하성환 지음 | 296쪽 | 값 18,000원

 한국사 리뷰
김은석 지음 | 244쪽 | 값 15,000원

 꼬물꼬물 거꾸로 역사수업
역모자들 지음 | 436쪽 | 값 23,000원

 경남의 기억을 걷다
류형진 외 지음 | 564쪽 | 값 28,000원

▶ 더불어 사는 정의로운 세상을 여는 인문사회과학
사람의 존엄과 평등의 가치를 배운다

 밥상혁명
강양구·강이현 지음 | 298쪽 | 값 13,800원

 좌우지간 인권이다
안경환 지음 | 288쪽 | 값 13,000원

 도덕 교과서 무엇이 문제인가?
김대용 지음 | 272쪽 | 값 14,000원

 민주시민교육
심성보 지음 | 544쪽 | 값 25,000원

 자율주의와 진보교육
조엘 스프링 지음 | 심성보 옮김 | 320쪽 | 값 15,000원

 민주시민을 위한 도덕교육
심성보 지음 | 500쪽 | 값 25,000원
2015 세종도서 학술부문

 민주화 이후의 공동체 교육
심성보 지음 | 392쪽 | 값 15,000원
2009 문화체육관광부 우수학술도서

 교과서 밖에서 배우는 인문학 공부
정은교 지음 | 280쪽 | 값 13,000원

 갈등을 넘어 협력 사회로
이창언·오수길·유문종·신윤관 지음 | 280쪽 | 값 15,000원

 오래된 미래교육
정재걸 지음 | 392쪽 | 값 18,000원

 동양사상과 마음교육
정재걸 외 지음 | 356쪽 | 값 16,000원
2015 세종도서 학술부문

 대한민국 의료혁명
전국보건의료산업노동조합 엮음 | 548쪽 | 값 25,000원

 교과서 밖에서 배우는 철학 공부
정은교 지음 | 280쪽 | 값 14,000원

 교과서 밖에서 배우는 고전 공부
정은교 지음 | 288쪽 | 값 14,000원

 교과서 밖에서 배우는 사회 공부
정은교 지음 | 304쪽 | 값 15,000원

 전체 안의 전체 사고 속의 사고
김우창의 인문학을 읽다
현광일 지음 | 320쪽 | 값 15,000원

 교과서 밖에서 배우는 윤리 공부
정은교 지음 | 292쪽 | 값 15,000원

 카스트로, 종교를 말하다
피델 카스트로·프레이 베토 대담 | 조세종 옮김
420쪽 | 값 21,000원

 한글 혁명
김슬옹 지음 | 388쪽 | 값 18,000원

 일제강점기 한국철학
이태우 지음 | 448쪽 | 값 25,000원

 우리 안의 미래교육
정재걸 지음 | 484쪽 | 값 25,000원

 한국 교육 제4의 길을 찾다
이길상 지음 | 400쪽 | 값 21,000원

 왜 그는 한국으로 돌아왔는가?
황선준 지음 | 364쪽 | 값 17,000원

 마을교육공동체 생태적 의미와 실천
김용련 지음 | 256쪽 | 값 15,000원

▶ 평화샘 프로젝트 매뉴얼 시리즈
학교폭력에 대한 근본적인 예방과 대책을 찾는다

 학교폭력 어떻게 만들어지는가
문재현 외 지음 | 300쪽 | 값 14,000원

 아이들을 살리는 동네
문재현·신동명·김수동 지음 | 204쪽 | 값 10,000원

 학교폭력, 멈춰!
문재현 외 지음 | 348쪽 | 값 15,000원

 평화! 행복한 학교의 시작
문재현 외 지음 | 252쪽 | 값 12,000원

 왕따, 이렇게 해결할 수 있다
문재현 외 지음 | 236쪽 | 값 12,000원

 마을에 배움의 길이 있다
문재현 지음 | 208쪽 | 값 10,000원

 젊은 부모를 위한 백만 년의 육아 슬기
문재현 지음 | 248쪽 | 값 13,000원

 별자리, 인류의 이야기 주머니
문재현·문한뫼 지음 | 444쪽 | 값 20,000원

 우리는 마을에 산다
유양우·신동명·김수동·문재현 지음 | 312쪽 | 값 15,000원

 동생아, 우리 뭐 하고 놀까?
문재현 외 지음 | 280쪽 | 값 15,000원

 누가, 학교폭력 해결을 가로막는가?
문재현 외 지음 | 312쪽 | 값 15,000원

▶ 남북이 하나 되는 두물머리 평화교육
분단 극복을 위한 치열한 배움과 실천을 만나다

 10년 후 통일
정동영·지승호 지음 | 328쪽 | 값 15,000원

 선생님, 통일이 뭐예요?
정경호 지음 | 252쪽 | 값 13,000원

 분단시대의 통일교육
성래운 지음 | 428쪽 | 값 18,000원

 김창환 교수의 DMZ 지리 이야기
김창환 지음 | 264쪽 | 값 15,000원

 한반도 평화교육 어떻게 할 것인가
이기범 외 지음 | 252쪽 | 값 15,000원

▶ 창의적인 협력 수업을 지향하는 삶이 있는 국어 교실
우리말 글을 배우며 세상을 배운다

 중학교 국어 수업 어떻게 할 것인가?
김미경 지음 | 340쪽 | 값 15,000원

 토론의 숲에서 나를 만나다
명혜정 엮음 | 312쪽 | 값 15,000원

 토닥토닥 토론해요
명혜정·이명선·조선미 엮음 | 288쪽 | 값 15,000원

 인문학의 숲을 거니는 토론 수업
순천국어교사모임 엮음 | 308쪽 | 값 15,000원

 어린이와 시
오인태 지음 | 192쪽 | 값 12,000원

 수업, 슬로리딩과 함께
박경숙 외 지음 | 268쪽 | 값 15,000원

 언어던
정은균 지음 | 268쪽 | 값 15,000원

 민촌 이기영 평전
이성렬 지음 | 508쪽 | 값 20,000원

참된 삶과 교육에 관한
생각 줍기